breVIA

Kompaktkurs Latein für Oberstufe und Uni

von
Peter Jitschin
Günter Laser
Sabine Lösch
Barbara Scholz

Beratung: Theo Wirth (Wortschatz)

Vandenhoeck & Ruprecht

Bibliografische Information der Deutschen Nationalbibliothek:
Die Deutsche Nationalbibliothek verzeichnet diese Publikation in der Deutschen Nationalbibliografie; detaillierte bibliografische Daten sind im Internet über http://dnb.de abrufbar.

Redaktion: Susanne Gerth, Göttingen
Layout, Gestaltung, Satz und Litho: SchwabScantechnik, Göttingen
Druck und Bindung: ⊕ Hubert & Co. BuchPartner, Göttingen
Printed in the EU

Vandenhoeck & Ruprecht Verlage | www.vandenhoeck-ruprecht-verlage.com

ISBN 978-3-525-70253-6

Vorwort

Dieser Kurzlehrgang richtet sich an Schülerinnen und Schüler, die in der Oberstufe Latein neu beginnen, sowie an Studierende.

Angesichts der wenigen zur Verfügung stehenden Zeit möchten wir von Anfang an einen möglichst authentischen Einblick in die antike Kultur und Literatur bieten. Darum sind die lateinischen Texte von Beginn an relativ eng an Originaltexte berühmter römischer Autoren angelehnt.

Weil die Sprachvermittlung in einem Kurzlehrgang zwangsläufig sehr komprimiert ist, sind Wissenslücken oft nicht vermeidbar. Dem trägt breVIA wie folgt Rechnung:

- Die Grammatik »brevissima« ist ganz prägnant auf das Wesentliche reduziert und bietet den Stoff in systematischer Form.
- Im Lernwortschatz ist **ein absolutes Minimum** farbig besonders hervorgehoben.
- Die Lektionstexte sind binnendifferenziert aufbereitet: Zu jedem Text gibt es hinten im Buch eine vereinfachte Fassung mit zusätzlichen Übersetzungshilfen.
- Das richtige Nachschlagen von unbekannten Vokabeln oder Grammatikphänomenen wird von Beginn an geübt.

Das Buch ist in thematische Einheiten von jeweils zwei Lektionen gegliedert; zur Einführung in Thema und Autor dient ein doppelseitiger Sachtext.
Die Lektionen selbst bestehen jeweils aus zwei Teilen:

- eine Doppelseite mit dem Lektionstext sowie kurzen Einführungssätzen zur neuen Grammatik; dort befindet sich auch der Verweis auf die entsprechenden Seiten in der Grammatik »brevissima«.
- eine Doppelseite mit Übungen: Auf Übungen zu Wortschatz und Grammatik folgen die Nachschlageübungen.

Egal, ob Sie mit Latein einfach eine Belegverpflichtung erfüllen oder das Latinum anstreben – wir hoffen, dass Sie mit diesem Buch Freude am Lateinlernen haben und die unterschiedlichen Themen Ihr Interesse an der Antike erwachen lassen!

Inhalt

26
25
24
23
21
20
22

A: Ecce: Insula Tiberina!

B: Ubi est? Ah! Nunc insulam video.

B: Ecce: Circus Maximus!

A: Ubi est? Ah! Nunc Circum Maximum video.

A: Ecce: Colosseum!

B: Ubi est? Ah! Nunc Colosseum video.

Führen Sie den Dialog weiter: Wählen Sie eine Sehenswürdigkeit und lassen Sie Ihren Lernpartner das Gebäude zeigen. G S. 7–8

1 Insula Tiberina
2 Fluvius Tiberinus
3 Capitolium/Templum Iovis: Kapitol und Jupitertempel
4 Campus Martius: Marsfeld
5 Subura
6 Forum Romanum (→ 8–18)
7 Kaiserforen (→ 27–33)
8 Tabularium
9 Templum Concordiae
10 Arcus Septimii Severi
11 Curia
12 Basilica Aemilia
13 Basilica Iulia
14 Templum Castoris et Pollucis
15 Atrium Vestae
16 Porticus Neronis
17 Basilica Constantini
18 Templum Veneris et Romae
19 via sacra
20 Colossus Neronis
21 Colosseum (Amphitheatrum Flavium)
22 Ludus Magnus
23 Templum Divi Claudii
24 Aqua Claudia
25 Circus Maximus
26 Forum Boarium
27 Forum Traiani
28 Equus Traiani
29 Basilica Ulpia
30 Forum Augusti
31 Forum Iulium
32 Forum Nervae
33 Forum Pacis
34 Theatrum Marcelli

Rekonstruktion des antiken Rom zur Zeit Konstantins. Museo della Civiltà Romana.

Wohnen in der römischen Antike

»Mein Landhaus ist für seine Zwecke geräumig, der Unterhalt nicht kostspielig. Da ist zuerst die sparsam ausgestattete, aber nicht ärmliche Eingangshalle *(atrium)*; dann folgt eine Säulenhalle *(porticus)*, die sich in der Form eines D herumzieht, von der ein recht kleiner, aber gemütlicher Innenhof umschlossen wird. Hier hat man eine hervorragende Möglichkeit, sich bei schlechtem Wetter zurückzuziehen; denn durch Scheiben und erst recht durch vorspringende Dächer wird man geschützt. Mittig gegenüber befindet sich ein heiterer Empfangsraum, daneben ein recht schöner Speiseraum, der bis zum Strand ausläuft und, wenn das Meer einmal durch den Südwestwind aufgewühlt ist, leicht von bereits gebrochenen und abnehmenden Wellen bespült wird … Auf der anderen Seite befindet sich das höchst geschmackvoll eingerichtete Wohnzimmer *(cubiculum)*, daran schließt sich entweder ein großes Wohnzimmer oder ein mäßig großer Speisesaal an, der durch ganz viel Sonnenschein und den ganz starken Glanz des Meeres erleuchtet wird … Dann folgt ein geräumiges und sich weit hinstreckendes Badezimmer für kalte Bäder, an dessen gegenüberliegenden Seiten sich zwei Badewannen krümmen, als wären sie herausgehoben. Beide sind übermäßig groß, wenn du daran denkst, wie nahe das Meer ist. Daran schließen sich ein Zimmer zum Einsalben, die Zentralheizung und ein Heizraum für das Bad an, dann zwei eher geschmackvolle als aufwändige Kammern. Hiermit hängt ein wunderbares Becken für warme Bäder zusammen, aus dem man, wenn man darin schwimmt, das Meer betrachten kann, und ganz dicht daneben ist ein Saal für Ballspiele, der im Hochsommer erst ganz spät von der Sonne beschienen wird.« (Plinius, epist. 2,17,3–12)

Säulengang aus einem Haus in Pompeji

Mit dieser Beschreibung erklärt der römische Schriftsteller C. Plinius in einem Brief an seinen Freund Gallus, weshalb er sich am liebsten in seinem Landhaus in der Nähe von Ostia aufhielt.

Männer wie Plinius gaben sich nach ihren politischen Pflichten in Rom gerne der Muße in einer *villa rustica* hin. Plinius besaß mehrere luxuriöse Güter in ganz Italien, auf denen im großen Maßstab für den eigenen Bedarf, aber auch für den Handel Landwirtschaft betrieben wurde. Die Oberschicht nutzte die Tage auf dem Land zum Entspannen und gerne auch dazu, Bücher und Briefe an Freunde zu schreiben. Das fiel ihnen in der Stadt nicht so leicht, wo sie ihren beruflichen Aufgaben als Politiker und Juristen nachgingen.

Auch in der Stadt wohnten die Reicheren in palastartigen Gebäuden *(domus)*, die einen ähnlichen Komfort wie auf dem Land boten. Darin befanden sich auch Räume, in denen sie oft mehrere hundert Besucher *(clientes)* empfingen und sich deren Bitten um Unterstützung mit Rat, Tat und Geld anhörten.

Ärmere Römer wohnten in Mietshäusern mit mehreren Etagen *(insulae)*. Weil diese Wohnblöcke auf allen Seiten von Straßen umgeben waren, umtoste die Bewohner ständiger Lärm. Und da in der Kaiserzeit etwa eine Million Menschen in Rom lebte, war immer viel los. Im Erdgeschoss einer solchen *insula* befand sich oft ein Geschäft *(taberna)*. Je weiter oben man wohnte, desto ärmer war man – und desto gefährdeter. Viele Häuser waren nämlich einsturzgefährdet und wurden leicht Opfer von Bränden, weil die Bauherren Bauvorschriften und Höhenbegrenzungen missachteten. Im Notfall gab es kaum eine Rettung für die Bewohner der höheren Etagen. Nur wer es sich leisten konnte, ließ Fensterglas einbauen. Heizungen gab es – wenn überhaupt – nur in Form von Kohlebecken. Die Räume waren eng, kaum möbliert und mussten mehreren Zwecken dienen. Fließendes Wasser gab es höchstens im Erdgeschoss, Toiletten kaum. Man behalf sich mit Nachttöpfen und entleerte sie auf die Straße.

Nach Plinius' Meinung musste Gallus schon ein ganz eingefleischter Städter sein, wenn er bei diesen Zuständen lieber in Rom blieb als ihn auf seinem Landgut zu besuchen. Ob Gallus Plinius tatsächlich besucht hat, wissen wir zwar nicht, aber seine Einladung hat die Zeiten überdauert:

»Hoffentlich wünschst du mein Landgut zu besuchen, damit zu so vielen und so bedeutenden Vorzügen meines kleinen Landhäuschens die größte Anerkennung durch deine Gastfreundschaft hinzukommt. Lebe wohl.« (Plinius, epist. 2,17,29)

Haus in Pompeji (Blick ins Atrium)

Der Gast kommt nicht D S. 132

Gaius Plinius, ein reicher und gebildeter Adliger, lädt häufig zum Essen und geselligen Zusammensein ein.

Gāius Plīnius saepe amīcōs ad cēnam invītat.

Hodiē Septicium Clārum exspectat.

Iam cūnctae dēliciae[1] parātae sunt: vīnum, *olīvae, cāseī,* pānis[2], botellī[3], ōva[4].

Familia iam in ātriō[5] est. Dominus et familia diū exspectant et dīcunt: »Quid est? Ubī est Septicius?«

Sed amīcus nōn venit.

So geht es ja nicht! Deshalb beschwert sich Plinius schriftlich bei seinem Freund.

C. Plīnius Septiciō suō salūtem dīcit[6]

Quid est? Tē exspectō ad cēnam – nec venīs?

Cūnctās dēliciās[1] habeō (ut semper): Habeō vīnum, olīvās, cāseōs, pānem[2], botellōs[3], ōva[4]. Sed tū – quid facis? Apud alium cēnās!

Fortāsse[7] vōs cēnam apparātiōrem[8] habētis; vōs ostrea[9], vulvās[9], echīnōs[9] cēnātis; vōs Gādītānās[10] vidētis et scorta[11] habētis. Sed apud nōs semper nūgās[12] dīcimus! Dum cēnāmus, audīssēs[13] cōmoedōs, lectōrem, lyristēn. Cēna apparātior[8] est apud aliōs, apud mē hilarior[14].

Sī tē ad cēnam exspectō, aut venīre aut excūsāre[15] dēbēs! Valē[16].

1 dēliciae: Köstlichkeiten

2 pānis (*Akk.* pānem): Brot

3 botellus: Würstchen

4 ōvum: Ei

5 in ātriō: im Atrium, in der Eingangshalle

6 C. Plīnius Septiciō suō salūtem dīcit: Gaius Plinius grüßt seinen Septicius *(Grußformel zu Beginn eines Briefes)*

7 fortāsse: vielleicht

8 apparātior (*Akk.* apparātiōrem): üppiger

9 ostreum, vulva, echīnus: Auster, Gebärmutter der Sau, Seeigel

10 Gādītāna: attraktive Tänzerin aus Cadiz

11 scortum: Hure, Dirne

12 nūgae: Scherze

13 audīssēs cōmoedōs, lectōrem, lyristēn: hättest du Komödianten, einen Vorleser, einen Lyraspieler zu hören bekommen.

14 hilarior: heiterer, unterhaltsamer

15 excūsāre: sich entschuldigen

16 Valē: Lebe wohl!

1. **Erst orientieren – dann übersetzen! Klären Sie folgende Fragen zum Text und nennen Sie die lateinischen Belege: Wer? Wo? Wann? Was? Wozu?**
2. **Der Text ist in zwei Abschnitte gegliedert: Nennen Sie die Unterschiede in Bezug auf Textform, Personalformen und Inhalt.**
3. **Stellen Sie in einer Tabelle in getrennten Spalten die Speisen zusammen, die die Gastgeber auftischen. Nennen Sie die weiteren Vergnügungen.**
4. **Beschreiben Sie die Wortwahl und die stilistische Gestaltung des Textes. Woran merkt man, dass sich Plinius ärgert?**
5. **Vergleichen Sie Plinius' Gastmahl mit der im Text genannten Alternative und beschreiben Sie, welches Bild von den verschiedenen Gastgebern entsteht.**
6. **Vergleichen Sie eine antike *cena* mit einem heutigen Abendessen.**

Plīnius Mārcum et Sextum invītat. Amīcī ad cēnam veniunt.
Plīnius: »Amīcōs videō.«

G S. 9–11
G S. 16–17
G S. 25

Triclinium (Speisezimmer) aus Caesaraugusta

Speisen bei den Römern

Spanferkel, Turteltauben, Gerstengrütze, Brennnesseln, Gewürzwein und Haselmäuse – nur eine Auswahl aus den Rezepten des Apicius, den Plinius als größten Verschwender brandmarkte und dessen Kochbuch vielleicht auch deswegen bis heute erhalten geblieben ist.

Üblich waren bei den Römern drei Mahlzeiten: ein sparsames Frühstück aus Brotstückchen, ein einfaches warmes oder kaltes Mittagessen aus den Resten des Vortags und ein ausgiebiges Mahl *(cena)* am späten Nachmittag oder frühen Abend mit bis zu sieben Gängen, zu dem man gerne Gäste einlud. Den Abschluss der *cena* bildete ein Trinkgelage, das bis in den frühen Morgen andauern konnte.

Dazu gab es ein Rahmenprogramm mit Tanz, Musik und dem Vortrag von Gedichten, das nicht nur dazu einladen sollte, sich zu amüsieren, sondern auch die Spendierfreudigkeit und Pracht des großzügigen Gastgebers bewies. Im Lauf der Zeit wurden Gastmähler so aufwändig, dass immer wieder, aber letztlich erfolglos, Gesetze gegen die Kosten einer ausufernden Verschwendung beschlossen wurden.

Der größte Teil des römischen Volkes hatte damit nichts zu tun. Ärmere Bürger mussten sich meist mit einer Mahlzeit aus Brot und Oliven zufriedengeben. Weil der Getreidepreis oft schwankte und damit das Brot als Hauptnahrungsmittel der Armen sehr viel kosten konnte, verteilten reiche Bürger oder später Kaiser kostenlos Getreide an römische Bürger. Von Apicius' Schweinen, die mit getrockneten Datteln gemästet wurden und die vor dem Schlachten ordentlich Wein trinken durften, konnten die meisten nur träumen.

1 Ordnen Sie den Wörtern die richtige Bedeutung zu.

ad (+ Akk.)	aber/sondern
videre	haben
facere	zu/nach/bei
neque/nec	sagen
tu	und nicht
sed	ist/sind
dicere	machen
est/sunt	du
habere	sehen

2 Fügen Sie das passende lateinische Wort in den Lückentext ein.

Plinius lädt ______ zum ______ ein. Die Familie ist ______ im Atrium. Alle ______ den Gast. Alle Köstlichkeiten ______. ______ Septicius ______. Was ______ Septicius? Er ______.

exspectant – amicos – iam – sed – apud alios amicos – paratae sunt – non venit – facit – cenat – cenam

3 Mindmap. Erstellen Sie eine Mindmap

a) zu Zeitangaben,
b) zu einer Einladung zum Abendessen.

4 Wortnetz. Erstellen Sie ein Wortnetz zum Thema »Plinius' Gast kommt nicht« und erzählen Sie daran den Lektionstext nach.

5 Wortarten.
Sortieren Sie und nennen Sie die Bedeutung.

Substantiv	Verb	unveränderlich

cenam – dicis – ad – si – sunt – nec – amici – vinum – venio – diu – facimus – apud – vides

6 Nennen Sie Grundform und Wortart.

venit → *venire »kommen«* → *Verb*
habeo → ______ → ______
familias → ______ → ______
amici → ______ → ______
videmus → ______ → ______
faciunt → ______ → ______

7 Einladung I. Wen lädt Plinius ein?
Ergänzen Sie die Namen in der richtigen Form und übersetzen Sie.

Plinius invitat …
Gaius – Titus – Livia – Gnaeus – Pomponia

8 Einladung II. Und wen laden Sie ein?
Führen Sie einen Dialog mit Ihrem Partner.

Ego ______ invito. Et tu? Quem invitas?

9 Und was gibt es zu essen?
Ergänzen Sie (wahlweise im Singular oder Plural) und übersetzen Sie.

Cunctae deliciae paratae sunt: *Olivae* et …
Sed Plinius non habet *echinos* nec …

uva

malum

lactuca

pullus

bulbus

caseus

ovum

oliva

pirum

10 **Substantive bestimmen.**
Welcher Kasus ist es? Sortieren Sie.

	Singular	Plural
Nominativ		
Akkusativ		

dominus – amicos – cena – cuncta (2) – deliciae[1] – vinum (2) – delicias[1] – amici – familiam

1 deliciae: Köstlichkeiten

11 **Deklinations-Tandem. Ergänzen Sie.**

Singular	Plural
alius	
	cenas
dominum	
	vina
familia	
	amici

12 **Subjekt, Prädikat, Objekt. Benennen Sie die Satzglieder und übersetzen Sie.**

Plinius	*amicum*	*invitat.*
Subjekt	*Objekt*	*Prädikat*

a) Plinius amicos invitat.
b) Plinius amicos videt: Amici veniunt.
c) Septicium non videt: Septicius non venit.

13 **Lückentext. Ergänzen Sie die richtige Endung und übersetzen Sie.**

a) Domin amic invitat.
b) Famili cen exspectat.
c) Septici ad cen non venit.
d) Cunct diu amic exspectant.
e) Delici paratae sunt.

14 **Das Ende ist der Anfang!**
Nennen Sie das richtige Pronomen.

*Ad cenam veni**t**.* → ***Er** kommt ...*

Amicum exspecta**t**. → erwartet ...
Amicos exspect**o**. → erwarte ...
Non veni**tis**. → kommt nicht.
Nugas dici**s**. → erzählst Witze.

15 **Verben. Ich - du - er, sie, es**
Übersetzen Sie in der richtigen Person.

a) vident – videt – video
b) vides – videmus – videtis
c) dicis – facitis – venio – habet
d) exspectat – invitas – paramus – cenant

16 **Verben nachschlagen.**
Schlagen Sie im alphabetischen Vokabelverzeichnis nach und übersetzen Sie.

putat → (putare) → er, sie, es meint

a) laborat – monetis – ducunt – legimus
b) iubet – accipio – credunt – scis

17 **Unbekannte Sätze übersetzen.**
Schlagen Sie die Wörter nach und übersetzen Sie.

a) Domina ancillam ad forum mittit.
b) Multi servi cibos emunt.
c) Puella frumentum et aquam apportat.

18 **Substantive nachschlagen.**
Ermitteln Sie die Grundform und schlagen Sie im alphabetischen Vokabelverzeichnis die Bedeutung nach.

oculos → oculus → Auge

a) amicae – filios – villam – deum – famam
b) fata – vota – pueros – viri – agrum

19 **Grammatik nachschlagen.**
Suchen Sie im Tabellenteil der Grammatik nach folgenden Formen und finden Sie heraus, wie man sie übersetzt.

a) videbat
b) videbimus
c) videte!

2

Sklaven D S. 133

Ein anderer Abend wenige Tage später: Wieder hat Plinius Freunde zum Essen eingeladen – und der Wein löst die Zunge.

Etiam hodiē Plīnius multōs amīcōs ad cēnam exspectat.

Nam saepe cum amīcīs cēnat.

Decimā[1] hōrā ad-veniunt et dīcunt: »Salvē[2]!«

Iam in triclīniō[3] sunt, cēnant, vīnum petunt:

Mārcus: »Ehō[4], servī! Ubī estis? Ubī est vīnum? Semper idem[5] – nōn audiunt!«

Servī veniunt et vīnum apportant[6]: »Iam ad-sumus!«

Plīnius: »Vidētis: Servī meī nēquam[7] nōn sunt. Sed interdum[8] nōn satis[9] labōrant.«

Mārcus: »Molliter[10] tuōs habēs … – Cum dominum nōn metuunt, sine cūrā agunt.«

Pūblius: »Egō multōs servōs putō amīcōs. Mēcum cēnant, dē vītā disputāmus[11], puerī cum līberīs meīs lūdunt … Fortūnā malā servī sunt –«

Mārcus: »Minimē[12]! Hoc audīvī[13] dē servīs »bonīs«: Servī Lārcium dominum capiunt, gladiō petunt, occīdunt.«

Plīnius: »Vērē[14], perīculīs īnstāmur[15], sed nōn sōlum ā servīs, sed fortūnā. Itaque vēra dīcis, Pūblī.«

1 decimus, a, um: der zehnte
2 Salvē!: Sei gegrüßt!
3 triclīnium: Esszimmer
4 Ehō: He!
5 idem: dasselbe
6 apportāre: bringen
7 nēquam: faul
8 interdum: inzwischen
9 satis: genug
10 molliter: zu lax, zu nett
11 disputāre: diskutieren
12 Minimē!: Keineswegs!
13 Hoc audīvī: Folgendes habe ich gehört
14 vērē: *hier:* ja
15 īnstāmur: wir werden bedrängt

1. **Beschreiben Sie die Ausgangssituation des Textes.**
2. **Benennen Sie die beiden Personengruppen im Text und beschreiben Sie ihre Rolle.**
3. **Vergleichen Sie die Standpunkte von Marcus und Publius gegenüber der Behandlung von Sklaven.**
4. **Beurteilen Sie Plinius in seiner Rolle als Gastgeber und erläutern Sie, welchen Standpunkt er in der Diskussion einnimmt.**

Plīnius amīcōs bonōs exspectat.
Decimā[1] hōrā veniunt. Amīcī cum Plīniō cēnant.
Servī, ubī estis? – Iam ad-sumus.

G S. 20 (5.1–5.2)
G S. 18–19
G S. 59 (Tabelle unregelm. Verben)

Fructus, von seinen Sklaven Myro und Victor bedient. Römisches Mosaik aus Uthina

Sklaven in der römischen Antike

Sklaverei war ein alltägliches Phänomen antiker Kulturen: Piraten kaperten Schiffe oder überfielen Städte und verkauften ihre Gefangenen als Sklaven. Besonders die zahlreichen Kriege ab dem zweiten vorchristlichen Jahrhundert führten zur Versklavung ganzer Völkerschaften. Kinder von Sklaven waren ebenfalls unfrei und gehörten dem Besitzer ihrer Eltern.

Das Leben der Sklaven war so unterschiedlich wie ihr Preis: Günstige Sklaven ohne besondere Kenntnisse wurden auf riesigen Landgütern eingesetzt oder mussten in Steinbrüchen und Bergwerken Schwerstarbeit leisten, Frauen wurden teilweise auch als Prostituierte missbraucht. Gut ausgebildete handwerkliche Spezialisten dagegen waren sehr teuer und wurden in der Regel besser behandelt. Das ging so weit, dass römische Autoren empfahlen, für gefährliche Tätigkeiten lieber einen freien Tagelöhner als einen teuren Sklaven einzusetzen, damit sich die Investition in ein lebendes Werkzeug – wie Sklaven auch bezeichnet wurden – auch lohnte. Zu den Sklaven, die in den Haushalten der römischen Familien lebten, bestand häufig ein großes Vertrauensverhältnis: Sie dienten als Ammen und Lehrer für die Kinder, manche waren sogar enge Berater und Vertraute ihrer Herren.

Sklaven gehörten zur *familia* und unterstanden damit der Gewalt des *pater familias.* Andererseits bekamen Sklaven häufig Taschengeld, das sie sparen und mit dem sie sich freikaufen konnten. Tatsächlich erlangten viele städtische Sklaven nach etwa sieben Jahren ihre Freiheit. Ihrem ehemaligen Herrn fühlten sie sich oft moralisch verbunden und wählten ihn in hohe Ämter. Oft hatten sie auch einen Kredit bei ihm aufgenommen, um eine Werkstatt zu eröffnen, und waren ihm auch so noch jahrelang als Klienten verbunden.

Nur selten kam es zu Sklavenaufständen; der bekannteste ist der Aufstand des Spartacus im Jahr 73 v. Chr., dem sich viele Sklaven aus der Landwirtschaft angeschlossen hatten. Der römische Staat griff brutal durch: Nach dem Sieg der römischen Armee wurden mehrere Tausend Anhänger des Spartacus entlang der Via Appia ans Kreuz geschlagen.

1 Stellen Sie zwischen folgenden Wörtern Beziehungen her und suchen Sie a) Gegenteile – b) Sachfelder.

servus – audire – cum – dicere – sine – bonus – metuere – dominus – gladius – periculum – occidere – vita – cura – malus – videre

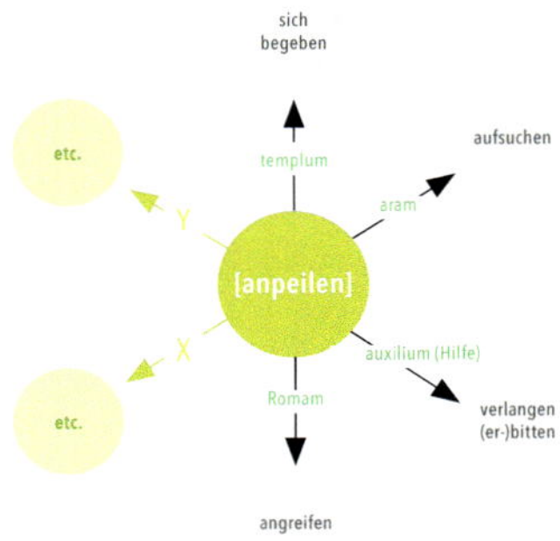

2 Geben Sie die Grundform und die Bedeutung an.

a) servo – vitam – amici – curis
b) audio – agunt – occidimus
c) gladios – pueris – fortunam
d) me – sumus – pericula

3 petere. Ein Wort – viele Bedeutungen. Übersetzen Sie jeweils passend.

a) *Essen und Wein* petere
b) *das Esszimmer* petere
c) *das Konsulat* petere
d) *den Feind* petere
e) *um Hilfe* petere

4 capere. Ein Wort – viele Bedeutungen. Übersetzen Sie jeweils passend.

a) *Eine Mahlzeit* capere
b) *Einen Feind* capere
c) *Eine Gelegenheit* capere
d) *Zu den Waffen* capere
e) *Einen Plan* capere
f) *Eine feindliche Stadt* capere

5 agere. Ein Wort – viele Bedeutungen. Übersetzen Sie jeweils passend.

a) *Ein Fest* agere
b) *Ein Amt* agere
c) *Sein Leben* agere
d) *Eine Aufgabe* agere
e) *Vor Gericht* agere
f) *Etwas* agere

6 Cena. Mit wem speist Plinius? Ergänzen Sie die Wörter im Ablativ und übersetzen Sie.

Plinius cenat cum …

Quintus – Sextus – Gaius – amicus
Iulia – Aurelia – Gaia
servi – liberi – multae amicae (Freundinnen)

7 Ablativ-Wendungen. Übersetzen Sie.

a) mit den Freunden
b) zur zehnten Stunde
c) mit dem Schwert
d) mit Sorgfalt
e) ohne die Kinder
f) in Gefahr

8 Bestimmen Sie die unterstrichenen Formen und übersetzen Sie.

a) liberos meos video
b) cum amicis bonis
c) de vita tua metuo
d) de domino bono audio
e) fortunam malam metuo
f) in multis periculis

9 Mitspielen? Weglaufen? Ergänzen Sie die Kasusendung und übersetzen Sie.

ludo cum …	metuo …
amic____ (Sg.)	domin_____ (Sg.)
liber_____ (Pl.)	serv_____ (Pl.)
amic___ bon___ (Pl.)	serv___ mal___ (Sg.)
puer_____ (Sg.)	mult_____ (Pl.)

10 KNG. Wer mit wem? Kombinieren Sie.

liberos	bonam
de domino	tuum
cum servis	bonis
fortunam	malo
puerum	meos

11 In der Dichtung und zur Betonung stehen Adjektive oft weiter weg vom Beziehungswort. Was gehört zusammen?

a) Servi dominum non metuunt bonum.
b) Magnis nam saepe in periculis …
c) De vero hodie dico amico …

12 Verbformen. Übersetzen Sie.

a) dicunt – audio – estis
b) occidis – sum – ludimus
c) es – capis – venimus – sunt

13 Verbformen. Bilden Sie die entsprechenden Formen und übersetzen Sie.

a) cenat → put___	b) capimus → aud___
c) dicitis → pet___	d) habetis → vid___

14 Übersetzen Sie und geben Sie die Funktion der Ablative an.

Plinius	cum amicis	
	sine servis	
	in triclinio[1]	cenat.
Servi	decima[2] hora	
	multis gladiis	Larcium petunt.

1 triclinium: Speisezimmer – **2 decimus,** a, um: der zehnte

15 Benennen Sie die Satzglieder (Subjekt, Prädikat, Objekt, adverbiale Bestimmung) und übersetzen Sie.

a) Servi magna cura laborant.
b) Dominus cum liberis cenat.
c) Puer puerum gladio petit.
d) Amici decima[1] hora veniunt.
e) Liberi sine cura ludunt.
f) Plinius multa de servis audit.

1 decimus, a, um: der zehnte

16 Adjektive. Schlagen Sie im alphabetischen Vokabelverzeichnis nach und nennen Sie die Bedeutung.

a) parvas – magno – paucis
b) claros – longum – amplis
c) pulcher – crebri – dextra

17 Sätze übersetzen. Schlagen Sie unbekannte Wörter nach und übersetzen Sie.

a) Dominus multos servos possidet.
b) Servi multa officia faciunt.
c) Dominus ancillam pulchram amat.
d) Sed ancilla iram dominae[1] timet.

1 dominae *(Genitiv):* der Herrin

18 »Ein Fall für alle Fälle« – der Ablativ. Ermitteln Sie mithilfe der Grammatik Übersetzungsmöglichkeiten für den Ablativ.

a) Dominus est vir magna cura.
b) Servi mei meliores[1] sunt servis tuis.
c) Cena mea multo melior[1] est quam[2] tua.
d) Plinius fortuna et amicis felix[3] est.

1 melior/meliores: besser – **2 quam**: als – **3 felix**: glücklich

19 Übersetzen Sie und wählen Sie die passende Bedeutung für »cum«.
a) cum + Ablativ: »mit«
b) cum als Nebensatzeinleitung

a) Plinius cum servis cenat.
b) Plinius, cum cenat, amicos invitat.
c) Amicus, cum invitatus sit[1], venit.
d) Amicus, cum invitatus sit[1], non venit.

1 invitatus sit: er ist eingeladen

Bäder, Spiele, Philosophie – Freizeitgestaltung im alten Rom

Theater in der Stadt Bosra (Syrien)

Sieger eines Wagenrennens, röm. Mosaik, 3. Jhdt. n. Chr.

»Du fragst, wem du meiner Meinung nach aus dem Weg gehen sollst? Der Masse!« (Sen. epist. 7,1)

Diesen Rat gab Seneca (ca. 4 v. Chr.–65 n. Chr.) seinem Freund Lucilius in einem Brief, in dem er berichtete, was er in seiner Freizeit unternommen hatte.

Wie Plinius gehörte auch der in Spanien geborene Seneca zur römischen Oberschicht. Standesgemäß war er als Anwalt und Politiker tätig, im Alter wurde er als Berater des Kaisers Nero sogar außerordentlich reich und mächtig. Sein wahres Interesse galt jedoch der Philosophie.

Man kann sich vorstellen, wie ausgefüllt Senecas Tage durch seine vielfachen Tätigkeiten waren: Üblicherweise standen die tonangebenden Männer sehr früh auf und verbrachten die ersten Stunden nach Sonnenaufgang damit, dass sie ihre Klienten begrüßten, ihnen einen kleinen Imbiss reichten, sich deren Sorgen anhörten und Hilfe leisteten. Gerade bei einem Wahlkampf kamen mehrere hundert Menschen zu einer solchen *salutatio*. Anschließend bemühten sich Männer wie Seneca oder Plinius, die Wünsche der Klienten in persönlichen Gesprächen mit anderen einflussreichen Persönlichkeiten, in Gerichtsprozessen oder Senatsdebatten zu erfüllen.

Um die Mittagszeit war das Pflichtprogramm *(negotium)* abgearbeitet. Nach einem kleinen Mittagessen stand der Nachmittag zur freien Verfügung *(otium)*. Wer nicht bis zum Einbruch der Dunkelheit Bücher lesen wollte, konnte sich in Bädern, bei Gladiatorenspielen, Wagenrennen oder Theateraufführungen entspannen.

Bereits 364 v. Chr. fanden erstmals in Rom Theateraufführungen statt, doch erst 300 Jahre später wurde das erste Theater aus Stein gebaut, in dem ca. 20.000 Menschen Platz fanden. An bis zu 240 Tagen im Jahr konnte man im Circus Maximus Wagenrennen ansehen, die von mehr als 200.000 Personen gleichzeitig besucht werden konnten. Wagenlenker von Teams, die sich in ihren Trikotfarben unterschieden, steuerten oft mehrmals täglich insgesamt sieben Runden über die Rennbahn und wurden von ihren Anhängern frenetisch gefeiert. Für Gladiatorenspiele stand seit dem Ende des ersten Jahrhunderts das Kolosseum zur Verfügung, dessen Einweihung

Szene im Amphitheater: Tierhatz *(venatio)* und Hinrichtung durch Raubtiere *(damnatio ad bestias)*

mit hunderttägigen Spielen gefeiert wurde. Für spannende Unterhaltung sorgten neben Gladiatorenkämpfen Tierhetzen, Hinrichtungen und sogar Seeschlachten. Bevor es dunkel wurde, wurden die Spiele beendet, damit die Zuschauer sicher nach Hause kamen.

Den Rest des Tages verbrachten reiche Römer wie Seneca mit Gesprächen beim Abendessen im Kreis enger Freunde, zum Beispiel darüber, was ein glückliches Leben ausmacht.

Als Stoiker sah Seneca den Weg zum Glück darin, ein moralisch gutes Leben zu führen. Das heißt, das Leben an der Vernunft auszurichten und sich nicht von Leidenschaften und Gefühlen dominieren zu lassen. Auch äußere Dinge wie Gesundheit oder Krankheit, Reichtum oder Armut waren für Stoiker nebensächlich, weil sie entbehrlich sind, um einen guten Charakter zu entwickeln.

Und so warnte Seneca seinen Freund Lucilius vor den weitreichenden Folgen, die es hatte, wenn ein Mensch, der sich um Seelenruhe bemühte, in einer Menschenmasse Spiele ansah:

»Der Umgang mit vielen ist feindlich; jeder empfiehlt uns irgendein Laster, drückt es uns auf oder klebt es uns an, während wir es nicht merken. Jedenfalls ist die Gefahr umso größer, je größer das Volk ist, unter das wir uns mischen. Nichts aber ist für einen guten Charakter so verderblich wie in irgendeinem Schauspiel müßig herumzusitzen; dann schleichen sich nämlich durch das Vergnügen umso leichter Laster ein.«
(Sen. epist. 7,2)

Kolosseum

3

Der Philosoph und die Thermen D S. 134

Lucius Annaeus Seneca, ein reicher Römer und stoischer Philosoph, weilt gerade im Badeort Baiae. Doch an Ruhe ist nicht zu denken …

Nam multīs Rōmānīs placet thermās[1] petere – et Seneca suprā balneum[2] habitat[3]. Itaque undique varium clāmōrem[4] audit:

Audit vōcem[5] virōrum et fēminārum, cum lūdunt aut sē exercent.

Audit magnum sonum[6] aquae, cum in piscīnam[7] saliunt.

Audit strīdulam[8] vōcem[5] ālipilī[9]: Numquam tacet. Etiam aliōs clāmāre cōgit.

Audit botulārium[10], popīnārum īnstitōrēs[10], crūstulārium[10]:

»Vidē! Habeō varia crūstula[11].«

»Egō optima crūstula[11] Bāiārum habeō.«

»Dē mē emere dēbēs. Ecce: Tibī duo crūstula[11] dō. Etiam fīliō tuō et fīliae pulchrae tuae circulōs[12] dō.«

Subitō clāmor[4] multōrum virōrum audītur[13]:

»Ubī est toga mea?«

»Fūr[14]! Fūr!«

»Vidēte! Habet togam Mārcī Claudiī!«

»Agite, servī! Fūrem[14] tenēte!«

Aliī virī clāmōrem[4] audiunt et cum servīs fūrem[14] petunt. Iam virum malum capiunt et tenent et togam dominō dant.

Et Seneca? Animum cōgit sibī intentum esse[15] et studiīs sē dat. Nam philosophō Stōicō silentium necessārium nōn est.

1 thermae: die Thermen
2 suprā balneum: über einem Bad
3 habitāre: wohnen, leben
4 clāmor, *Akk.* clāmōrem: Lärm
5 vōx, *Akk.* vōcem: Stimme
6 sonus: Geräusch
7 piscīna: Schwimmbecken
8 strīdulus, a, um: schrill
9 ālipilus: Haarausrupfer *(der die Achseln enthaart)*
10 botulārium, popīnārum īnstitōrēs, crūstulārium: einen Wurstverkäufer, Garküchenbetreiber, Zuckerbäcker
11 crūstulum: Plätzchen
12 circulus: süßer Kringel
13 audītur: ist zu hören
14 fūr, *Akk.* fūrem: Dieb
15 sibī intentum esse: nur auf sich selbst gerichtet zu sein

1. **Lärm und Ruhe: Suchen Sie alle Ausdrücke zu diesem Wortfeld heraus.**
2. **Nennen Sie alle im Text auftretenden Personen und ihre Tätigkeiten.**
3. **Erläutern Sie, was gemeint ist, wenn der Haarausrupfer *aliōs clāmāre cōgit* (Z. 5 f.).**
4. **Erläutern Sie den Gegensatz, der in Z. 19 f. aufgezeigt wird.**
5. **Analysieren Sie, mit welchen sprachlich-stilistischen Mitteln der Autor die Lärmbelastung Senecas darstellt.**
6. **Stellen Sie die unterschiedlichen Angebote der antiken Thermen zusammen und vergleichen Sie sie mit heutigen Bädern.**

1. Seneca est dominus multōrum servōrum:
   Est dominus Rūfī et Gallī et Lȳdiae et multārum aliārum.
2. Seneca Lūcīliō et Paulīnae et aliīs amīcīs dīcit:
3. Venī! Venīte!

G S. 12–13
G S. 14–15
G S. 29 (7.5.2)

Bath, Römische Thermen (erbaut 1.–4. Jh. n. Chr.), Schwimmbecken

Baden und Entspannen in römischen Thermen

Obwohl bereits die Griechen Bäder errichtet hatten, in denen Männer Sport treiben konnten, perfektionierten die Römer die Badeanlagen. Mit großen Öfen erhitzten sie Wasser und leiteten die Abwärme durch Fußböden und Wände, sodass es auch bei schlechtem Wetter überall gemütlich warm war. Das erwärmte Wasser nutzte man für ein Lauwarm- *(tepidarium)* und Warmwasserbecken *(caldarium)*. Auch ein Kaltwasserbecken *(frigidarium)* stand zur Verfügung. Nachdem man sich im *apodyterium* umgezogen hatte, ging man in einem Kreislauf durch die unterschiedlich warmen Bäder. Außerdem gab es eine Sauna *(laconicum)*, Möglichkeiten für Massagen und ärztliche Behandlungen, Büchereien *(bibliothecae)*, Toiletten *(latrinae)* und einen großen Sportplatz *(palaestra)*. Man badete nackt; die Frauen gingen vormittags, die Männer nachmittags in die Bäder. Große Bäder, in denen sich mehrere Hundert oder sogar Tausend Menschen gleichzeitig aufhalten konnten, waren symmetrisch gebaut, sodass für jedes Geschlecht eine eigene Anlage bereitstand. Der Eintrittspreis war niedrig oder die Bäder konnten sogar gratis aufgesucht werden. Daher waren sie gut besucht und ermöglichten auch ärmeren Römern eine angemessene Hygiene. Allerdings waren die Möglichkeiten, das Wasser zu reinigen, noch gering, sodass sich reiche Römer lieber eigene Bäder in ihren Häusern bauen ließen. Da war es dann auch nicht so laut wie in den öffentlichen Bädern.

1 Wortpaare. Nennen Sie das Gegenteil.

clamare: _ _ _ _ _ _
clamor[1]: _ _ _ _ _ _ _ _ _
vir: _ _ _ _ _ _
semper: _ _ _ _ _ _ _

1 clamor: Lärm

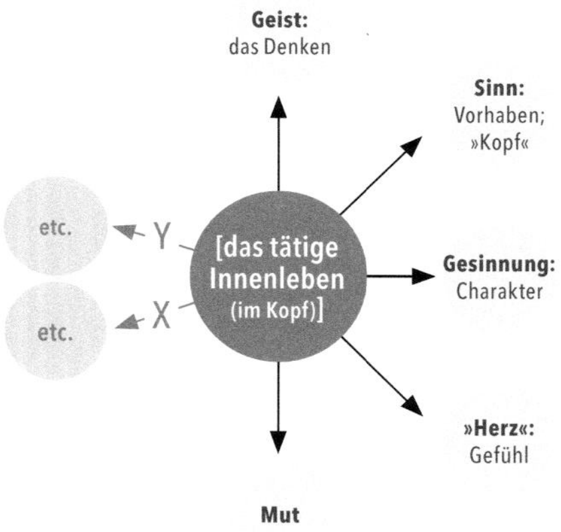

2 Übersetzen Sie die Wendungen.

- filios et filias habere
- togam pulchram emere
- silentium tenere
- multis viris placere
- numquam tacere

3 animus. Ein Wort – viele Bedeutungen. Übersetzen Sie jeweils passend.

a) *Körper und* animus
b) *den* animus *richten auf*
c) *mit* animus *abwesend sein*
d) *im* animus *haben*
e) *dem Freund in einer schwierigen Lage* animus *machen*
f) *sich die Vokabeln in* animus *einprägen*

4 cogere. Ein Wort – viele Bedeutungen. Übersetzen Sie jeweils passend.

a) *Truppen* cogere
b) *jemanden zur Arbeit* cogere
c) *Geld* cogere
d) *einen Text kurz* cogere
e) *das Vieh* cogere

5 tenere. Ein Wort – viele Bedeutungen. Übersetzen Sie jeweils passend.

a) *einen Dieb* tenere
b) *eine Richtung* tenere
c) *die Aufmerksamkeit auf etwas* tenere
d) *die Stellung gegen die Feinde* tenere
e) *an dem Plan* tenere
f) *ein Reich* tenere

6 Wessen Schwert ist das? Ergänzen Sie den Besitzer in der richtigen Form und übersetzen Sie.

a) gladius … b) amicus … c) servus …

Marcus – Iulia – Sextus – Seneca – Romani – familia – filii – filiae – liberi – servi

7 Singular-Plural-Wippe. Bilden Sie jeweils den anderen Numerus und übersetzen Sie:

a) dominus servi
b) vita pueri
c) hora studiorum
d) cura filiarum
e) silentium philosophi

8 Wem gefällt was? Ergänzen Sie in der richtigen Form und übersetzen Sie.

vinum/cena/amicus/servus … placet.

Gaius – Livia – Seneca – Plinius – Romani – filii – filiae – liberi – servi – feminae

9 Dativus possessivus. Informieren Sie sich in der Grammatik und übersetzen Sie.

a) Senecae multi servi sunt.
b) Marco Claudio toga pulchra est.
c) Familiis Romanis multi servi sunt.

10 **Mehrdeutige Endungen. Schlagen Sie in der Grammatik die Deklinationstabellen der a- und o-Deklination auf. Für welche Kasus können folgende Endungen stehen?**

a) -um b) -i
c) -o d) -is
e) -ae f) -a

11 **Mehrdeutige Endungen. Bestimmen Sie die markierte Form und übersetzen Sie.**

a) viri veniunt – silentium viri
b) filiae donum[1] dare – dona[1] filiae pulchra sunt – filiae ad cenam non veniunt
c) cum amico ceno – amico meo vinum placet
d) sine servis – servis vita non placet

1 donum, i: Geschenk

12 **Deklinieren Sie folgende Wörter.**

a) vir – b) femina – c) periculum

13 **Deklinieren Sie auf Deutsch.**

a) der Mann – b) das Kind – c) die Frau

14 **Papa befiehlt … Übersetzen Sie.**

a) Kinder, venite!
b) Aber tenete silentium!
c) Mein Freund, vide liberos!
d) Sklaven, cenam parate!
e) Liebe Frau, da liberis cenam!

15 **Redewendungen.**
Übersetzen Sie mit *einem* Begriff. Schlagen Sie unbekannte Wörter nach.

a) cena familiae b) clamor liberorum
c) officium servi d) studium litterarum
e) periculum vitae

16 **Im Bad. Wörter nachschlagen.**

a) tunica – vestis – solea
b) strigilis – oleum
c) aqua: frigida – tepida – calida
d) pila ludere – colloqui – corpus exercere
e) viri: fessi – contenti – cibi avidi

17 **Im Bad. Sätze nachschlagen.**

a) Viri tunicas abiciunt.
b) Servi cuncta bona custodiunt.
c) Domini tepidarium intrant.
d) Multas horas ibi manent.
e) Tandem domum reveniunt.

18 **Grammatik nachschlagen.**
Benennen Sie die Kasus-Funktionen und übersetzen Sie.

a) Pars[1] Romanorum thermas[2] petit.
b) Fur[3] est vir magnae malitiae[4].
c) Toga magni (pretii[5]) est.
d) Cura servorum → 2 Möglichkeiten!
e) Liberi mihi magnae curae sunt.
f) Multis viris vita bona est.
g) Philosopho silentium tenendum est.

1 pars: Teil – **2 thermae:** Thermen – **3 fur:** Dieb – **4 malitia:** Boshaftigkeit – **5 pretium:** Preis

19 **Grammatik nachschlagen.**
Schlagen Sie die Verbformen in der Tabelle nach und übersetzen Sie.

Verbform	Bestimmung	Übersetzung
cogebant		
tenebit		
clamabitis		
placebamus		
ludent		
audies		
putabo		
habebas		

4

Pause im Amphitheater D S. 135

Die Tier- und Gladiatorenkämpfe des Vormittags sind vorüber – jetzt ist Mittagspause mit Unterhaltungsprogramm gegen die Langeweile …

Multī hominēs in amphitheātrō[1] sunt: Senēs et iuvenēs, dīvitēs[2] et pauperēs[2].

Etiam Seneca adest et spectat. Nam lūsūs[3] exspectat et salēs[3] et aliquid laxāmentī[3], quō[4] hominum oculī ab hūmānō cruōre[5] adquiēscunt[6].

Ingentī vōce populus clāmat:
»Occīde, verberā[7], ūre[7]!«
»Cūr tam timidē[8] in-currit in ferrum?«
»Cūr tam timidē[8] vulnera ef-fugit?«
»Cūr tam timidē[8] occīdit?«
»Cūr mortem timet?«

Pūgna ācris est. Subitō ūnus ē[9] *gladiātōribus* magnā vōce clāmat, cadit, nōn iam sē movet. Mortuus est! *Spectātōrēs* excitātī[10] nōmen victōris clāmant.

Seneca: »Nōn iam pūgnae, sed caedēs et homicīdia[11] sunt! *Gladiātōrēs* sē tegere nōn possunt: nōn galeā[12], nōn scūtō[12] ferrum ācre re-pellunt; tōtīs corporibus expositī[13] sunt. Sed quō[14] mūnīmenta[15]? Quō[14] artēs? Omnia ista[16] mortis morae sunt.«

1 amphitheātrum, ī *n.*: Amphitheater
2 dīvēs, pauper: reich, arm
3 lūsūs, salēs, aliquid laxāmentī: Scherze, witzige Ideen und irgendetwas zur Erholung
4 quō: wodurch, womit
5 cruor, cruōris *m.*: Blut
6 adquiēscere: sich erholen
7 verberāre, ūrere: schlagen; verbrennen
8 tam timidē: so ängstlich
9 ē gladiātōribus: von den Gladiatoren
10 excitātus, a, um: aufgeregt
11 homicīdium, ī *n.*: Gemetzel
12 galea, scūtum: Helm, Schild
13 expositus, a, um: ungeschützt
14 quō?: wozu?
15 mūnīmentum, ī *n.*: Rüstung
16 ista *(n. Pl.)*: diese Dinge

1. **Nennen Sie den Ort, die Teilnehmer und den Zweck der Veranstaltung.**
2. **Nennen Sie in jedem Abschnitt zentrale Wörter und erschließen Sie anhand dessen, worum es geht.**
3. **Beschreiben Sie sprachlich-stilistische Auffälligkeiten in Z. 6–13 und erläutern Sie ihre Wirkung.**
4. **Geben Sie Senecas Argumentation im letzten Abschnitt wieder. Können Sie sich seiner Position anschließen? Begründen Sie Ihre Meinung.**

Multī hominēs adsunt. Seneca variōs hominēs videt.
Seneca hominem dīvitem[2] et hominem pauperem[2] videt. G S. 52 (5 und 6)
Seneca bonō hominī dīcit: »Cūr cruor[5] hominum multīs hominibus placet?
Animus hominis malus est.« G S. 20 (5.3)

Gladiatoren. Römisches Mosaik (Verona, Museo Archeologico)

Römische Gladiatorenspiele

Gladiatorenkämpfe gehörten ursprünglich zu Leichenfeiern der Etrusker, um Totengeister zu versöhnen. Im Lauf der Zeit wurden die Kämpfe immer beliebter, sodass sie immer öfter veranstaltet wurden – auch unabhängig von Leichenfeiern. Der berühmteste Kampfplatz war das um 80 n. Chr. erbaute *amphitheatrum Flavium,* das nach der Kolossalstatue für Kaiser Nero *colosseum* genannt wurde. Hier konnten ca. 50.000 Zuschauer in fünf Rängen sitzen: unten die wichtigsten Männer des Staates, ganz oben Frauen, Kinder und Sklaven, alle geschützt durch Sonnensegel.

Die Gladiatorenspiele begannen morgens mit Tierhetzen, an die sich Hinrichtungen von Verbrechern anschlossen. Gladiatorenkämpfe waren der Höhepunkt des Nachmittags und wurden mit einer Prozession, Musik und Tanz eröffnet.

Die meisten Gladiatoren kämpften nicht freiwillig in der Arena, sondern waren Sklaven, Kriegsgefangene oder verurteilte Straftäter. Wer aber die Zuschauer als ruhmreicher Sieger mit sich riss, konnte neben Siegespalmen und Geld auch die Freiheit gewinnen. Der Unterlegene wurde nicht zwangsläufig getötet, sondern konnte darauf hoffen, vom Publikum bzw. dem Veranstalter begnadigt zu werden – schließlich hatte es viel Geld gekostet, die Gladiatoren auszubilden.

1 Gegensätze. Nennen Sie die Bedeutung.

senex – iuvenis
pellere – fugere
spectare – audire
totus populus – unus homo
pugna acris – silentium

2 Übersetzen Sie die Wendungen.

- mortem effugere
- cenam exspectare
- in pugna acri
- ferrum repellere
- vulnera timere
- ingenti voce clamare

3 Wortfamilie. Erschließen Sie Wortart und Bedeutung.

spectare → spectaculum
nomen → nominare
pugna → pugnare
vox → vocare
victor → vincere → victoria
timere → timor → timidus, a, um

4 Sachfelder. Stellen Sie alle Wörter zu folgenden Themen zusammen:

a) Kampf und Tod
b) Menschen
c) Bewegung

5 Bestimmen Sie die unterstrichene Form und übersetzen Sie.

ab hominibus
homini cenam dare
mortem et caedes timere
vulnera effugere
nomina victorum nota sunt[1]
omnes artes exercere

1 nota sunt: sie sind bekannt

6 Nominativ oder Akkusativ? Entscheiden und übersetzen Sie.

caedes spectare – caedes ingens est
nomen dicere – nomen est …
homines timent – homines timere
vulnus tegere – vulnus malum est
senes audire – senes audiunt
corpora cadunt – corpora tegere

7 Deklinieren Sie.

a) homo – b) vulnus – c) vox ingens

8 Deklinieren Sie.

a) homo bonus – b) vulnus malum – c) pugna acris

9 Kongruenzen erkennen. Bestimmen Sie KNG des Substantivs und wählen Sie die dazu passende Form des Adjektivs aus.

- victor (mortuo – mortuus – mortuorum)
- cum senibus (multos – multa – multis)
- vocem (pulchram – pulchrarum – pulchras)
- homines (cunctis – cuncti – cunctorum)
- pericula (ingentes – ingenti – ingentia)
- pugnas (acris – acres – acribus)
- corpore (toto – tota – toti)

10 Kongruenzen erkennen. Bestimmen Sie KNG des Substantivs und wählen Sie ein dazu passendes Adjektiv aus.

voce	mortuorum
amici	ingentibus
hominum	magna
in pugnis	malum
vulnus	acris
gladii	pulchra
corpora	omnes

11 *esse* **und** *posse!* **Ergänzen Sie die passende Form und übersetzen Sie.**

a) Omnes in amphitheatro … .
b) Seneca: »Et ego ad - … .
c) In amphitheatro homines spectare pos- … .
d) Etiam vos ad - … .«
e) Gladiator bonus victor … .
f) Nam corpus scuto[1] tegere pot- … .
g) Spectatores: »Nos laeti[2] … .
h) Pugnae pulchrae nobis[3] placere pos- … .«
i) Et tu? Ubi … nunc[4]?

1 scutum: Schild – **2 laetus,** a, um: froh – **3 nobis**: uns *(Dativ)* – **4 nunc**: jetzt

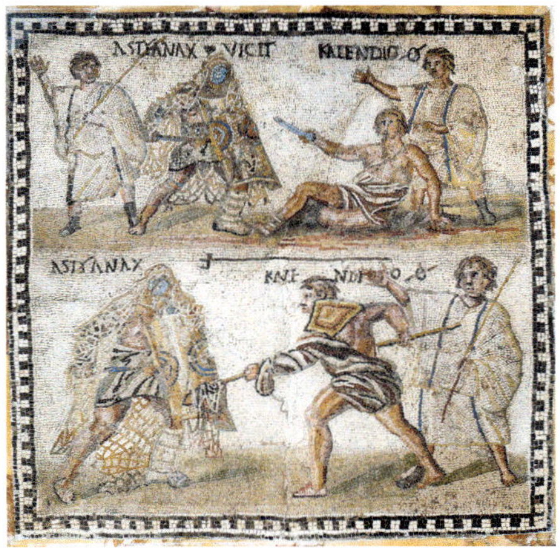

Mosaik, 4. Jhdt. n. Chr.: Kämpfende Gladiatoren

12 Seneca und die Römer. Bestimmen Sie die Satzglieder (Subjekt, Prädikat, Akkusativ-Objekt) und übersetzen Sie.

a) Seneca animum exercet.
b) Corpora Romani exercent.
c) Seneca silentium petit.
d) Romani numquam tacent.
e) Seneca homines fugit.
f) Populus spectat pugnas.

13 Satzbaukasten. Bilden Sie sinnvolle Sätze und übersetzen Sie.

Subjekte	Objekte		Prädikate
Seneca	mortem	(non)	timet/timent
Romani	silentium		spectat/spectant
victor	pugnam		petit/petunt
	homines		occidit/occidunt
	vulnera		fugit/fugiunt

14 »Lebensberatung« durch Seneca. Schlagen Sie unbekannte Wörter nach und übersetzen Sie.

a) Mentem sanam in corpore sano exercete!
b) Fortunam malam ferte!
c) Fuge turbam!
d) Animum in clementiam intendite!
e) Sapientiam pete!
f) Rationem ducem facite!

Doppelbüste: Seneca und Sokrates

15 Grammatik nachschlagen. Schlagen Sie die Verbformen in der Tabelle nach und übersetzen Sie.

Verbform	Bestimmung	Übersetzung
exspectavit		
exspectaverunt		
exspectaveram		

16 Eine Seeschlacht im Amphitheater. Schlagen Sie die unterstrichenen Wörter nach, bestimmen Sie den Kasus und übersetzen Sie.

a) Dies pulcher est. Viri magnam spem habent.
b) Nam in amphitheatro portum spectant.
c) Exercitus in portu naves ascendit[1].
d) Romani fidem in victoriam[2] exercitus habent.

1 ascendere: besteigen – **2 victoria**: der Sieg

Veni, vidi, vici – Caesars Kampf um die führende Stellung im Staat

Marmorstatue von Caesar, Rom, Museo della Civiltà Romana

»Als Caesar auf dem Weg nach Spanien die Alpen überquert hatte, sagte er beim Anblick eines armseligen Dörfchens mit allem Ernst: Ich möchte lieber hier der Erste als der Zweite in Rom sein.« (Plutarch, Caesar 11,4). Mit dieser Anekdote porträtiert der griechische Schriftsteller Plutarch Gaius Iulius Caesar (100–44 v. Chr.) in seinem wohl prägnantesten Wesenszug: seinem Ehrgeiz.

Caesars Familie war zwar angesehen, hatte sich aber seit längerer Zeit nicht mehr hervorgetan. Daher nutzte Caesar jede Gelegenheit, um die Iulier ins rechte Licht zu rücken. So erinnerte er bei der Leichenfeier seiner Tante an seine Abstammung vom Trojaner Aeneas und der Göttin Venus.

Um in die höchsten Ämter gewählt zu werden, schreckte er vor nichts zurück: Er verbündete sich mit allen, die ihm irgendwie dienlich waren, zögerte jedoch auch nicht, gegen vormalige Verbündete und seinen eigenen Schwiegersohn in den Bürgerkrieg zu ziehen. Außerdem hatte er keine Hemmungen davor, sich völlig zu verschulden, um Wähler zu bestechen.

Um seine enormen Schulden bezahlen zu können, tat es Caesar seinen Standesgenossen gleich: Ehemalige Praetoren oder Konsuln gingen als Statthalter (*pro praetore* bzw. *pro consule* anstelle eines Praetors bzw. Konsuls) für ein Jahr in eine Provinz. Dort zog man Abgaben für Rom ein – und sanierte zugleich seine Finanzen.

Caesar fiel nach seinem Konsulat 59 v. Chr. das heutige Südfrankreich zu. Ungewöhnlich an seinem Prokonsulat war, dass er es erst fünf, dann sogar zehn Jahre bekleidete. Vor allem aber beschränkte er sich nicht darauf, Gerichtstage abzuhalten, die Verwaltung zu organisieren und Feinde abzuwehren. Stattdessen nutzte er die Chance, unermesslichen Kriegsruhm dadurch zu erwerben, dass er das heutige Frankreich im Verlauf dieser Jahre mit zehn Legionen eroberte. Auch die Invasion in England erklärte Caesar in seinen Berichten an den Senat zur reinen Verteidigungsmaßnahme. Seine Berichte veröffentlichte er zudem als *commentarii de bello Gallico,* um möglichst viele Römer von seiner Leistungsfähigkeit zu überzeugen und alle Gegenargumente abzuweisen, seine Kriegsführung sei ungerechtfertigt gewesen.

Goldmünze von Caesar mit gallischen Waffen

Doch den Politikern in Rom wurden dieser unermessliche Ruhm und die gewaltige Macht einer Einzelperson unheimlich – dies war nämlich in der römischen Republik mit jährlich wechselnden Ämtern nicht vorgesehen. Deshalb forderten sie Caesar auf, sein Kommando niederzulegen, als Privatmann nach Rom zurückzukehren und sich gegebenenfalls einem Gerichtsprozess wegen Überschreitung seiner Befugnisse zu stellen.

Als Caesar sich weigerte, kam es zum Bürgerkrieg (49–46 v. Chr.), den Caesar schließlich gewann. Als er 46 v. Chr. seinen Triumph nach zahlreichen Feldzügen feierte, ließ er eine Tafel wie eine Zusammenfassung seiner Erfolge mitführen: *»veni, vidi, vici.«*

Lateinische Handschrift von Caesars *De bello Gallico* aus dem 11. Jhdt.; Florenz, Biblioteca Riccardiana

Denar (43 v. Chr.): Auf der Vorderseite: Kopf des Brutus; auf der Rückseite Freiheitsmütze zwischen zwei Dolchen mit der Inschrift »Eid(us) Mar(tiae)«

Von nun an bekleidete Caesar jährlich das Amt des Konsuls und wurde sogar zum Diktator auf Lebenszeit ernannt. Doch damit hatte er die Senatoren allzu sehr herausgefordert. Weil sie fürchteten, Caesar strebe nach der Königsherrschaft, verbündeten sich einige von ihnen und erdolchten ihn an den Iden des März (15. März) 44 v. Chr.

Rekonstruktion einer römischen Befestigung, wie sie im Gallischen Krieg verwendet wurde.

5

Schwierige Landung D S. 136

Weil die Gallier Unterstützung aus Britannien bekommen hatten, wollte Caesar auf die Insel übersetzen. Doch als die Römer die steile, hügelige Küste erreichten, wurden sie bereits vom Feind erwartet. Caesar beschloss deshalb, weiterzufahren und sieben Meilen weiter an einer flachen Stelle anzulanden.

Sed barbarī cōnsilium Rōmānōrum cognōvērunt. Itaque equitātum[1] et essedāriōs[2] prae-mīsērunt. Etiam reliquae cōpiae vēnērunt, ut[3] nostrōs ē nāvibus ēgredī prohibērent.

Summa difficultās erat[4]: Mīlitēs nostrī magnīs et gravibus armīs pressī[5] dē nāvibus dēsilīre[6] et in flūctibus cum hostibus pūgnāre dēbuērunt. Hostēs aut ex āridō[7] aut paulum[8] in aquam prōgressī[9] tēla mīsērunt et equōs incitāvērunt. Territī nostrī nōn magnō studiō pūgnāre potuērunt.

Ubī Caesar hoc[10] vīdit, nāvēs longās[11] ad latus apertum hostium mōvit et iussit tēlīs hostēs re-pellere ac dē-movēre. Ūsus magnus fuit.

Sed mīlitēs nostrī dubitāvērunt maximē propter altitūdinem[12] maris. Itaque mīles, quī[13] aquilam[14] tulit, deōs in-vocāvit: »Dī bonī! Semper nōbīs ad-fuistis, cum auxilium petīvimus. Facite, ut[15] rēs fēlīciter ēveniat!« Tum magnā vōce dīxit: »Dēsilīte sine morā, nisī vultis[16] aquilam[14] hostibus trādere« et dē nāve dēsiluit atque in hostēs aquilam[14] ferre coepit.

1 equitātus, ūs *m.*: Reiterei
2 essedārius, ī *m.*: Streitwagen
3 ut … ēgredī prohibērent: um … daran zu hindern, … auszusteigen
4 Summa difficultās erat: Die Lage gestaltete sich sehr schwierig.
5 pressī: unter der Last von
6 dēsilīre: dē + salīre
7 ex āridō: vom Trockenen aus
8 paulum: ein wenig
9 prōgressī: vorgerückt
10 hoc *(n. Sg.)*: dies
11 nāvis longa: wendiges Kriegsschiff
12 maximē propter altitūdinem: vor allem wegen der Tiefe
13 quī: der
14 aquila, ae *f.*: Adler
15 ut rēs fēlīciter ēveniat: dass diese Sache gut ausgeht
16 vultis: ihr wollt

1. **Gliedern Sie den Text anhand der Subjekte. Nennen Sie kurz deren Tätigkeiten (Prädikate).**
2. **Eine besondere Schwierigkeit ergibt sich aus dem Gelände. Stellen Sie alle Informationen auf Latein und Deutsch zusammen.**
3. **Fertigen Sie eine Skizze zur Ausgangssituation und zum Verlauf der Landung an.**
4. **Erläutern Sie, wie der Adlerträger in Z. 13–14 seine Kameraden anspornt.**
5. **Caesar war sowohl Feldherr als auch Berichterstatter des Kampfes. Analysieren Sie, wie er seine eigene Leistung darstellt.**

Caesar Britanniam petīv-it. Dīx-it: »In Britanniam vēn-ī.«
Sed Britannī Rōmānōs iam cum equitātū[1] expectāv-ērunt.

G S. 27
G S. 53 (9)

Caesars 10. Legion landet in Britannien.
Aquarell von Peter Connolly (1935–2012)

Muli Mariani – schwerbepackt wie ein Esel im Dienst für Rom

»Maulesel des Marius« nannte man Roms Legionäre, weil jeder Soldat nach einer Heeresreform am Ende des zweiten Jahrhunderts nahezu 30 kg Bewaffnung und mehr als weitere 10 kg Ausrüstung tragen musste. Zudem musste auf Feldzügen jeden Tag nach stundenlangem Marsch ein neues Lager errichtet werden, danach mahlten die Soldaten ihr Getreide für ein nahrhaftes Abendessen. Jeder Soldat erhielt eine Tagesration von ca. 850 g Getreide, aus der er Zwieback oder Brei herstellen konnte.
Diese Mühen nahmen viele Soldaten auf sich, weil sie am Ende des etwa fünfundzwanzigjährigen Militärdienstes das Bürgerrecht für sich und ihre Kinder und ein Landgut erhielten, von dem sie sich nach ihrem Kriegsdienst ernähren konnten. Außerdem entschied der Feldherr nach einem Sieg über die Verteilung der Beute. Wenn er seinen Soldaten eine feindliche Stadt zur Plünderung und deren Bewohner zur Versklavung freigab, steigerte er seine Beliebtheit bei der Truppe und konnte auf ihre politische Unterstützung als Wähler hoffen.

Zu Caesars Zeiten betrug die Sollstärke einer Legion 6000 Mann. Zur Schlacht stellte sich die Legion in Schlachtreihen *(acies)* auf, und weil in den großen Kriegen mehrere Legionen zugleich auf dem Feld standen, erhielt jede einzelne einen Legionsadler, durch den man sie unterscheiden konnte. Der Adler, das Tier Jupiters, bestand anfangs aus Silber, später aus Gold und wurde wie ein religiöser Gegenstand verehrt. Dieses Symbol durfte keinesfalls in die Hände der Feinde fallen; deshalb war es für die Soldaten eine heilige Pflicht, die Integrität des Adlers bis zum letzten Blutstropfen zu verteidigen.

1 Im Krieg. Übersetzen Sie.

a) Hostes pugnant: *Die Feinde* .
b) Copias prae-mittunt: *Sie schicken die* *vor.*
c) Tum milites equos incitant: *die* *die Pferde an.*
d) Reliqui non dubitant auxilium ferre: *Die* *nicht,* *zu* .
e) Pericula maris nostros terrent: *Die des* *erschrecken* .

2 Soldatensprache – Übersetzen Sie.

– consilia cognoscere
– arma capere
– cum hostibus pugnare
– equos incitare
– tela mittere
– de navibus desilire
– hostem ab omnibus lateribus petere
– reliquas copias tradere

3 Gleiche Endung …
Nennen Sie Deklination und Bedeutung.

deus – corpus – fluctus – equus – usus

4 … verschiedene Deklinationen.
Nennen Sie die Grundform und Bedeutung.

usui – lateris – vulneribus – populis

5 Ein Wort – viele Bedeutungen.
Übersetzen Sie jeweils passend.

a) copia vini – copias hostium videre – copiam amicorum habere – copiam armorum tenere
b) telum grave ferre – consilium grave capere – in gravi pugna vincere
c) consilium capere – consilia hostium cognoscere – senatus[1] consilium

1 **senatus,** us *m.*: der Senat

6 Komposita.
Erschließen Sie die Bedeutung.

a) ad: advenire, adesse, accurrere, afferre
b) a, ab: abesse, auferre
c) in: inesse, incidere, immittere
d) de: demittere, decidere, desilire
e) prae: praemittere, praeesse
f) e, ex: emittere, expellere, efferre
g) cum: concurrere, conferre

7 *equitatus*[1] und kein Ende?! Bestimmen Sie jeweils die Form und übersetzen Sie.

equitatus Romanus
auxilium equitatus
equitatus prae-mittere
equitatus veniunt
magnus usus equitatus

1 **equitatus,** us *m.*: die Reitertruppe

8 Bestimmen Sie die unterstrichene Form und übersetzen Sie.

– Caesar <u>equitatum</u> in <u>fluctus</u> misit.
– Milites in <u>fluctibus</u> pugnant.
– <u>Fluctus</u> maris milites terrent.
– Arma ad <u>usum</u> militum sunt.
– <u>Usus</u> armorum magnus est.

Römischer Reiter. Rom, Konstantinsbogen

9 Perfekt? – Perfekt!
a) Welches Pronomen passt?
b) Übersetzen Sie.

– dix-i	ich
– pugnav-it	du
– fu-istis	er/sie/es
– mis-erunt	wir
– vocav-imus	ihr
– audiv-isti	sie

10 Perfekt oder nicht?
a) Sortieren und übersetzen Sie.
b) Bilden Sie die fehlenden Formen

Präsens	Perfekt	Partizip

movent – aperuit – vocat – vidit – facit – incitat – iussit – petit – mittit – fert – terruit – pugnatum

11 Vergangenheit im Deutschen.
Perfekt und Präteritum – übersetzen Sie jeweils in beiden Tempora.

exspectavi: ich habe gewartet/ich wartete

a) venerunt	b) iussit
c) viderunt	d) pugnavit
e) adfuistis	f) audivi
g) misimus	h) dixisti

12 Stammformen! Nennen Sie die Grundform und übersetzen Sie.

a) tulit	b) diximus
c) adfuistis	d) movit
e) debuerunt	f) dubitavisti
g) incitavit	h) misimus
i) paratus, a, um	j) territus, a, um
k) missus, a, um	l) apertus, a, um

13 Wörter nachschlagen im Perfekt.
Schlagen Sie folgende Wörter nach und übersetzen Sie:

a) amavi – laudavisti
b) posuerunt – duxit
c) traximus – surrexerunt
d) responderunt – rogavistis

14 Agricola. Schlagen Sie unbekannte Wörter nach und wählen Sie eine passende Bedeutung. Übersetzen Sie.

Agricola <u>imperator</u> Romanus <u>exercitum</u> in Britanniam <u>duxit</u>. <u>Prope</u> <u>litus</u> <u>castra</u> <u>posuit</u>. <u>Duces</u> Britannorum milites ad pugnam vocaverunt. Sed Romani Britannos <u>fuderunt</u>.

15 Grammatik nachschlagen.
Schlagen Sie im Tabellenteil nach und übersetzen Sie.

a) exspectaverat – pugnaveras – miserant
b) exspectavero – aperueritis

16 Grammatik nachschlagen.
Schlagen Sie im Tabellenteil nach und übersetzen Sie.

a) Caesar <u>exspectatus est</u>.
b) Equi ab hostibus <u>incitati sunt</u>.
c) Equitatus ab hostibus <u>prae-missus erat</u>.

6

Wer wagt, gewinnt? D S. 137

Den Verlust der Feldzeichen vor Augen zögerten die Soldaten nicht länger: Sie forderten sich gegenseitig auf, diese Schande nicht zuzulassen, und sprangen alle ins Wasser. Als dies die Soldaten in den anderen Schiffen sahen, taten sie es ihnen gleich.

Pūgna ācris erat. Nostrī tamen, quod neque ōrdinēs servāre neque sīgna subsequī[1] poterant, magnopere perturbābantur[2]. Nam quīcumque[3] dē nāve dē-siluerat et lītus petēbat, nōn suō, sed alicui[4] sīgnō sē adgregābat[5].

Hostēs vērō nōtīs omnibus vadīs[6], ubī ē lītore singulōs ex nāve ēgredientēs[7] cōnspexerant, equōs incitābant, impedītōs[8] petēbant, multī paucōs circum-dabant, aliī ā latere apertō in omnēs tēla iactābant.

Caesar ubī hoc[9] vīderat, scaphās[10] nāvium mīlitibus complēvit et iīs[11], quōs[11] magnō in perīculō cōnspexerat, auxilium mittēbat.

Nostrī simulatque in lītore cōnstitērunt, in hostēs impetum fēcērunt atque eōs[12] in fugam dedērunt. Sed nōn potuērunt eōs[12] subsequī[1], quod equitēs cursum tenēre īnsulam-que capere nōn potuerant. Hoc[9] ūnum ad prīstinam[13] fortūnam Caesarī dē-fuit.

Hostēs proeliō victī simulatque sē ex fugā recēpērunt, statim ad Caesarem lēgātōs dē pāce mīsērunt.

1 subsequī + *Akk.: jdm.* folgen
2 magnopere perturbābantur: sie gerieten in große Verwirrung
3 quīcumque: jeder, der
4 alicui *(Dat.)*: irgendeinem
5 sē adgregāre: sich anschließen
6 nōtīs omnibus vadīs: die alle Untiefen kannten
7 ēgredientēs: aussteigen
8 impedītī: die schwer bepackten und nicht kampfbereiten Soldaten
9 hoc *(n. Sg.)*: dies
10 scapha, ae *f.*: Beiboot
11 iīs, quōs: denen, die
12 eōs *(Akk. Pl.)*: sie/ihnen
13 prīstinus, a, um: früher

1. **Stellen Sie die lateinischen Prädikate zu den drei Handlungsträgern *(nostrī - Caesar - hostēs)* zusammen. Geben Sie Ihr erstes Textverständnis wieder.**
2. **Suchen Sie alle Formen des Perfekts, Imperfekts und Plusquamperfekts heraus. Nutzen Sie dieses Tempusprofil des Textes für eine erste Gliederung.**
3. **Stellen Sie die Situation der Römer der der Gegner gegenüber und analysieren Sie die strategische Ausgangslage.**
4. **Nehmen Sie Stellung zur Überschrift. Beschreiben Sie besonders die Wirkung des letzten Satzes.**

Rōmānī diū pūgnā-ba-nt; pūgna ācris erat.
Nam hostēs Rōmānōs exspectāv-era-nt.

G S. 59 (esse)
G S. 26 (7.3.2)
G S. 28 (7.4.2)

Hadrianswall

Britannien in römischer Zeit

Dass Britannien eine Insel war, wussten die Römer schon vor Caesar; allerdings waren ihnen der Umfang der Insel und das Binnenland unbekannt. Deswegen unternahm Caesar zwei Expeditionen: 55 v. Chr. sammelte er Informationen für die Invasion im folgenden Jahr. Er rechtfertigte den Krieg als *bellum iustum* damit, dass er behauptete, die Britannier unterstützten die Gallier auf dem Festland und gefährdeten dadurch Rom und seine Bundesgenossen. Trotz seiner Landung auf der Insel konnte Caesar keine dauerhafte Herrschaft Roms durchsetzen; das gelang erst unter Kaiser Claudius 47 n. Chr. Bis 80 n. Chr. waren England und Wales unterworfen, aber die Kosten, auch noch Schottland zu unterwerfen, waren zu hoch, sodass Kaiser Hadrian im Jahr 122 einen Wall gegen die Schotten errichten ließ. Das südliche Britannien wurde mit großem Erfolg romanisiert: Die Sprache der Verwaltung war Latein, ein dichtes Netz von Straßen wurde angelegt, neue Städte mit römischer Infrastruktur wurden gegründet und die Landwirtschaft erlebte eine Blüte, was sich in großen Villen auf dem Land zeigte.

Im vierten Jahrhundert brach durch die Völkerwanderung und durch Machtkämpfe zwischen den Thronanwärtern die römische Herrschaft zusammen. Als die letzten Legionssoldaten 410 n. Chr. auf das Festland geholt wurden, begannen für Britannien die *dark ages*. Der einstige Wohlstand ging in den Auseinandersetzungen von zahlreichen *clans* und einfallenden Völkern verloren.

1 Übersetzen Sie die Wendungen.

in pace – in proelio
litus petere – hostem petere
ordines servare – in ordine consistere
impetum facere – impetu acri vincere

2 Gegensätze. Finden Sie das passende Gegenstück und geben Sie die Bedeutung an.

a) multi –   b) fuga –
c) mare –   d) currere –
e) -que –

3 Fremdwörter. Nennen Sie ein verwandtes lateinisches Wort und seine Bedeutung.

a) Insel   b) Zirkus
c) komplett   d) Signal
e) singulär   f) Gravitation
g) Aperitiv   h) Tradition
i) Mission   j) populär

4 Komposita. Erschließen Sie die Bedeutung.

a) circum: circumdare, circumspicere, circumsistere, circumagere
b) re: revenire, remittere, repellere, removere, respicere, referre, retinere, replere, reddere, redigere

5 Wortfamilien. Geben Sie zu folgenden Wörtern ein oder mehrere verwandte an und nennen Sie die Bedeutungen.

a) eques
b) fuga
c) cursus
d) impetus

6 Wortfamilien. Leiten Sie die Bedeutung ab.

a) vincere → victoria, ae *f.*
b) complere → plenus, a, um
c) conspicere → conspectus, us *m.*
d) incipere → inceptum, i *n.*
e) hostis → hostilis, e
f) gravis → gravitas, atis *f.*

7 Zeitenbildung I – Präsensstamm. Bilden Sie jeweils die Präsens- oder Imperfektform und übersetzen Sie.

serva-t	
	incita-ba-t
comple-s	
	tace-ba-tis
iacta-nt	
	aperi-eba-mus

8 Zeitenbildung II – Perfektstamm. Bilden Sie jeweils die Perfekt- oder Plusquamperfektform und übersetzen Sie.

servav-it	
	iactav-erat
tenu-it	
	habu-erant
vic-erunt	
	mis-eram

9 Tempusdetektive! Entscheiden und übersetzen Sie.

	Präsens	Imperfekt	Perfekt	Plqpf.
viderat				
mittebamus				
cepisti				
circum-do				

10 Achten Sie auf die Tempuszeichen und übersetzen Sie.

a) iactabant – capiebamus – videbatis
b) conspexerant – potueram – aperueras
c) incitavi – dixerant – tradunt – servaveramus
d) misisti – tenet – iusseratis – cognoscebat
e) cognovit – fecerant – pellebant – damus

11 Und im Deutschen? Perfekt und Präteritum – übersetzen Sie jeweils in beiden Tempora.

clamabat: er rief/er hat gerufen

a) movimus b) spectabam
c) poteratis d) tulerunt
e) habuerunt f) fuisti

12 Stammformen! Nennen Sie die Grundform und übersetzen Sie.

a) tenui b) missum
c) motum d) tradidi
e) audivi f) conspexi
g) captum h) victum

Landung Caesars in Britannien, Gallischer Krieg 85–51 v. Chr.

13 Welches Prädikat passt? Ergänzen Sie die Sätze und übersetzen Sie.

Milites de navibus …
Magno impetu litus …
Sed statim hostes milites …
Tela multa in latere aperto Romanorum …
Pugna longa[1] et acris …, tum Romani …

vicerunt – petiverant – circumdederunt – erat – desiluerant – iactabant

1 **longus,** a, um: lang

14 Satzbaukasten. Bilden Sie sinnvolle Sätze und übersetzen Sie.

Subjekte	adv. Best.	Prädikate (+AO)
Barbari	nona[1] hora	naves complevit
Caesar	a latere aperto	pugnabant
Milites	in periculo	impetum fecit
Romani	cum Romanis	tela iactabant

1 **nonus,** a, um: der neunte

15 Vokabeln nachschlagen. Übersetzen Sie.

a) quaesivi
b) posuerat
c) credideram
d) imperabat

16 Schlagen Sie unbekannte Wörter nach und wählen Sie eine passende Bedeutung. Übersetzen Sie.

Agricola[1] fines Britanniae invasit. Multos annos insulam bene administrabat. Itaque Britanni Agricolae gratias agebant.

1 **Gnaeus Iulius Agricola**: *röm. Feldherr und Politiker*

17 Grammatik nachschlagen. Bestimmen und übersetzen Sie folgende Formen.

a) complebit
b) exspectabatur
c) videbitur
d) missus est

18 Grammatik nachschlagen. Ermitteln Sie eine passende Übersetzung für den unterstrichenen Ausdruck.

a) Romani Britannos copia militum vincebant.
b) Agricola erat homo ingentis virtutis[1].

1 **virtus,** virtutis *f.*: Tapferkeit

Marcus Tullius Cicero – die Geschichte eines Aufsteigers

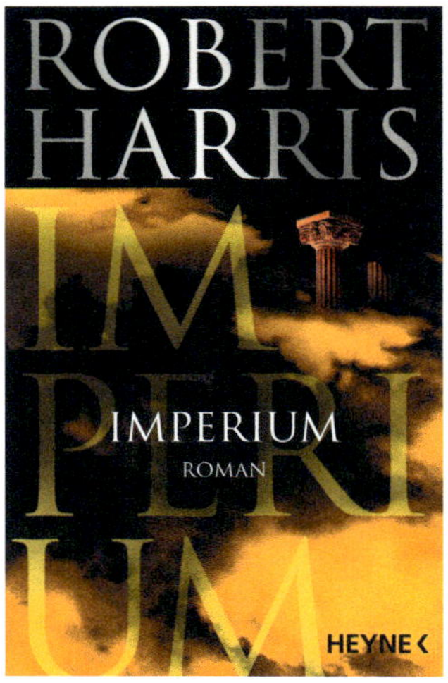

»›Auf uns schauen heute die Augen der Welt und wachen darüber, ob jeder einzelne von uns sich so verhält, wie sein Gewissen und das Gesetz es befehlen. So wie ihr über den Angeklagten zu Gericht sitzt, so sitzt das Volk von Rom über euch zu Gericht. Weil alle Welt weiß, dass Verres sich durch nichts auszeichnet als durch seine monströsen Verbrechen und seinen gewaltigen Reichtum, entscheidet dieser Fall darüber, ob es möglich ist, dass ein aus Senatoren zusammengesetztes Gericht einen bis ins Mark schuldigen, aber auch steinreichen Mann verurteilen kann. (…)‹

Ich möchte stark bezweifeln, dass auch nur einer der Aristokraten auf der Geschworenenbank (…) sich jemals derart anmaßende Worte hatte anhören müssen. Vor allem von einem homo novus, der in seinem Atrium nicht eine einzige Maske eines [berühmten] Vorfahren an der Wand hängen hatte. Wie groß muss ihr Hass gewesen sein, dass sie einfach nur dasitzen und das über sich ergehen lassen mussten, und um wie viel größer muss er gewesen sein, als Cicero sich unter den geradezu ekstatischen Jubelstürmen der Menschen auf dem Forum wieder auf seinen Platz setzte.«

So schildert Robert Harris in seinem Roman »Imperium« den Beginn des Prozesses gegen Verres. In diesem Prozess legte Marcus Tullius Cicero (106–43) die Grundlagen für seine politische Karriere.

Weil er während seiner Quästur (75) als unbestechlicher Verwaltungsbeamter große Sympathien unter den Sizilianern gewonnen hatte, beauftragten sie ihn mit dem Prozess gegen Verres. Gerichtsprozesse fanden in der Öffentlichkeit statt, und das Publikum freute sich, dass Cicero, der Aufsteiger aus dem Ritterstand, gegen die Dreistigkeit des Patriziers Verres als Anwalt vorging. Tatsächlich wurde Cicero durch den Prozess so berühmt, dass er danach nicht nur als Roms größter Redner galt; er gewann auch die Wahlen für das Amt des Ädilen im folgenden Jahr (69), ein Amt, in dem man Spiele veranstalten musste und Tempel beaufsichtigte. Im Jahr 66 war Cicero Praetor und stand den Gerichten so tadellos vor, dass er drei Jahre später die meisten Stimmen erhielt, als er zum Konsul gewählt wurde. In diesem Jahr (63) hatte er die oberste Staatsleitung inne, versammelte die Senatoren zu Sitzungen und ließ die Bürger über Gesetzesanträge abstimmen.

Seinen Wahlkampf ums Konsulat hatte Cicero gut organisiert, denn er wusste: »Nichts ist unsicherer als die Wählermasse, nichts unklarer als der Wille der Wähler, nichts trügerischer als der ganze Ablauf der Wahlen.«

(Cic. Mur. 36) Wählen durften nur die freien Männer, und man konnte nur in Rom wählen; deshalb gingen nur relativ wenige Bewohner Italiens zur Wahl – schließlich mussten sie zur Stimmabgabe bis nach Rom laufen. Zur Wahl der Konsuln waren die Bürger nach Besitz in Zenturien eingeteilt: Erst stimmten die reichen Zenturien ab, danach die ärmeren. Sobald eine absolute Mehrheit an Zenturien für einen Kandidaten gestimmt hatte, wurde die Wahl abgebrochen und der Sieger bekanntgegeben – was häufig dazu führte, dass die ärmeren Zenturien gar nicht mehr wählen durften. Dennoch waren die Wahlen ein Symbol ihrer Freiheit und ihres Rechts, selber ihre Führungsschicht zu wählen.

Ämterlaufbahn in Rom *(cursus honorum):*

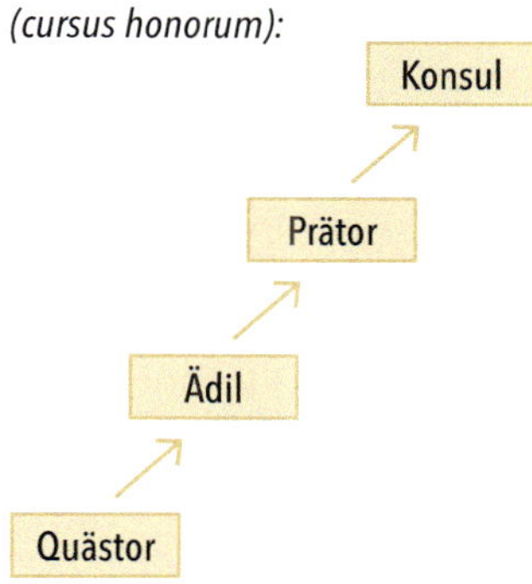

Um Machtmissbrauch zu verhindern, gab es in jedem Amt mindestens zwei Beamte, die sich gegenseitig kontrollieren sollten (Kollegialität); außerdem wurden die Ämter jedes Jahr neu besetzt (Annuität) und man durfte dasselbe Amt nicht mehrere Jahre hintereinander bekleiden (Iterationsverbot). Dennoch war es nur eine kleine Führungsschicht von reichen Römern, die die Staatsgeschäfte lenkte: Die Amtsinhaber wurden nicht bezahlt, es waren reine Ehrenämter. Außerdem mussten die Amtsinhaber auch die notwendigen Ausgaben selbst bezahlen; so mussten z. B. die Ädilen die Spiele aus eigener Tasche bezahlen.

Die bestehende Führungsschicht, besonders die adligen Patrizier, lehnten Emporkömmlinge wie Cicero ab – er dagegen war stolz darauf, es als erster seiner Familie, sozusagen komplett aus eigener Kraft, ins höchste Amt geschafft zu haben: »Ihr habt mich nach einer sehr langen Pause (…) als ersten politischen Aufsteiger zum Konsul gemacht und den Ort, den die Adligen durch ihre Posten befestigt und auf jede nur denkbare Art und Weise mit einem Schutzwall umgeben haben, unter meiner Führung niedergerissen, und ihr habt gewünscht, dass dieser Ort künftig für tüchtige Menschen zugänglich ist.« (Cic. de lege agr. II,3)

Forum Romanum

Staatliche Tempelräuber D S. 138

In den Jahren 73–71 v. Chr. war Verres Statthalter in Sizilien. Nach dem Ende seiner Amtszeit wurden jedoch Stimmen laut, er habe sein Amt missbraucht. Der begabte Anwalt und Redner Cicero übernimmt die Anklage. Hier berichtet er, wie Verres die Gemeinde Tyndaris erpresste.

Ubī Verrēs in oppidum vēnit, statim Sōpatrum proāgorum[1] iussit sīgnum Mercuriī Messānam[2] auferre.

Sōpater respondit religiōnem id[3] prohibēre, senātum nōn permittere atque poenam cōnstitūtam esse[4].

Tum Verrēs: »Quam[5] mihī religiōnem nārrās, quam[5] poenam, quem[5] senātum? Vīvum tē nōn relinquō nisī mihī sīgnum trādis.« Tamen Sōpater negat Verrem statuam auferre posse.

Erat hiems summa[6], tempestās perfrīgida[6], imber maximus[6],
cum populus vīdit
lictōrēs[7] Sōpatrum dē porticū[8], ubī Verrēs sedēbat,
praecipitem in forum iactāre
nūdumque cōnstituere
atque in statuā C. Mārcellī vincīre.

Quō[9] cruciātū sit adfectus, venīre in mentem necesse est omnibus: Nam erat vinctus nūdus in aere[10], in imbre[10], in frīgore[10]. Neque tamen fīnis iniūriae crūdēlitātisque fuit dōnec[11] populus, atrōcitāte[12] reī misericordiāque commōtus, senātum clāmōre coēgit, ut[13] statuam Mercuriī Verrī prōmitterent. Clāmābant sē[14] vindictam[15] deōrum immortālium metuere et hominem occīdere innocentem[16] nōn oportēre.

Tum senātus ad Verrem venit, prōmittit sīgnum. Ita Sōpatrum dē statuā vix vīvum auferēbant.

1 proāgorus, ī *m.*: Ortsvorstand

2 Messānam: nach Messina

3 id *(Akk. n.)*: das

4 cōnstitūtam esse: (dass) beschlossen worden ist

5 quam/quem: *hier:* was

6 hiems summa, tempestās perfrīgida, imber maximus: tiefster Winter, sehr kaltes Wetter, viel Regen

7 līctor, lictōris *m.*: Liktor *(Leibwächter der hohen römischen Beamten)*

8 porticus, ūs *f.*: Säulenhalle

9 quō cruciātū sit adfectus: Was für Qualen er erlitt,

10 aes, imber, frīgus: Erz; Regen; Kälte

11 dōnec: solange bis

12 atrōcitāte … commōtus: bewegt von der Grausamkeit der Strafe und von Mitleid

13 ut … prōmitterent: dass sie … versprechen

14 sē *(Akk.)*: *hier:* sie

15 vindicta, ae *f.*: Rache

16 innocēns: unschuldig

1. **Erstellen Sie ein Sachfeld zum Thema Machtmissbrauch bzw. Beamtenwillkür.**
2. **Überprüfen Sie den Text auf Wörter des Sagens und Sehens, die einen AcI auslösen könnten. Markieren Sie Akkusativ und Infinitiv.**
3. **Dass Statthalter die Provinzen finanziell auspressen und sich persönlich bereichern, war relativ normal. Analysieren Sie, wie Cicero dennoch versucht, eine Verurteilung zu erreichen.**
4. **Analysieren Sie, mit welchen sprachlich-stilistischen Mitteln Cicero die Grausamkeit des Verres darstellt.**

Hominēs vident Cicerōnem venīre.
Hominēs dīcunt Cicerōnem venīre.

G S. 38 (9.1.1)

Digitale Rekonstruktion des Parthenon-Tempels in Athen von John Goodinson. Auf Sizilien raubte Verres häufig die wertvolle Innenausstattung der Tempel und die Götterstatuen.

Römische Götterverehrung

Die römische Religion verlangte vor allem eins: die peinlich genaue Erfüllung der vorgeschriebenen Riten. Ein Gebet war nur dann wirksam, wenn es korrekt ausgesprochen wurde. Hatte man sich versprochen oder bei rituellen Handlungen etwas vergessen, musste man noch einmal von vorne anfangen. Einzelne Formulierungen waren zu Ciceros Zeit schon Jahrhunderte alt, und obwohl kaum noch einer ihre Bedeutung kannte, wagte man es nicht, von ihnen abzuweichen. Persönliche Frömmigkeit oder tiefer Glaube war nicht wichtig – die Beziehung zu den Göttern war eine Art Vertragsverhältnis: Man versuchte, die Götter durch Gaben zu entsprechenden Gegengaben zu verpflichten (*do, ut des* – »ich gebe dir, damit du mir gibst«).

Für öffentliche Opfer waren die Priester zuständig. An Festtagen sprachen sie die Gebetsformeln und brachten an einem geweihten Ort Opfer dar, wobei der Altar vor dem Heiligtum wie z. B. einem Tempel stand. Nur Priester hatten Zugang zum Tempelinneren, wo sich ein Standbild der Gottheit befand.

Ursprünglich verehrten die Römer Naturgottheiten wie Tellus, die Erde; als sie mit der griechischen Welt in Berührung kamen, übernahmen sie auch deren Gottesvorstellungen oder haben sie mit ihren eigenen verschmolzen und bei der Gelegenheit umbenannt. Mit der Ausweitung des römischen Reiches kamen dann immer neue, für bestimmte Tätigkeiten spezialisierte Gottheiten dazu, die man durch Tempel in Rom anzusiedeln hoffte.

1 Gegensätze. Finden Sie das lateinische Gegenteil und übersetzen Sie. (Die gesuchten Wörter gehören zu L7!).

a) venire: __ __ __ __ __ __ __ __ __ __
b) silentium: __ __ __ __ __ __
c) permittere: __ __ __ __ __ __ __ __ __
d) mortuus: __ __ __ __ __
e) tacere: __ __ __ __ __ __ __

2 Übersetzen Sie die Wendungen.

a) virum vivum relinquere – Romam relinquere
b) in oppidum venire – Romam venire
c) poenam constituere – signa constituere
d) senatum cogere – copias cogere
e) amici omnes ab-sunt[1] – militi arma ab-sunt

1 **abesse**: abwesend sein; fehlen

3 Sachfeld. Finden Sie eine passende Überschrift. Geben Sie die Bedeutung der Wörter an und ergänzen Sie »alte« Vokabeln.

a) immortalis – deus – cura – statua
b) iniuria – crudelitas – poena – vincire
c) narrare – promittere – negare – respondere
d) vivus – nudus – mens – corpus

4 Wortfamilie. Ergänzen Sie das zugehörige Verb und geben Sie die Bedeutung an bzw. erschließen Sie sie.

clamor → clamare → rufen → Geschrei

a) fuga, ae	b) cursus, us
c) victor, oris	d) responsum, i
e) apertus, a, um	f) plenus, a, um
g) dubium, i	h) timor, oris

5 Tempora I. Sortieren Sie die Formen in die Tabelle ein und übersetzen Sie.

Präsens	Imperfekt	Perfekt	Plusqu.

a) veneramus – vincio – auferebant – sedetis
b) permiserunt – iusseras – promittimus – es
c) com-moves – erat – relinquebas – negavisti
d) tradidimus – poteratis – coegit

6 Tempora II. Übersetzen Sie und bilden Sie die fehlenden Formen.

Präsens	Imperfekt	Perfekt	Plusqu.
	veniebat		
		promiserunt	
vincio			
			videramus
	metuebas		
		fuit	

7 Suchen Sie die Akkusative heraus.

a) deos – duo – dominorum – debes
b) cenabam – cenam – clam – aliam
c) cura – serva – nomina – poena – pericula
d) me – medio – mentem – metuebam – meas
e) iuvenes – vides – eques – milites – potes
f) subito – nos – vox – suas – solum

8 Kongruenzen erkennen. Verbinden Sie passend.

homines	ingentia
deos	magnum
clamorem	nudos
impetus	gravem
iniuriam	acres
oppida	immortales

9 AcI I. Übersetzen Sie.

a) Populus videt Ciceronem ad forum venire.
b) Populus videt multos Siculos[1] ad forum venire.
c) Populus videt Verrem in foro sedere.
d) Populus audit Ciceronem Verrem accusare[2].
e) Populus audit Ciceronem crudelitates Verris narrare.
f) Populus audit Verrem malum esse.
g) Populus audit Ciceronem poenam promittere.

1 Siculi: Bewohner Siziliens – **2 accusare**: anklagen

10 AcI II. Nennen Sie Auslöser, Akkusativ und Infinitiv und übersetzen Sie.

a) Verres senatum signum auferre iussit.
b) Senatus autem deum id[1] negare respondit.
c) Tum homines Verrem poenam iubere audiunt.
d) Tum vident lictores[2] Sopatrum in statua vincire.
e) Populus iniuriam magnam esse dicit.
f) Nam dicunt crudelitatem etiam deos movere.

1 id: dies – **2 lictor**: Liktor *(Leibwächter)*

11 AcI-Auslöser. Schreiben Sie mögliche AcI-Auslöser heraus und nennen Sie die Bedeutung.

fugere – narrare – complere – videre – dicere – audire – venire – tradere – pellere – sedere – negare – vincere – spectare – respondere

12 Bilden Sie selbst AcIs und übersetzen Sie.

a) Cicero videt: Populus ad forum venit.
b) Cicero videt: Homines Verrem spectant.
c) Cicero audit: Homines clamant.
d) Cicero dicit: Pericula ingentia sunt.
e) Cicero dicit: Finis iniuriarum adest.

**13 Vokabeln nachschlagen.
Ermitteln Sie die Bedeutung der unterstrichenen Wörter und übersetzen Sie.**

a) Verres etiam multa crimina in deos committebat.
b) Etiam e templis opera praeclara rapuit.
c) Dixit enim Romanos omnia possidere.
d) Tamen Cicero hominem accusare cupivit.

Concordia-Tempel in Agrigent, Sizilien

**14 Grammatik nachschlagen.
Suchen Sie in der Grammatik das richtige Kapitel und übersetzen Sie.**

a) Cicero dicit se patronum[1] bonum esse.
b) Cicero dicit Verrem multas iniurias fecisse.

1 patronus: Anwalt

**15 Grammatik nachschlagen.
Bestimmen Sie folgende Verbformen.**

prohibeat	constitueres
narret	iuberem
affecerint	iactaverimus
abstulissetis	respondissent

Ich bin ein römischer Bürger! D S. 139

Als Höhepunkt der Anklage gegen Verres erzählt Cicero den Fall von Publius Gavius: Er war von Verres ins Gefängnis von Syrakus geworfen worden, hatte jedoch fliehen können …

Gavius clam ē lautumiīs[1] effūgerat Messānamque[2] vēnerat. Cum prope iam Ītaliam vīdit et quasi lūce lībertātis re-vīxit, Messānae[3] nārrāre coepit sē in itinere esse Rōmam[2]. Dīxit sē cōnsilium cēpisse Rōmānīs facinora Verris aperīre.

Iam nāvem in-iit, cum eum retrahunt et ad magistrātum dūcunt, eōque diē[4] cāsū[5] Messānam[2] Verrēs vēnit. Ad eum referunt cīvem Rōmānum dīcere sē in lautumiīs[1] fuisse; Gavium iam nāvem inisse, sed sē eum retrāxisse.

Agit grātiās Verrēs hominibus et eōrum dīligentiam laudat. Tum īrātus in forum venit. Ārdēbant oculī crūdēlitāte, cum iubet līctōrēs[6] Gavium mediō in forō nūdāre[7] ac vincīre et virgās[8] ad-ferre. Clāmābat miser sē cīvem esse Rōmānum, meruisse[9] cum L. Raeciō, splendidissimō[10] equite Rōmānō. Sed frūstrā.

Caedēbant virgīs[8] in mediō forō Messānae cīvem Rōmānum, iūdicēs, et nūllum gemitum[11], nūllam vōcem aliam miserī audiunt, nisī haec[12]: »Cīvis Rōmānus sum.«

Sed id Verrem nōn mōvit: Crucem[13], crucem, parābat, – et ita, ut[14] Gavius, quoniam[15] sē cīvem Rōmānum esse dīceret, ex cruce[13] Ītaliam vidēre posset[14].

1 **lautumiae**: Steinbrüche (von Syrakus), *berüchtigtes Gefängnis*

2 **Messānam/Rōmam**: nach Messina/nach Rom

3 **Messānae**: in Messina

4 **diēs** (*Abl.* diē): Tag

5 **cāsū**: zufällig

6 **līctor,** līctōris *m.*: Liktor *(Leibwächter von hohen römischen Beamten)*

7 **nūdāre**: nackt ausziehen

8 **virga,** ae *f.*: Rute *(zum Auspeitschen)*

9 **merēre**: Kriegsdienst leisten

10 **splendidissimus,** a, um: sehr berühmt

11 **gemitus,** ūs *m.*: Seufzen

12 **haec**: dies

13 **crux,** crucis *f.*: Kreuz

14 **ita, ut … posset**: so, dass er … kann

15 **quoniam … dīceret**: weil er sagte

1. **Informieren Sie sich über das römische Bürgerrecht (S. 49). Lesen Sie dann den lateinischen Text und entwickeln Sie Hypothesen, worum es im Text geht (z. B. anhand von Überschrift, Vokabelangaben, verstandener Teilsätze).**
2. **Markieren Sie im Text die Erzählabschnitte und geben Sie die Aussagen wieder.**
3. **Zeigen Sie an der sprachlichen Gestaltung, wie Cicero den »Höhepunkt der Anklage« hervorhebt.**
4. **Beurteilen Sie das Verhalten der Bürger von Messina.**

Cicerō dīcit sē ad Gavium venīre. G S. 38 (9.1.2)
Cicerō dīcit Gavium ē lautumiīs[1] fūgisse et Messānam[2] vēnisse. G S. 39 (9.1.3)
Multī hominēs eum Messānae[3] vīdērunt. G S. 23 (6.1)
Gavius dīxit: »Rōmam eō.« Et nāvem in-iit. G S. 59 (īre)

Messina: Blick auf die Hafeneinfahrt; im Hintergrund die Straße von Messina

Civitas Romana – Privileg und Last

Wer das Bürgerrecht nicht durch Geburt in einer freien Familie erhielt, konnte in der römischen Armee dienen. Am Ende der Dienstzeit erhielt er ein Militärdiplom und das Bürgerrecht. Die Kinder freigelassener Sklaven erhielten es ebenfalls.

Männer, die das römische Bürgerrecht besaßen, waren privilegiert und wurden beneidet. Sie durften Beamte wählen und konnten gewählt werden, erhielten besonders in der späten Republik kostenlos Brot und Öl, mit Glück sogar eine Ackerparzelle. Wenn sich römische Bürger durch Maßnahmen ihrer Beamten gefährdet sahen, konnten sie bei der Volksversammlung Berufung einlegen *(provocatio)* und waren vor dem Auspeitschen geschützt. Über Bürger konnte die Todesstrafe nur bei Hochverrat verhängt werden, und selbst dann waren sie vor der schändlichsten Form der Bestrafung geschützt: der Kreuzigung – die drohte Sklaven und Nichtbürgern.

Ursprünglich war das römische Bürgerrecht auf Rom beschränkt. Weil die Latiner mit ihrem latinischen Bürgerrecht im Lauf der Zeit nicht einverstanden waren – sie mussten zwar für Rom kämpfen, waren aber politisch ausgeschlossen –, führten sie sogar einen Bundesgenossenkrieg gegen Rom (91–88 v. Chr.). Caesar verlieh das Bürgerrecht schließlich im Gebiet des heutigen Italien, 212 n. Chr. war fast jeder Freie dank der *constitutio Antoniniana* ein *civis Romanus.* Allerdings erhöhte Kaiser Caracalla die Freilassungs- und Erbschaftssteuer so stark, dass nunmehr die Bürger ihre Abgaben als Last empfanden.

8

1 Wortblöcke. Übersetzen Sie die Wendungen.

a) civis Romanus
b) consilia capere
c) gratias agere
d) in itinere
e) in libertatem effugere
f) diligentiam magistratuum laudare

2 Verwechslungsgefahr! Geben Sie die Bedeutung an und bilden Sie Eselsbrücken.

a) ducere – dicere
b) iter – ita – itaque
c) vincire – vincere
d) caedere – cadere
e) trahere – tradere

3 Wortfamilien. Geben Sie zu folgenden Wörtern ein oder mehrere verwandte an und nennen Sie die Bedeutungen.

a) vivus, a, um
b) facere
c) caedes
d) clamare
e) mors
f) fugere

4 Wortfamilien. Leiten Sie die Bedeutung ab.

a) iratus, a, um → ira
b) ducere → dux
c) civis → civitas – civilis, is, e
d) libertas → liber, a, um – liberare
e) laudare → laus
f) diligentia → diligens, ntis
g) lux → lucere
h) miser → miseria

5 Akkusativ oder nicht?
1 Nennen Sie Grundform und Bedeutung.
2 Suchen Sie die Akkusative heraus.

a) nullum – caedebam – libertas – civem – fines – respondes – iter – hominum
b) gratia – vulnera – clam – ducimus – facinus – eunt – senatum – impetus – eorum
c) miseros – negas – iudicum – medium – pacem – clamores – deos – dicis – ii (2)

6 Stammformen.
1 Nennen Sie Grundform und Bedeutung.
2 Bestimmen und übersetzen Sie die Form.

a) cecidisse – fuisse – respondisse
b) rettulerunt – laudavimus – vicit – coepi
c) vixerant – feceras – aperuerant – dederat
d) missum – visum – latum – relictum
e) adfuisti – audivisse – traxisse – duxit
f) tuleratis – arsit – negavi – egit

7 »is/ea/id« I. Wählen Sie die passende Form und übersetzen Sie.

a) ex (ea/iis/eo) consilio
b) (is/ei/ii) homo miser
c) mors (eos/eorum/eam) civium
d) in (earum/eius/eam) navem
e) diligentia (eius/eum/eos) viri
f) cum (ei/is/iis) amicis
g) in (iis/is/eas) insulis

8 »is/ea/id« II. Ergänzen Sie die passende Form von »is/ea/id« und übersetzen Sie.

Verres vir malus erat. ______ multos cives vexabat[1]. Crudelitatem ______ omnes cognoverant. Sed ______ Verrem non movit. ______ crudelitate etiam cives occidit. Mors ______ crudelis erat. ______ facinus cives movit. Itaque Cicero ______ accusavit[2]. Verres autem ______ iudices effugit.

1 **vexare**: quälen – 2 **accusare**: anklagen

9 »se« - Subjekt im AcI. Übersetzen Sie.

Gavius dicit
- se civem Romanum esse.
- se semper civibus adesse.
- se magno studio laborare.
- se Romam ire.
- se Verrem metuere.
- eum quidem[1] hominem malum esse.

1 quidem: nämlich

10 Nennen Sie das Bezugswort des Pronomens und übersetzen Sie.

Cives Messanae dicunt se Verrem metuere. Dicunt eum saepe iratum esse. Incolae[1] tradunt crudelitatem eius magnam esse. Sed Verres se numquam facinora committere[2] dicit. Cives se Gavio auxilium ferre promittunt.

1 incola, ae *m.*: Einwohner – **2 committere**: begehen

11 Damals und heute. Übersetzen Sie.

Constat[1] Siciliam insulam …

früher	heute
pulchram fuisse	pulchram esse
provinciam fuisse	partem[2] Italiae esse
Romanis placuisse	multis hominibus placere
frumentum[3] dedisse	poma[4] bona ferre

1 constat: es steht fest – **2 pars,** partis *f.*: Teil – **3 frumentum,** i *n.*: Getreide – **4 poma** *n. Pl.*: Obst

Ätna, der größte Berg Siziliens und aktivste Vulkan Europas

12 Vergangenheit im AcI. Übersetzen Sie.

Cicero narrat
- Gavium in lautumiis[1] fuisse.
- Gavium magnis cum periculis fugisse.
- Gavium Messanam ad-venisse.
- Gavium crudelitatem Verris non effugisse.

1 lautumiae: Steinbrüche

13 Vokabeln nachschlagen. Ermitteln Sie Grundform und Bedeutung.

decessisse – doluisse – fefellisse – amavisse – miscuisse – perisse – posuisse – valuisse

14 Latein und seine modernen Verwandten. Ermitteln Sie das lateinische Ursprungswort.

liberty – judge – cruel – to invite – to respond – hostile – advocate

15 Kurzes Wort - Was ist das? Gerade kurze Wörter sind schwer im Wörterbuch zu finden. Suchen Sie in der Grammatik nach Grundform und Bedeutung.

a) hos b) quorum
c) illi d) eosdem

16 Kurzes Wort - Was ist das? Gerade kurze Wörter sind schwer im Wörterbuch zu finden. Suchen Sie in der Grammatik nach Grundform und Bedeutung.

a) vult b) fis
c) ibamus d) sit

Ovid

Im Rückblick auf sein Leben berichtet Publius Ovidius Naso (43 v. Chr.–17 n. Chr.), sein Vater habe Dichten als brotlose Kunst abgetan. Deswegen habe er sich bemüht, ohne Rhythmus zu schreiben, aber: »Von selbst fand das Gedicht zu seinem Versmaß, und was ich auch zu schreiben versuchte, es war ein Vers.« (Ovid, Tristia, 4,25 f.)

Statuetten von Jupiter, Juno Minerva

Ovid genoss mit seinem Bruder die übliche Ausbildung, die ihn wie so viele andere Römer zum Redner, Anwalt und Senator machen sollte. Aber nach dem Ende der Republik war es einerseits gefährlich, öffentlich als Redner aufzutreten, andererseits konnte man politisch nur noch Karriere machen, wenn man die Meinung des Kaisers teilte.

So fand Ovid mit der Dichtkunst einen anderen Weg, berühmt zu werden. Seine ersten Erfolge feierte er mit Gedichten zum Thema Liebe – und geriet doch in Konflikt mit dem Kaiser Augustus. Der hatte Gesetze erlassen, dass alle erwachsenen Männer heiraten sollten, um für Nachwuchs zu sorgen. Ovid schien sich darüber lustig zu machen und gab Tipps für außereheliche Beziehungen. Um die Zeitenwende wandte sich Ovid der Epik zu. Mit den Metamorphosen schrieb er eine Weltgeschichte in 15 Büchern. Sie besteht aus Verwandlungsgeschichten von der Schöpfung der Erde bis hin zu seiner Gegenwart. Mit den Verwandlungen bestraften die Götter menschliches Fehlverhalten oder belohnten fromme Gottesfurcht. So verwandelte die Göttin Minerva Arachne in eine Spinne. Diese hatte nämlich in ihrer Überheblichkeit behauptet, sie könne besser weben als die Göttin. Menschen sollten sich nicht erdreisten, die Götter besonders in den Eigenschaften herauszufordern, auf die sich die Götter besser verstehen:

Gott	Aufgabenbereich	Darstellung
Jupiter *(griech. Zeus)*	Lenken der Welt	Szepter und Blitz, Adler
Juno *(Hera)*	Ehe und Geburt	Apfel, Szepter, Diadem
Venus *(Aphrodite)*	Liebe	Taube, Schwan
Mars *(Ares)*	Krieg	Schwert
Neptun *(Poseidon)*	Meer	Dreizack
Minerva *(Athene)*	Wissenschaft, Weisheit	Helm, Brustpanzer, Eule
Diana *(Artemis)*	Jagd	Pfeil und Bogen
Apoll *(Apollon)*	Kunst	Lyra, Lorbeerkranz
Pluto *(Hades)*	Unterwelt	Szepter, Zweizack
Ceres *(Demeter)*	Getreide	Füllhorn mit Früchten
Merkur *(Hermes)*	Bote, Händler	Flügelschuhe

Am Ende der Metamorphosen gelangt Ovid zur Vergöttlichung Caesars und stellt auch Augustus eine Apotheose in Aussicht – ob er dies ernst meint oder hier versteckte Kritik übt, ist strittig, zumal Ovid es sich mit Augustus verscherzt hatte: Er wurde ans Schwarze Meer verbannt.

Die letzten Jahre seines Lebens verbrachte Ovid daher gefühlt am Ende der Welt. Traurig verfasste er Gedichte, in denen er auch seinen eigenen Grabspruch formulierte:

hic ego qui iaceo tenerorum lusor amorum
ingenio perii Naso poeta meo;
at tibi qui transis ne sit grave quisquis amasti
dicere »Nasonis molliter ossa cubent«.

Ich, der Dichter Naso, der ich hier begraben liege, der Dichter von zärtlichen Liebesgeschichten, bin aufgrund meiner Begabung zugrunde gegangen. Aber dir, der du vorübergehst, soll es, wenn du nur jemals Liebe empfunden hast, nicht schwerfallen zu sagen: »Die Gebeine Nasos sollen weich ruhen!« (Ovid, Tristia 3,3,73–76)

Apollo (Röm. Wandmalerei um 30 v. Chr., Haus des Augustus auf dem Palatin, Rom.)

Triumph des Neptun (Mosaik aus dem 2. Jhdt. n. Chr., Tunesien)

Venus in der Muschel (Römische Wandmalerei, Pompeji)

9

Europa und der Stier D S. 140

Wieder einmal hat sich Jupiter in ein sterbliches Mädchen verliebt. Das Problem: Die Königstochter Europa ist selten allein. Doch Jupiter hat eine Idee und ruft seinen Sohn und treuen Diener Merkur zu sich:

»Fīlī«, inquit, »pelle moram celerīque cursū terram pete, quam indigenae[1] Sīdōnia[2] dīcunt. Ibī bovēs rēgis, quōs vidēs grāmine pāscī[3], ad lītus age!«

Statim Mercurius id, quod pater iusserat, fēcit: Iam bovēs dē monte veniunt et lītora petunt, ubī fīlia rēgis cum virginibus lūdēbat.

Nōn bene conveniunt māiestās[4] et amor:
Scēptrum[5] dē-pōnit pater rēxque deōrum,
quī nūtū concutit[6] orbem terrārum,
cuius dextra ignēs tenet.
Tum induitur faciem taurī[7], sē inter bovēs miscet, mūgit[8], herbīs gaudet.

Eurōpae ea, quae videt, placent: »Ecce iste[9] bōs, quī ibī stat quīque nōs spectat! Quam[10] pulcher est! Cuius color niveus[11] est, habitus[12] fortis, cornua[13] sunt *ēlegantia*. Venit ad mē!« Et puella herbās carpit[14], quās bovī dat.

Gaudet amāns[15] et ōscula[16] dat manibus; modo lūdit salitque in herbā, modo latus niveum[11] pōnit in terrā. Iam Eurōpa audet cōnsīdere[17] super tergum taurī. Quī ā terrā pedēs pōnit in undās et cum virgine ā lītore abit.

1 **indigena,** ae *m.*: Ureinwohner
2 **Sīdōnia**: Sidonien
3 **grāmine pāscī**: grasen
4 **māiestās,** māiestātis *f.*: Majestät; Hoheit
5 **scēptrum,** ī *n.*: Szepter
6 **nūtū concutit**: mit einem Nicken erschüttert [er]
7 **induitur faciem taurī**: er legt das Aussehen eines Stieres an
8 **mūgīre**: muhen
9 **ecce iste**: sieh diesen … da
10 **quam**: *hier:* wie
11 **niveus,** a, um: schneeweiß
12 **habitus,** ūs *m.*: Haltung
13 **cornū,** ūs *n.*: Horn
14 **carpere**: pflücken
15 **amāns**: der Liebende
16 **ōsculum,** ī *n.*: Kuss
17 **cōnsīdere super tergum taurī**: sich auf den Rücken des Stieres zu setzen

1. **Erschließen Sie, worum es in den einzelnen Abschnitten geht und geben Sie ihnen eine Überschrift. Nutzen Sie z. B. folgende Informationen: Erzählform, handelnde Personen, Verbformen.**
2. **Stellen Sie in einer Tabelle die Wendungen aus dem Text zusammen, mit denen Jupiter als Gott bzw. als Stier beschrieben wird.**
3. **Erläutern Sie den Plan Jupiters und seine Umsetzung.**
4. **Analysieren Sie, wie Jupiter dargestellt wird. Nutzen Sie dazu auch die Erkenntnisse aus Aufgabe 2.**

Iuppiter Eurōpam videt, quae saepe ad lītus venit.
Quae pulchra est.

G S. 24

Detail eines römischen Freskos vom Raub der Europa; Haus des Jason, Pompeji

Das Götterbild der Antike

Griechen und Römer gingen davon aus, dass sich die Götter wie Menschen verhielten (anthropomorphes Götterbild): Götter zeugten mit Göttinnen ihre Nachfahren, brachen die Ehe, kämpften um die Herrschaft und schreckten auch vor Gemeinheiten oder Gewalttaten gegeneinander nicht zurück.

Das galt auch und besonders für Jupiter. Weil seinem Vater Kronos geweissagt worden war, sein Sohn werde ihm die Herrschaft entwinden, verschlang er seine ersten fünf Kinder. Doch beim nächsten Kind überlistete ihn seine Frau: Nach der Geburt Jupiters versteckte sie diesen in einer Höhle, ihrem Mann aber übergab sie einen mit einer Windel umwickelten Stein – Kronos verschluckte ihn sofort. Ein Jahr später besiegte Jupiter seinen Vater im Kampf und rettete seine Geschwister.

Obwohl er mit Juno verheiratet war, ging er sehr viele Affären auch mit Menschen ein und zeugte Halbgötter wie Herkules. Dabei verwandelte er sich z. B. in ein Tier wie einen Schwan oder einen Stier, um die Zuneigung einer Frau zu gewinnen, oder in deren Ehepartner, einmal sogar in einen Goldregen. Juno nahm ihm das sehr übel und verfolgte seine Geliebten in ihrem Zorn.

Aber auch Jupiter wurde sehr zornig, wenn er merkte, dass man ihn betrügen wollte. Dann erschlug er Missetäter entweder mit seinem Blitz oder belegte sie mit Strafen, die sie bis in alle Ewigkeit in der Unterwelt zu erdulden hatten.

Aufgrund der spannenden und lustigen Geschichten, die sich durch die (Liebes-)Abenteuer der Götter und Menschen ergaben, wurden die Göttermythen ein fester Bestandteil von Heldendichtungen und Dramen.

9

1 »Odd man out«. Geben Sie die Bedeutung an und nennen Sie den »Störenfried«, der nicht zum vorherrschenden Sachfeld passt.

a) terra – mons – manus – unda
b) abire – convenire – stare – gaudere
c) amor – puella – ponere – pulcher

2 Sachfelder. Erstellen Sie eine Mindmap zu folgenden Sachfeldern. Benutzen Sie alte und neue Wörter.

a) Mensch und Körper
b) Natur: Geographie und Tiere
c) Bewegung

3 Ein Wort – mehrere Bedeutungen. Übersetzen Sie passend.

a) amicos convenire – in foro convenire – de pace convenire
b) manus dextra/sinistra[1] – manum dare – parva[2] manus militum

1 sinister, a, um: links – **2 parvus,** a, um: klein

4 Fremdwörter.

a) Nennen Sie das lateinische Ursprungswort und seine Bedeutung.

b) Erklären Sie die Fremdwörter.

a) Pedal
b) terrestrisch
c) Kolorierung
d) Gaudi
e) Fortifikation
f) Herbivoren

5 Relativpronomina übersetzen. Nennen Sie die richtige deutsche Form.

Jupiter rief Merkur, *qui* sein Sohn war.
Merkur, *cuius* Neugier groß war, kam sofort.
Jupiter vertraute Merkur, *cui* er Aufträge gab.
Europa bewunderte den Stier, *quem* sie sah.
Europa winkte den Mädchen, *quas* sie verließ.
Sie freute sich über die Wellen, *quibus* sie fortgetragen wurde.

6 Pronomen und Bezugswort. Ordnen Sie zu und übersetzen Sie.

Substantiv	Pronomen
puellae, …	… cuius color
pedes …	… quos ascendimus[1]
studium …	… quibus imus
in montibus …	… quarum amor …
bos …	… quo laboras

1 ascendere: besteigen

7 Relativsätze: Übersetzen Sie.

a) Videmus virgines, quae in litore ludunt.
b) Videmus pilas[1], quas puellae iactant.
c) Videmus Europam, quacum virgines ludunt.
d) Videmus Europam, quam Iuppiter amat[2].
e) Videmus boves, cum quibus Iuppiter in litore est.
f) Videmus bovem pulchrum, cui Europa herbas dat.

1 pila: Ball – **2 amare**: lieben

Kalender mit Tierkreiszeichen und mythologischen Szenen. Chromos, 1897

8 Jupiter, König der Götter. Übersetzen Sie und geben Sie den rel. Satzanschluss mit einem Pronomen wieder.

Iuppiter rex deorum est.

a) Qui omnibus imperat[1].

b) Quem omnes timent.

c) Cui omnes parere[2] debent.

d) Cuius amor multarum puellarum[3] Iunoni non placet.

1 imperare: befehlen – **2 parere**: gehorchen – **3 amor** + *Gen.*: Liebe zu *jdm.*

9 Satzanschluss. Achten Sie bei der Übersetzung besonders auf das Pronomen.

Mercurius statim ad Iovem venit.
Qui est pater Mercurii.
Cuius amor Europae[1] magnus est.
Quae puella filia regis est.
Quae saepe cum virginibus in litore est.
Cui bos pulcher placet.
Quam Iuppiter in undas aufert.

1 amor + *Gen.*: Liebe zu *jdm.*

10 Sprichwörtlich! Schlagen Sie die unbekannten Wörter nach und übersetzen Sie.

- Manus manum lavat.
- Fortes Fortuna adiuvat.
- Per pedes abire.

11 Der Bildhauer Pygmalion. Schlagen Sie die unbekannten Wörter nach und übersetzen Sie.

a) Pygmalion nullam mulierem inveniebat, quam amare potuit.

b) Aliquando solitudinem ferre non iam potuit.

c) Incredibili arte imaginem puellae finxit, quae ei placebat.

d) Mox amore puellae[1], quam finxerat, ardebat.

e) Aram Veneris deae adiit et auxilium rogavit.

f) Ut domum rediit, petit simulacrum puellae, cui oscula dat et cuius pectora manibus temptat.

g) Mollescit ebur: Puella vivere coeperat!

1 puellae: *hier Gen. obiectivus:* zu dem Mädchen

Jennifer Hom: Pygmalion

12 Kurzes Wort – Was ist das?
Gerade kurze Wörter sind schwer im Wörterbuch zu finden. Suchen Sie in der Grammatik nach Grundform und Bedeutung.

a) quibusdam b) alicuius

c) quemque

13 Benennen Sie bekannte grammatikalische Elemente. Finden Sie mithilfe des entsprechenden Grammatikkapitels eine Übersetzung.

Puellae, quas Iuppiter in litore esse videt, amicae[1] Europae sunt.

1 amica, ae: Freundin

10

Daedalus und Ikarus D S. 141

Daedalus hat für König Minos auf der Insel Kreta das berühmte Labyrinth für den Minotaurus gebaut. Jetzt will Daedalus wieder auf das griechische Festland zurückkehren, doch König Minos lässt ihn nicht gehen.

Daedalus longum *exsilium* perōsus[1] tāctusque amōre patriae[2] graviter dīxit: »Mīnōs terrās et undās nōbīs claudit, sed caelum certē apertum est. Quā viā īre licet.«

Dīxit et animum (dī-)mittit in īgnōtās novāsque artēs: *nātūram novat.* Nam pōnit in ōrdine pennās[3]: ā minimā incipit, longam post breviōrem pōnit, longissima ultima est, ut[4] vērās imitētur avēs.

Puer Īcarus propius stābat et, quia perīcula futūra[5] īgnōrat, sine cūrīs lūdit: Modo pennās[3] faciliōrēs, quās aura mōverat, celeriter capiēbat, modo cēram[6] pollice[7] molliōrem facit lūsūque[8] suō patris opus impediēbat[9].

Daedalus, postquam manum ultimam im-posuit, fīliō cārissimō dīxit: »Bene audī! Tē moneō: Mediā viā curre, Īcare[10]! Sī propius terrae ībis[11], unda pennās[3] graviōrēs faciet[11], sī altius, ignis sōlis incendet[11].«

Zitternd und mit weichen Knien legt Daedalus seinem Sohn die Flügel an, dann machen sie sich auf den Weg.

Sed puer coepit gaudēre volātū[12] dēseruitque ducem et altius iter ēgit, quam pater iusserat.

Pater īnfēlīcissimus, nōn iam pater, »Īcare[10]« dīcēbat, »Īcare, Īcare, ubī es?« Tum pennās[3] longissimē dispersās[13] aspexit in undīs, dēvōvit[14] artēs suās, corpus sepulcrō[15] condidit.

1 **perōsus,** a, um + *Akk.:* aus Hass auf

2 **patria,** ae *f.:* Heimat; *hier Gen. obiectivus:* zu seiner Heimat

3 **penna,** ae *f.:* Feder

4 **ut vērās imitētur avēs**: sodass er wirkliche Vögel imitiert

5 **futūrus,** a, um: zukünftig

6 **cēra,** ae *f.:* Wachs

7 **pollex,** pollicis *m.:* Daumen

8 **lūsus,** ūs *m.:* Spiel

9 **impedīre**: behindern

10 **Īcare**: *Anredeform*

11 **ībis, faciet, incendet**: *Futur zu* īre, facere, incendere

12 **volātus,** ūs *m.:* Flug

13 **dispersus,** a, um: verstreut

14 **dēvovēre,** -voveō, -vōvī, -vōtum: verfluchen

15 **sepulcrum,** ī *n.:* Grab

1.1 **Vater und Sohn: Gliedern Sie den Text anhand der Subjektswechsel.**

1.2 **Stellen Sie in einer Tabelle die Handlungen von Vater und Sohn zusammen und geben Sie kurz den Inhalt der Abschnitte wieder.**

2. **Erläutern Sie, was mit *naturam novat* (Z. 4) gemeint ist.**

3.1 **Charakterisieren Sie Daedalus und Ikarus.**

3.2 **Beschreiben Sie die Beziehung von Vater und Sohn.**

3.3 **Vergleichen Sie die Darstellung in Text und Bild (s. S. 59).**

4. **Zu hoch hinaus gewollt? Diskutieren Sie, inwiefern die Geschichte eine didaktische Funktion hat.**

Daedalus graviter ad fīlium dīxit:
»Crēta pulchrior est quam patria[2]. Pulcherrima omnium īnsulārum est! Sed vīta gravissima est! Diūtius adesse nōn possum. Celerrimē effugere dēbēmus!«

G S. 22 (5.7)
G S. 21/22 (5.6)

Frederic Leighton (1830–1896)

Joseph-Marie Vien (1716–1809)

Rezeption und Zeitgeschmack

Bereits in der Antike beginnt die Rezeption von Geschichten aus fremden Kulturen; besonders aus dem griechischen Kulturkreis übernahmen die Römer viele Götter und Mythen, die auch bildlich als Skulptur, Mosaik oder Malerei wiedergegeben wurden.

In der Bildsprache nutzte jede Zeit ihre Möglichkeiten, Erzählungen so zu vermitteln, dass man das Geschehen in den jeweiligen Kulturkreis einordnen und verstehen konnte: In der griechisch-römischen Antike wird die Besonderheit einer Person (z. B. Götter, Heroen, Athleten) dadurch hervorgehoben, dass man sie nackt darstellte. Zudem wurden die körperlichen Proportionen und Muskelregionen idealisiert. In späteren Zeiten bedeckte man die ansonsten nackt dargestellten Personen an denjenigen Stellen, die sexuelles Interesse weckten, mit Blättern oder zufällig wirkenden Schleiern. Häufig kleideten die Künstler die Personen auch in der Mode ihrer Zeit – römische Soldaten wurden dann z. B. in Ritterrüstung dargestellt.

In vielen Darstellungen kommt eine Farbsymbolik hinzu, mit der der moderne Betrachter viele Assoziationen verbindet: Fliegt z. B. Ikarus mit weißlichem Körper, so drückt dies seine jugendliche Unschuld aus.

10

1 Über kurz oder lang … Übersetzen Sie die Wendungen.

via longa – via brevis
dux carus – dux infelix
caelum altum – caelum ignotum
opus facile – opus novum
aurae molles – aurae minimae

2 Adjektiv und Substantiv. Erschließen Sie die Bedeutung des Substantivs.

altus → altitudo
brevis → brevitas
longus → longitudo
certus → certitudo
facilis → facilitas

3 Latein und Englisch. Nennen Sie das lat. Ausgangswort und die Bedeutung.

a) to ignore – to touch – to close
b) aspect – licence – deposit
c) brief – ultimate – certain

4 Latein und seine romanischen Töchter. Nennen Sie das Ausgangswort und die Bedeutung.

a) Franz.: facile – certain – neuf/neuve
b) Span.: alto – sol – caro – aspecto

5 Steigerungsformen. Sortieren Sie die Formen in die Tabelle und übersetzen Sie.

gravior – longissimus – infelix – celerior – altissimum – mollior – fortissima – certa

Positiv	Komparativ	Superlativ

6 KNG-Kongruenz. Ordnen Sie die passenden Formen zu und übersetzen Sie den Ausdruck.

video patrem	celerrimo
cursu	miseriores
filii	infelicissimum
in itinere	gravissimorum
periculum vulnerum	ignoto

7 Gestern schnell – heute nicht? Achten Sie beim Übersetzen darauf, ob ein Adjektiv oder Adverb steht.

- Pueri celeres in via currunt.
- Gaius celerrime currit.
- Hodie currit celerius quam omnes.
- Nam Marcus non venit, qui semper puer celerrimus est.

8 Adjektiv oder Adverb? Entscheiden und übersetzen Sie. Was stellen Sie fest?

a) Caelum certum non est.
Id certe audivisti!
b) Britannia a Roma longissime ab-est.
Iter in Britanniam longissimum est.
c) vita felix – feliciter vivere

9 *Als, wie* und *die* … Geben Sie *quam* jeweils richtig wieder – Vergleich oder Relativsatz?

- Via est tam[1] longa quam exspectavimus.
- Via longior est quam exspectavimus.
- Via, quam videmus, longa est.
- Via per[2] mare facilior est quam per montes.
- Via nova tam[1] pulchra est quam erat ante[3].

1 tam: so – **2 per**: über – **3 ante**: vorher

10 Wiederholung relativischer Satzanschluss. Übersetzen Sie.

In fabulis[1] Ovidii homines et dei agunt.
Qui saepe magna crudelitate[2] sunt.
Quorum ira magna esse potest.
Sed Ovidius etiam de bonis deis narravit.
Quorum auxilio homines beate[3] vivebant.

1 fabula, ae *f.*: Geschichte – **2 magna crudelitate**: *Übersetzen Sie den Abl. mit* von – **3 beatus,** a, um: glücklich

11 Wiederholung Satzglieder. Grenzen Sie die Satzglieder Subjekt, Prädikat, Objekt voneinander ab und übersetzen Sie.

a) Daedalus alas[1] facit.
b) Filium monet: Iter facile non est.
c) Filius non audit.
d) Filius ducem deseruit et cecidit[2].
e) Pater corpus filii condidit.

1 ala, ae *f.*: Flügel – **2 cecidit**: *Perfekt von* cadere

12 Wiederholung AcI. Übersetzen Sie und achten Sie besonders auf das Tempus des Infinitivs.

Ovidius narrat …
– Daedalum alas[1] fecisse.
– Daedalum per caelum e Creta fugisse.
– iter per caelum facile non esse.
– deos hominibus non omnia permittere.
– Icarum patrem deseruisse et cecidisse.

1 ala, ae *f.*: Flügel – **2 cecidisse**: *Perfekt von* cadere

13 Wiederholung Zeitenbildung. Sortieren Sie nach Tempus und nennen Sie das entsprechende Kennzeichen. Übersetzen Sie.

aspexit – stabamus – posuerant – vivis – vicit – duxerunt – ardebant – traho – tuleram

Präs.	Imperf.	Perf.	Plqupf.

14 Wiederholung Tempuswippe. Setzen Sie die Verbform ins angegebene Tempus. Übersetzen Sie beide Formen.

ardent → (Imperf.) ardebant → sie brannten

respondet → *Imperf.*	servavit → *Plqupf.*
tenemus → *Imperf.*	pepuli → *Plqupf.*
movebant → *Präs.*	pugnaverant → *Perf.*

Rebhuhn (Perdix perdix)

15 Perdix. Schlagen Sie die unterstrichenen Wörter nach und übersetzen Sie den Text.

Antiquis temporibus Daedalus Athenis[1] vivebat.
Qui erat artifex clarissimus omnium.
Perdix iuvenis autem domus pulchriores fecit.
Daedalus ei invidit eumque sacra ex arce Minervae praecipitem misit.
At eum excepit dea, quae favet ingeniis, avemque reddidit et medio in aere velavit pennis.
Qui memor antiqui casus prope terram volitat.

1 Athenis: in Athen

16 Grammatik nachschlagen. Bestimmen Sie folgende Verbformen (Person, Tempus und Modus).

iusserat → 3. Pers. Sg. Ind. Plqpf.

a) diceret   b) negavissem

17 Grammatik nachschlagen. Bestimmen Sie folgende Verbformen und übersetzen Sie jeweils wörtlich.

a) monetur   b) videbamur
c) captae sunt

Vergil und das römische Nationalepos

»Du, Römer, denke daran, die Völker mit deiner Befehlsgewalt zu beherrschen – dies wird dein Handwerk sein – und dem Frieden deine Ordnung aufzuerlegen, die Unterworfenen zu schonen und die Überheblichen niederzuwerfen.« (Vergil, Aen. 6, 851–853)

Kein anderer Dichter hat das römische Selbstverständnis so klar formuliert wie Publius Vergilius Maro (70–19 v. Chr.). Er gehörte zu einer Gruppe von Dichtern, die der Literaturfreund Maecenas förderte und der spätere Kaiser Augustus unterstützte. Sein bekanntestes Werk ist die Aeneis; er benötigte für die 12 Bücher mit mehr als 10.000 Versen elf Jahre. Trotzdem war das Werk bei seinem Tod noch nicht abgeschlossen. Augustus setzte sich über Vergils Wunsch hinweg, das Werk zu verbrennen, und ließ es veröffentlichen.

Vergil verfasste sein Werk in Hexametern – das war das klassische Versmaß für epische Texte – und stand damit sprachlich-stilistisch wie inhaltlich in der Tradition des griechischen Schriftstellers Homer. Der hatte in seiner Ilias über den Trojanischen Krieg und in der Odyssee über die beschwerliche Rückreise des Odysseus in seine Heimat Ithaka geschrieben. Auch Aeneas selbst kommt in der Ilias vor, sodass Vergil Homers Epos fortführte.

Mosaik aus Tunesien, 3. Jhdt. n. Chr.:
Vergil und zwei Musen

In der Aeneis erzählt Vergil die Erlebnisse des Trojaners Aeneas: Mit seinen Gefährten war er auf Geheiß der Götter aus der brennenden Stadt geflohen; denn ihm war vorherbestimmt, im fernen Italien eine neue Heimat zu suchen und dort ein neues Volk zu gründen. Doch nicht alle Götter unterstützten diesen Schicksalsplan: Juno hasste die Trojaner und versuchte mit allen Mitteln, sie aufzuhalten – letztlich vergeblich: Aeneas landete in Italien, und seine Nachfahren gründeten Rom. Sogar die Kaiserherrschaft des Augustus war Aeneas bereits als Höhepunkt der römischen Geschichte vorausgesagt worden.

Erzählungen über Aeneas hatte es in Italien bereits vor Vergil gegeben. Den Römern gefiel die Vorstellung, dass die Wurzeln ihrer Geschichte weit in die Vergangenheit zurückreichten. Außerdem empfanden sie Stolz darüber, dass Venus als Mutter ihres Stammvaters Aeneas galt; damit konnte jeder Bürger des römischen Volkes seine Abstammung auf die Götter zurückführen.

Die Aeneis war bereits in der Antike ein sehr beliebtes Werk, aus dem einzelne Verse gerne von anderen Autoren zitiert wurden. Ihr Erfolg gründet vor allem darin, dass sie den Römern insgesamt eine Identität gab: Die Götter unterstützten das Schicksal des römischen Volkes, wenn es nur fromm und gewissenhaft ihren Willen achtete. Daher ließ Augustus demonstrativ alte Kulte wiederaufleben und machte in jeder Weise deutlich, dass sich die Erwartungen, die Vergil an seine Herrschaft gestellt hatte, tatsächlich erfüllten: der Anbruch eines goldenen Zeitalters! »Dies, ja, dies ist er, der Mann, Augustus Caesar, der dir – wie du schon öfter gehört hast, – in Aussicht gestellt worden ist, der Sohn des Vergöttlichten; ein goldenes Zeitalter wird er begründen, der wiederum das Herrschaftsgebiet über die Gegend, die einst von Saturn in Latium beherrscht worden ist, auch noch über Afrika und Indien ausdehnen wird.« (Vergil, Aen. 6, 791–795)

Aeneas auf der Flucht aus Troja, mit seinem Vater Anchises auf den Schultern und seinem kleinen Sohn Ascanius (Marmorstatue von Gian Lorenzo Bernini, 1618).

Der Untergang Trojas D S. 142

Nach seiner Flucht aus Troja gelangte Aeneas nach Karthago, wo er von Königin Dido freundlich aufgenommen wurde. Er erzählt ihr, wie seine Heimatstadt nach zehnjährigem Krieg durch eine List der Griechen fiel:

Frāctī bellō[1] ducēs Danaum[2] dīvīnā arte Palladis[3] equum ingentem aedificāvērunt. Quem clam mīlitibus complēvērunt. Vōtum prō reditū[4] fēcērunt et omnibus nāvibus lītus relīquērunt, ut nōs crēderēmus eōs abisse et ventō Mycēnās[5] petīvisse.

Omnis Teucria[6] sē longissimā trīstitiā solvit; aperuimus portās, iuvābat castra hostium dēserta vidēre et lītus relictum: dōnum Danaōrum[2] spectābāmus; iam prīmī poposcērunt, ut equum in urbem traherēmus.

Sed sapiēns Lāocoōn dīxit: »Ō miserī cīvēs, cūr tanta īnsānia[7]? Crēditis hostēs abisse? Nē[8] equō crēdite, Teucrī[6]! Quidquid[9] id est, timeō Danaōs[2] et dōna ferentēs[10].«

Cum ita nōs monuisset, tamen nōn audīvimus: Aperuimus moenia, ut *mōnstrum* īnfēlīx in urbem movērēmus.

Mediā nocte Danaī[2] equum relīquērunt. Cum vigilēs[11] cecīdissent, sociīs portās aperuērunt.

Cum Danaī[2] urbem somnō vīnōque sepultam[12] invāderent, ecce ante oculōs vīdī Hectorem[13] mortuum. Suādēbat, ut cum familiā ex urbe fugerem.

Omnēs aurae nōs terrēbant et cum ad portās vēnissēmus, audīvimus pedēs hostium. Ruimus[14] per portās et fūgimus per campōs, sed, cum respicerem, uxor nōn iam adfuit.

1 frāctī bellō: Gebrochen durch den (langen) Krieg

2 Danaī (*Gen.* Danaum *oder* Danaōrum): die Griechen

3 Pallas (*Gen.* Palladis): Pallas Athene *(Göttin)*

4 reditus, ūs *m.: Erschließen Sie aus* red-īre

5 Mycēnae: Mykene *(= Griechenland)*

6 Teucria/Teucrī: Troja/Trojaner

7 īnsānia, ae *f.*: Dummheit

8 nē: *hier*: nicht

9 quidquid: was auch immer

10 et dōna ferentēs: selbst wenn sie Geschenke bringen

11 vigil, vigilis *m.*: Wache

12 sepultus, a, um *(+ Abl.)*: begraben

13 Hector: *im Krieg gefallener trojanischer Held*

14 ruere, ruō, ruī: stürzen, rennen

1. **Tragen Sie zusammen, was Sie bereits über den Untergang Trojas und Aeneas' Flucht wissen. Ordnen Sie passende Wendungen aus dem Text zu.**
2. **Aeneas erzählt Dido von seiner Flucht. Überlegen Sie, welche Verbformen Sie erwarten können. Ordnen Sie die Handlungen des lateinischen Textes jeweils den Griechen und den Trojanern zu.**
3. **Beschreiben Sie, wie die Trojaner auf die vermeintliche Abfahrt der Griechen reagieren. Analysieren Sie, mit welchen sprachlich-stilistischen Mitteln die Stimmung verdeutlicht wird.**
4. **Erläutern Sie die Übersetzung von *mōnstrum īnfēlīx* (Z. 12).**

Dīdō, cum Aenēam invītāv-isse-t, cum eō cēnāvit. G S. 30 (7.5.3.1 b)

Aenēās, cum cēnāret, dē fugā nārrāvit. G S. 31 (7.5.3.2 a)

Nachbildung des Trojanischen Pferdes; Troja, Türkei

Der Trojanische Krieg

Für Griechen und Römer war der Trojanische Krieg ein geschichtliches Faktum. Allerdings gab es nicht nur einen Krieg um Troja; mehr als zehn Siedlungsschichten liegen heute in der Türkei übereinander: Wenn Troja zerstört wurde, baute man auf den Ruinen eine neue Stadt auf. Mit dem Trojanischen Krieg verbindet man das Troja von ca. 1200 v. Chr., dessen Mythos Homer aber erst 400 Jahre später in seinen Werken Ilias und Odyssee beschrieben hat:

Zur Hochzeit des Peleus mit Thetis waren alle Götter eingeladen bis auf Eris, die Göttin des Streits. In ihrem Ärger warf sie unter die Hochzeitsgäste einen goldenen Apfel mit der Inschrift: »Für die Schönste«. Juno, Venus und Minerva beanspruchten den Titel für sich. Weil Jupiter es sich mit keiner von ihnen verscherzen wollte, sollte der noch ganz junge und unverdorbene Königssohn Paris die Frage entscheiden. Er wählte Venus, weil sie ihm die schönste Frau der Welt versprochen hatte: Helena. Doch diese war bereits mit dem Spartanerkönig Menelaus verheiratet – Paris entführte sie kurzerhand nach Troja.

Agamemnon, der Bruder des Menelaus, stellte daraufhin eine gewaltige Flotte zusammen; viele griechische Herrscher wie Odysseus, der König von Ithaka, segelten mit ihren Soldaten nach Troja. Doch der Krieg zog sich in die Länge, erst die List des Odysseus brachte den Sieg. Das Schicksal aber war ihm nicht gewogen: Erst nach zehn Jahren und vielen Irrfahrten sah er seine Heimat wieder.

Aber nicht nur Odysseus erlebte Irrfahrten: Einigen Trojanern gelang die Flucht unter der Führung des Aeneas, dem von Jupiter selbst in Italien eine neue Heimat versprochen war.

1 Verwechslungsgefahr. Übersetzen Sie.

invadere – invitare
respondere – respicere
saepe – sapiens
totus – tantus
urbs – usus
ab-ire – ad-ire
desinere – deserere

2 Wortschatz. Übersetzen Sie die Wendungen.

castra invadere
moenia aedificare
socii infelices
ab urbe abire
uxorem deserere
votum solvere
dona a duce poscere

3 Komposita. Nennen Sie die Bedeutung der Vorsilbe und erschließen Sie dann die Bedeutung des Wortes.

a) absolvere – b) perspicere – c) componere

4 Wortfamilien. Leiten Sie die Bedeutung ab.

longitudo → (longus → lang) → Länge

a) celeritas b) felicitas
c) sapientia d) aedificium

5 Substantive. Nennen Sie Grundform und Bedeutung.

urbe – pacis – pedi – ducum – dona – socio – noctes

6 Verben. Nennen Sie Grundform und Bedeutung.

duco – deserui – solutum – eo – monui – iuverunt

7 Zeitenbildung I – Präsensstamm.
a) Übersetzen Sie die Indikativform.
b) Bilden Sie den Konjunktiv.

Indikativ Imperfekt	Konjunktiv Imperfekt
mone-ba-t	*mone-re-t*
crede-ba-nt	
solv-eba-m	
iuva-ba-mus	
relinqu-eba-s	
incend-eba-t	

8 Zeitenbildung II – Perfektstamm.
a) Übersetzen Sie die Indikativform.
b) Bilden Sie den Konjunktiv.

Ind. Plusquamperf.	Konj. Plusquamperf.
monu-era-t	monu-isse-t
aedificav-era-s	
redi-era-m	
respex-era-nt	
posu-era-mus	
tul-era-t	

9 AcI wiederholen I. Übersetzen Sie.

Troiani vident
- Danaos[1] equum aedificare.
- Danaos deis vota solvere.
- Danaos abire.
- equum in litore esse.
- portas urbis angustiores[2] esse.
- se equum in urbem trahere posse.

1 **Danai**: die Griechen – 2 **angustiores**: zu eng

10 AcI wiederholen II. Übersetzen Sie.

Aeneas narravit
- litus desertum esse.
- Teucros[1] omnes felices fuisse.
- homines equum ingentem conspexisse.
- Laocoontem cives monuisse.
- hostes urbem invasisse.
- se ex urbe fugisse.

1 **Teucri**: die Trojaner

11 Aeneas' Flucht aus Troja I.
Übersetzen Sie. Achten Sie dabei auf das Tempus und die Bedeutung von *cum*.

a) Cum hostes urbem invasissent, Aeneas pugnare voluit[1].
b) Tamen ex urbe fugit, cum dei iussissent.
c) Hostes cum gladiis iam aderant!
d) Sed Aeneas celeriter currere non potuit, cum patrem et penates[2] ferret et filius manum teneret.
e) Cum nox esset, uxorem amisit[3].
f) Cum uxorem amisisset[3], tamen urbem reliquit.
g) Cum pericula magna essent, navem attigit[4].

1 velle, volo, volui: wollen – **2 penates**: Penaten *(Statuen der Hausgötter)* – **3 amittere,** -mitto, -misi, -missum: verlieren – **4 attingere,** -tingo, -tigi: erreichen

Flucht des Aeneas, griech. Vasenmalerei, um 500 v. Chr.

12 Aeneas' Flucht aus Troja II.
Übersetzen Sie. Achten Sie dabei auf die Bedeutung von *ut*.

a) Aeneas portas petivit, ut multi alii fecerunt.
b) Aeneas patrem tulit, ut celerius curreret.
c) Aeneas filium monuit, ut manum teneret.
d) Aeneas filium monuit, ne clamaret.
e) Ita contigit[1], ut e urbe effugerent.
f) Aeneas deis gratias agit, ut oportet.

1 contingit, contigit: es gelingt

13 Vokabeln nachschlagen.
Übersetzen Sie die Begriffe.

- equus ligneus
- insidiae Danaorum
- ira deorum
- dolus Ulixis (= Odysseus)
- prudentia Laocoontis

14 Im hölzernen Pferd.
Ermitteln Sie die Bedeutung der unterstrichenen Wörter und übersetzen Sie.

Nonnulli Danai in equo manent. Equus angustus est. Sed patientia virorum maxima est. Tandem ex equo se liberant. Danai urbi perniciem parant. Cuncti incolae desperant.

15 Grammatik nachschlagen: Verbformen.
Bestimmen Sie die Formen, nennen Sie dann die Grundform und die Bedeutung.

a) gaudeant
b) respiciamus
c) aedificetis
d) ignoraverint

16 Grammatik nachschlagen: Übersetzen Sie mithilfe der Grammatik.

Laocoon suadet,
… ut Teucri equum deserant.
… ut portam urbis claudant.
… ut de equo dubitent.

Aeneas und Dido D S. 143

Königin Dido hat Aeneas nach seiner Flucht aus Troja freundlich aufgenommen und die beiden verlieben sich.
Doch die Götter haben ein anderes Schicksal für Aeneas bestimmt: Er soll in Italien ein neues Volk gründen. Deshalb bereitet er seine Abreise aus Karthago vor.

Sed Dīdō cōnsilia – quis fallere potest amantem[1]? – prae-sēnsit. Saevit[2] sine animō incēnsaque īrā tōtam per urbem. Tandem haec[3] Aenēae dīxit:

»Etiam-ne temptās, ut tantum scelus tegās tacitusque meā terrā dēcēdās?
Nec tē noster amor tenet? Mē-ne fugis?
Per[4] eās lacrimās dextramque tuam, per[4] cōnūbium[5] nostrum: Sī mē umquam amāvistī, rogō tē, ut maneās et mēcum imperēs.
Propter tē pudōrem meum āmīsī, propter tē Libycī[6] populī regēsque Nomadum[7] nōs ōdērunt. Nunc mē dēseris, cum ubīque hostēs sint?
Nē fīlium quidem mihī dedistī, ut memoriam tuī[8] tenērem!«

Pius Aenēās lūmina nōn movēbat, ut cūram conderet:
»Numquam, rēgīna[9], negābō[10], quantum fēceris prō mē.
Neque clam fugiō,
neque Carthāginem vēnī, ut tē in mātrimōnium[11] dūcerem,
neque egō cōnsilium cēpī Carthāginem relinquere.
Agere vītam auspiciīs[12] meīs nōn possum: Vōtum Iovis est, ut in Ītaliam eam. Hic[3] amor, haec[3] patria est.
Dēsine mēque tēque incendere tuīs querēlīs[13]: Ītaliam nōn sponte[14] petō, sed cum fātum mē coēgerit.«

1 amāns, amantis *f.*: eine Liebende
2 saevīre: rasen; wüten
3 hic, haec, hoc: dies (*Akk Pl. n.:* haec)
4 per: *hier:* bei
5 cōnūbium, ī *n.*: Ehe
6 Libycus, a, um: von Libyen
7 Nomadēs, um: die Numider
8 tuī: an dich
9 rēgīna, ae *f.*: Königin
10 negābō: *Futur*
11 in mātrimōnium dūcere: heiraten
12 auspiciīs meīs: nach meinem Willen
13 querēla, ae *f.*: Klage
14 sponte: freiwillig, aus eigenem Wunsch

1. **Dido und Aeneas reden in diesem Text miteinander. Welche Verbformen erwarten Sie?**
2. **Stellen Sie Wörter und Formulierungen zusammen, die Didos Gefühle beschreiben.**
3. **Zeigen Sie, welche sprachlichen Mittel Dido und Aeneas anwenden, um ihre Aussagen zu bekräftigen.**
4. **Aeneas galt in der römischen Welt als Vorbild vor allem wegen seiner *pietas*. Diskutieren Sie, ob Aeneas' Verhalten in Ihren Augen *pius* ist.**

Dīdō Aenēam invītat, ut amīcus sit,
ut secum cēnet et vītam agat.
Aenēās dīcit, cūr ē Trōiā fūgerit.

G S. 59 (esse)
G S. 30 (7.5.3.1 a)
G S. 31 (7.5.3.2 c)

Aeneas' Abschied von Dido

Dido und Aeneas – Erbfeindschaft statt Lovestory

Als Vergil seine Aeneis verfasste, war Rom die dominierende Macht im Mittelmeerraum. Aus der Rückschau ließ sich der Eindruck gewinnen, dass die Weltherrschaft der Römer schon lange von den Göttern vorbestimmt war. Denn im Mythos wird Aeneas geweissagt, dass sein Volk die Welt beherrschen werde.

Und auch die karthagische Königin Dido hatte ihren Anteil daran: Nach Aeneas' Abreise schwor sie, dass es niemals Freundschaft zwischen ihren Völkern geben werde.

Tatsächlich waren die Punischen Kriege mit Karthago ein entscheidender Meilenstein zu Roms Weltherrschaft: Zwar gab es in früher Zeit gemeinsame Bündnisse gegen Griechen und Etrusker. Doch als sich Roms Einflussbereich auf Sizilien ausdehnte, über das Karthago die Vorherrschaft beanspruchte, kam es zum Ersten Punischen Krieg (264–241 v. Chr.). Nach ihrem Sieg waren die Römer die neue Vormacht im westlichen Mittelmeerraum. Mit Hannibal schien schließlich Didos Rächer gekommen zu sein: Er führte im Zweiten Punischen Krieg (218–201 v. Chr.) eine riesige Armee mitsamt Elefanten von Spanien über die Alpen bis nach Italien. Die Römer konnten in Italien keine Schlacht gegen ihn gewinnen. Doch die Kriegswende gelang, indem sie selber ihre Truppen nach Nordafrika verlegten und die Karthager damit zwangen, Hannibal in die Heimat zurückzurufen, wo ihn Scipio letztendlich besiegte. Wirtschaftlich blieb Karthago dennoch eine Konkurrenz für Rom, bis es im Dritten Punischen Krieg (149–146 v. Chr.) vollständig vernichtet wurde.

1 Übersetzen Sie die Wendungen.

a) consilium capere b) vitam agere
c) ignem incendere d) animum incendere
e) de patria decedere f) scelus tegere
g) urbem condere h) socios amittere

2 Englisch. Nennen Sie ein verwandtes lateinisches Wort und seine Bedeutung.

fate – relict – decede –
inter-rogation – fugitive

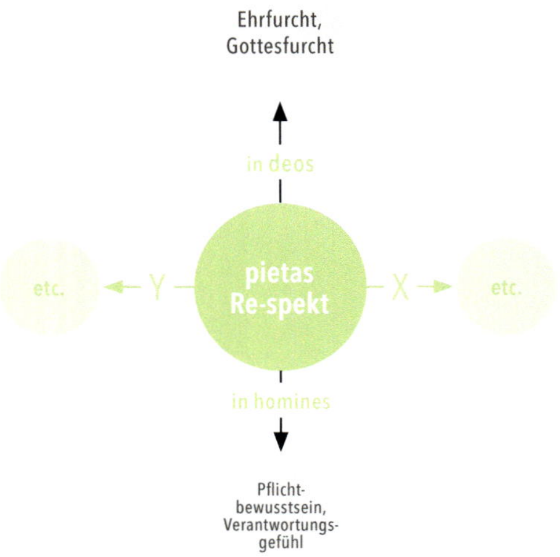

3 pius. Ein Wort – viele Bedeutungen. Übersetzen Sie jeweils passend.

a) Pius Aeneas *erfreut die Götter.*
b) Pii parentes[1] *sorgen für die Kinder.*
c) Iustum piumque est: *Es ist recht und …*
d) Pii homines *beten im Tempel.*

1 parentes: Eltern

4 Täter! Nennen Sie das Verb und leiten Sie die Bedeutung der Substantive ab.

victor → vincere → Sieger
a) amator b) imperator
c) spectator d) actor

5 Zeitenbildung I – Präsensstamm.
a) Übersetzen Sie die Indikativform.
b) Bilden Sie den Konjunktiv.

Indikativ Präsens	Konjunktiv Präsens
ced-i-t	*ced-a-t*
cred-u-nt	
senti-mus	
vide-t	
roga-tis	
ama-s	

6 Indikativ oder Konjunktiv Präsens?
a) Nennen Sie Grundform und Bedeutung.
b) Entscheiden Sie anhand der Konjugation, ob Indikativ oder Konjunktiv vorliegt.

a) imperant	b) ponat
c) aspicis	d) stant
e) vincam	f) ardemus
g) amemus	h) manent
i) moneatis	j) respondes
k) sit	l) credant

7 Zeitenbildung II – Perfektstamm.
a) Übersetzen Sie die Indikativform.
b) Bilden Sie den Konjunktiv.

Indikativ Perfekt	Konjunktiv Perfekt
mis-it	*mis-eri-t*
amav-erunt	
sens-imus	
tul-istis	

8 Konjunktive. Sortieren Sie nach Tempus.

a) dixerimus – sint – fugeret – tulisses – faciat
b) decedatis – credidissetis – coeperim – irem
c) staremus – servet – ferant – movisses

Präsens	Imperfekt	Perfekt	Plqupf.

9 Aeneas' Schicksal. Übersetzen Sie. Achten Sie dabei auf das Tempus und die richtige Wiedergabe von cum und ut.

a) Dei imperant, ut Aeneas novum populum in Italia condat.
b) Aeneas, cum e Troia fugerit, Carthaginem venit.
c) Cum Didonem amet, fatum neglegit[1].
d) Carthagine manet, ut Didonem in matrimonium ducat[2].
e) Sed dei Aeneam iterum[3] monent, ut urbem relinquat.
f) Cum pius sit, facit, quod dei iusserunt.

1 neglegere: *hier:* ignorieren – **2 in matrimonium ducere**: heiraten – **3 iterum**: noch einmal

10 Didos Reaktion. Übersetzen Sie. Achten Sie dabei auf das Tempus.

a) Dido rogat, cur Aeneas Carthaginem relinquere debeat.
b) Dido rogat, ut Aeneas secum[1] maneat.
c) Dido lacrimas fundit[2], cum cognoverit vota Iovis.
d) Dido rogat, cur Iuppiter deus tantae crudelitatis[3] sit.
e) Dido irata est, cum Aeneas fato obtemperet[4].
f) Dido timet[5], ne Aeneas in itinere occidat.

1 secum: *hier:* bei ihr – **2 fundere**: vergießen – **3 tantae crudelitatis**: *Genitiv der Eigenschaft; übersetzen Sie mit* von … – **4 obtemperare**: gehorchen – **5 timēre**, ne: fürchten, dass

11 Und so fängt alles an – in der Höhle. Schlagen Sie die unterstrichenen Wörter nach und übersetzen Sie.

Aeneas una cum Didone per prata ambulat.
Subito magno murmure nimbus adest.
Dido et Aeneas se celare cupiunt.
Nunc Dido cum Aenea per silvas errat.
Tandem ad speluncam veniunt.
Ibi ab imbre tuti sunt.
Postridie Carthaginem urbem petunt …

Dido und Aeneas im Sturm. Benito Manuel Agüero, 17. Jhdt.

12 Grammatik nachschlagen. Bestimmen Sie die unterstrichene Verbform und übersetzen Sie den Satz.

Iuppiter mittit Mercurem, qui Aeneam moneat.

13 Grammatik nachschlagen. Bestimmen Sie die unterstrichene Form und übersetzen Sie den Satz wörtlich.

Aeneas e Troia fugiens uxorem amisit.

Livius und die römische Geschichtsschreibung

»Ob ich im Begriff bin, etwas zu schaffen, was der Mühe wert ist, wenn ich die Leistungen des römischen Volkes von der Gründung der Stadt an niedergeschrieben habe, weiß ich nicht recht.« (Liv., praef. 1)

So leitet Livius (59 v. Chr.–17 n. Chr.) das umfangreichste antike Werk der römischen Geschichte ein. 142 Bücher hat Livius verfasst und in ihnen die Geschichte von der Gründung der Stadt an jahrweise in chronologischer Abfolge beschrieben (*ab urbe condita* – und so nennt man auch heute noch sein Werk). Den Endpunkt dieser annalistischen Geschichtsschreibung bildet der Tod des älteren Drusus 9 v. Chr. Leider sind heute nur noch 35 Bücher erhalten; schon in der Antike fanden viele Schriftsteller das Werk des Livius zu lang für Leser, die sich mit einer groben Übersicht über die römische Geschichte zufriedengaben, und fassten es zusammen.

Livius beginnt sein Werk mit der Flucht der Trojaner nach Italien und verbindet auf diese Weise Legende und Geschichte. Ascanius, der Sohn des Aeneas, gründete nach Livius' Darstellung Alba Longa, wo Jahrhunderte später Rhea Silvia, die Mutter von Romulus und Remus, geboren wurde. Damit bindet er die römische Geschichte in die Welt des Mittelmeeres ein, die auch griechischen Lesern gut vertraut ist: Rhea Silvia war die Tochter des Numitor, des Königs von Alba Longa. Allerdings putschte sich sein Bruder Amulius an die Macht. Damit von möglichen Kindern der Rhea keine Gefahr für seine geraubte Königsherrschaft ausging, zwang er sie, jungfräuliche Priesterin der Vesta zu werden. Doch dann schwängerte sie der Kriegsgott Mars, und so brachte sie Romulus und Remus zur Welt. Amulius befahl daraufhin, ihre Kinder zu töten, doch ein Diener setzte sie auf dem Tiber aus. Der Flussgott Tiber trieb sie ans Ufer, wo eine Wölfin die Zwillinge nährte, bis der Hirte Faustulus sie fand und adoptierte. Als sie herangewachsen waren, erfuhren Romulus und Remus von ihrer Herkunft und brachten ihren Großvater wieder an die Macht, beschlossen aber, eine neue Stadt nach einer Vogelschau zu gründen. Remus sah zwar zuerst sechs Geier vom Aventin aus, Romulus aber doppelt so viele – wenngleich später – vom Palatin aus. Das überzeugte die Hirten der Umgebung, nicht aber Remus, der über die noch kleine Stadtmauer auf dem Palatin sprang. Damit provozierte er seinen Bruder so stark, dass Romulus ihn erschlug. Wegen seiner zahlreichen Verdienste wurde Romulus nach seinem Tod trotz des Brudermordes als Quirinius unter die Götter aufgenommen.

Mit Romulus beginnt die römische Königsgeschichte, die mit den Untaten des siebten Königs, Tarquinius Superbus, endet. Nachdem er durch sein zuvor schon tyrannisches Verhalten die römischen Aristokraten gegen

Kolossalstatue des Mars Ultor von 3,60 m Höhe, 1. Jhdt. n. Chr.

sich aufgebracht hatte, vergewaltigte sein Sohn auch noch die Frau des Collatinus. Um wenigstens ihre Ehre zu retten, beging sie anschließend Selbstmord. Ihr Vater und ihr Mann waren von ihrer Unschuld vollkommen überzeugt. Die Präsentation der Leiche auf dem Forum löste einen Aufstand gegen den unpopulären Tarquinius aus. Brutus und Collatinus gründeten nach seiner Vertreibung die Republik. In der Darstellung des Livius richtete bereits Romulus mit dem Senat und der Volksversammlung die wichtigsten Institutionen des Staates ein. Unmittelbar mit der Entstehung der Republik sollen die Römer zwei Konsuln eingesetzt haben, die nur ein Jahr im Amt blieben – tatsächlich dauerte dieser Prozess fast 150 Jahre. Die ersten Jahrhunderte sind untrennbar mit der Konsolidierung von Roms Herrschaft in Latium und Kämpfen gegen die Etrusker und Samniten verbunden. Nach einer Lücke von zehn verlorenen Büchern stellt Livius ganz ausführlich den Zweiten Punischen Krieg (218–201 v. Chr.) dar, in dem Rom die Vorherrschaft über den westlichen Mittelmeerraum errang. Seine römische Geschichte ist bis zu Roms Sieg über die Makedonen 168 v. Chr. erhalten; damit haben die Römer die Nachfahren Alexanders des Großen unterworfen und die Nachfolge seines Weltreiches angetreten.

Livius' Darstellung des Untergangs der Republik durch die Herrschaft des Augustus 27 v. Chr. ist nicht überliefert. Mit Augustus beginnt die Kaiserzeit, die bis zum Untergang Roms 476 n. Chr. andauert.

Möglicherweise war Livius bereit, die Alleinherrschaft des Augustus zu akzeptieren, da es in der späten Republik (133–27 v. Chr.) immer wieder verheerende Bürgerkriege gegeben hatte, denen auch ein großer Teil der Führungsschicht zum Opfer gefallen war. Andererseits warnte Livius offensichtlich ganz klar seine Leser – und damit auch Augustus –, was geschehen konnte, wenn ein Herrscher die Senatoren von seiner Leistungsfähigkeit nicht überzeugte: So stellte er dar, dass Romulus vielleicht nicht bei einem Gewitter unter die Götter entrückt, sondern von den Senatoren ermordet worden sei.

Insofern war für ihn Geschichtsschreibung vor allem eine Möglichkeit, Vorbilder historischer Ereignisse zu sammeln:

»Gerade dies ist bei der Untersuchung von Ereignissen besonders heilsam und ertragreich: Dass du dir die Beweise eines jeden Vorbildes ansiehst, die auf einem strahlenden Denkmal aufgestellt sind; von dort sollst du für dich und für deinen Staat übernehmen, was du nachahmen sollst, von dort das, was du meiden sollst, weil es aufgrund seines Beginns und aufgrund seines Endes schändlich ist.« (Liv., praef. 10)

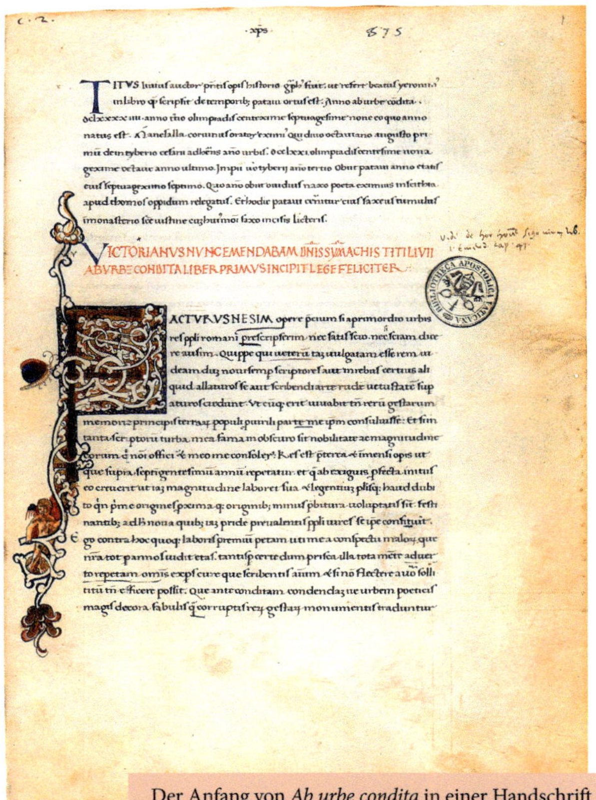

Der Anfang von *Ab urbe condita* in einer Handschrift
Rom, Biblioteca Apostolica Vaticana (15. Jh.)

13

Die Gründung Roms D S. 144

Der römische Geschichtsschreiber Livius berichtet auch über die in mythischer Vergangenheit liegende Gründung der Stadt Rom:

Haec[1] erat orīgō urbis Rōmae maximīque imperiī prīncipium secundum[2] deōrum opēs.

Vī compressa[3] Rhēa Silvia Vestālis[4] cum geminōs peperisset, – sīve ita putāns, sīve quia deus auctor culpae honestior erat – Mārtem patrem fīliōrum esse dīcit. Sed nec dī nec hominēs fīliōs ā crūdēlitāte rēgis[5] servant: Servum puerōs in fluentem Tiberis[6] aquam ex-pōnere iubet.

Fāma est, cum alveus[7] cōnstitisset locō siccō[8], lupam[9] sitientem ex montibus ad puerōs flentēs vēnisse eōsque aluisse. Ita puerōs invēnit pāstor[10] – Faustulum fuisse nōmen ferunt –, quī puerōs uxōrī dedit. *(Einige glauben, dass diese von den Hirten »lupa« genannt wurde, weil sie sich mit jedem eingelassen habe – daher der Ursprung der Sage.)*

Aliquandō, cum iam erant iuvenēs, Rōmulum et Remum cupiditās cēpit, ut in iīs locīs, ubī Faustulus eōs invēnerat, urbem conderent. Tum autem certāmen erat, quī[11] nōmen novae urbī daret, quī-que imperium tenēret.

Frātrēs augurium[12] exspectantēs vīdērunt voltūrēs[13]: Prīmus Remus videt sex[14], tum Rōmulus duplicem[14] numerum. In certāmine frātrum ex auguriō[12] imperium sibī poscentium Remus cecidit. Nōtior autem est fāma Remum novōs frātris mūrōs trāns-siluisse, ut eum interficeret.

Igitur nōmen urbis appellāmus ā frātre imperium sōlō tenente.

1 haec: dies
2 secundum: *hier:* nach; bis auf
3 vī compressa … peperisset: Nachdem die Vestalin Rhea Silvia nach einer Vergewaltigung Zwillinge zur Welt gebracht hatte
4 Vestālis: Vestalin *(Priesterin der Vesta; Vestalinnen müssen Jungfrau bleiben)*
5 rēgis: *der König fürchtete in den Kindern Konkurrenten um den Thron*
6 Tiberis, is *m.*: Tiber *(Fluss durch Rom)*
7 alveus, ī *m.*: Trog, hölzerne Wanne
8 siccus, a, um: trocken
9 lupa, ae *f.*: Wölfin
10 pāstor, pāstōris *m.*: Hirte
11 quī: wer
12 augurium, ī *n.*: göttliche Entscheidung durch den Vogelflug
13 voltur, volturis *m.*: Geier
14 sex/duplex: sechs/doppelt

1. **Informieren Sie sich über die Sage der Stadtgründung (vgl. S. 72 f.) und machen Sie Stichpunkte. Ordnen Sie diesen Ausdrücke aus dem Text zu.**
2. **Markieren Sie alle Partizipien, AcIs und Nebensatzeinleitungen. Gliedern Sie lange Sätze (z. B. mit der Einrückmethode).**
3. **Vergleichen Sie die Darstellung bei Livius mit Ihren Stichpunkten zur Sage (Aufg. 1). Erläutern Sie, mit welchen Mitteln Livius sich als objektiver und glaubwürdiger Geschichtsschreiber präsentiert.**

Rōmulus et Remus clāmant. Lupa[9] puerōs clāmantēs audit.
Lupa[9] puerōs audiēns ad eōs venit.

G S. 40/41

Bronzestatue der
Kapitolinischen Wölfin

Antike Geschichtsschreibung

Von heutigen Historikern erwartet man, dass sie unparteiisch und auf breiter Quellenbasis arbeiten. In der Antike war dies nur selten der Fall. Es fehlten den Schriftstellern oft zuverlässige Quellen, weil zuvor Ereignisse entweder nur mündlich überliefert worden waren oder Dokumente den häufigen Bränden zum Opfer fielen. Zudem waren die Aufzeichnungen häufig nicht objektiv und aus persönlichen Interessen geschönt. Dass oft Mythisches mit Historischem verknüpft wurde, störte die Leser kaum; göttliche Vorfahren adelten angesehene Familien.

Die Geschichtsschreibung zählte zu den bedeutendsten literarischen Gattungen, denn Historiker vermittelten ihre Inhalte spannend. Sie durften zwar Quellen wie Briefe und vor allem Reden erfinden, doch die Leser erwarteten, dass sie sich in die jeweils handelnden Persönlichkeiten einfühlten und Senatoren oder Feldherren so gut wie möglich imitierten. Damit dies glaubhaft blieb, mussten sich die Historiker möglichst um Objektivität bemühen und äußerten in diesem Rahmen durchaus auch Kritik an der römischen Herrschaft.

1 Sachfelder. Sortieren Sie und nennen Sie die Bedeutung.

flere – toga – imperium – timere – iubere – cupiditas – patria – honestus – culpa – imperare – amare – certamen – civis – tristitia – rex – urbs – lacrima – fatum

Imperium Romanum	Gefühle

2 Ein blutiger Beginn. Nennen Sie die Bedeutung der lateinischen Wörter.

Nachdem Romulus *fratrem interfecerat,* baute er an dem *loco* am Tiber die neue *urbem* auf. Doch die Bewohner *invenerunt* keine *uxores.* Eine *fama* besagt, dass sie deshalb eine große *numerum* von Frauen eines anderen *populi abstulerunt.* So begann die *imperium maximum* Roms mit einem weiteren *scelere.*

3 Komposita. Erschließen Sie die Bedeutung.

a) trans: transire, transducere, transferre, tradere (< transdare)
b) post: postponere, postferre
c) per: percurrere, perducere
d) inter: interponere, interfluere, intercurrere, intermiscere

4 Komposita mit *per* und *con*. Erschließen Sie die Bedeutung und unterscheiden Sie (Fall a oder b?):
a) Bedeutung wie die Präposition
b) reine Verstärkung der Bedeutung.

pervenire – perducere – peragere – perficere – perbrevis – perceler – permagnus
confluere – convenire – contrahere – conficere – continere – conspicere – conservare

5 Suchen Sie die Partizipien heraus, nennen Sie die Grundform und Bedeutung. Woran erkennen Sie die Partizipien?

flentes – fratribus – scelera – capientem – tenebant – putantis – solverem – numeris – luminibus – manentibus – amante – nocte – uxori – credens

6 Partizipien! Bestimmen Sie KNG und ordnen Sie das kongruente Substantiv zu.

servantem	fratrum
flens	deum
tenentium	puella
poscentibus	aquae
fluentis	iuvenibus

7 Sinnrichtungen. Formulieren Sie den Partizipausdruck als Nebensatz mit der passenden Sinnrichtung.

a) Die Herrschaft anstrebend, vertrieb Amulius seinen Bruder vom Thron.
b) Die Rache seiner Neffen fürchtend, gab Amulius den Befehl, die Kinder zu töten.
c) Den Befehl hörend, erschrak der Sklave.
d) Den Zorn des Königs fürchtend, tötete er die Kinder dennoch nicht, sondern setzte sie aus.

8 PC-Detektiv. Markieren Sie das PC mit einer Klammer und übersetzen Sie den Ausdruck. Geben Sie das PC mit einem Relativsatz wieder.

- opes deorum [caelum tenentium]
- nomen viri pueros servantis
- fratrem urbem condentem deridere[1]
- a fratre murum tran-siliente derideri[1]
- magna cum cura lupam[2] sitientem adire
- gaudere de fama originem Romae narrante

1 deridere: auslachen; **derideri**: ausgelacht werden – **2 lupa,** ae *f.*: Wölfin

9 Zeitverhältnis. Beachten Sie jeweils das Tempus im übergeordneten Satz und übersetzen Sie das PC entsprechend.

Faustulus … liberos servat/servavit.
- … ad Tiberim veniens …
- … pueros in litore aspiciens …
- … metum puerorum[1] sentiens …
- … filios dei non cognoscens …
- … se virum bonum putans[2] …

1 metus puerorum: Angst um die Jungen – **2 putare**: *hier:* halten für

Faustulus

10 Augustus und Livius. Markieren Sie das PC und übersetzen Sie.

a) Livius Augustum audiens de Romulo narrat.
b) Augustus fabulas[1] legens[2] gaudet.
c) Fama Livi Romulum laudantis magna est.
d) Livius homines fabulas[1] exspectantes delectat[3].
e) Sed Livius clamorem hominum se[4] laudantium non amat.
f) Saepe a civibus fabulas[1] legentibus[2] se recipit.

1 fabula, ae *f.*: Geschichte, Erzählung – **2 legere**: lesen – **3 delectare**: erfreuen – **4 se**: *hier:* ihn *(gemeint ist Livius)*

11 Augustus und Ovid. Markieren Sie das PC und übersetzen Sie.

a) Ovidius preces[1] Augusti audiens non gaudebat.
b) Imperium Augusti fabulas[2] petentis oderat.
c) Nam Ovidius de viris feminas amantibus narrare maluit[3].
d) Ita Ovidius Augustum eas fabulas[2] videntem non delectavit[4].
e) Nam fabulae[2] Augusto ad vitam honestam monenti nocebant[5].

1 preces: Bitten – **2 fabula**: Geschichte – **3 maluit**: er wollte lieber – **4 delectare**: erfreuen – **5 nocere** + *Dat.*: *jdm.* schaden

12 Der Raub der Sabinerinnen. Schlagen Sie unbekannte Wörter nach und übersetzen Sie.

Initio Romani mulieres non habebant. Romani mulieribus egentes consilium ceperunt: Sabinos[1] vicinos invitaverunt. Gaudium Sabinorum[1] ludos magnificos exspectantium magnum erat. Sed Romani insidias paraverunt et filias Sabinorum in domos suas ab-duxerunt. Paucis mensibus post omnes pacem fecerunt.

1 Sabini: die Sabiner *(Nachbarvolk der Römer)*

13 Grammatik nachschlagen. Informieren Sie sich in der Grammatik über die Partizipform und übersetzen Sie folgende Sätze. Achten Sie auf das Zeitverhältnis.

a) Livius ab Augusto rogatus fabulas[1] narravit.
b) Livius homines ad vitam honestam ducturus fabulas[1] narravit.

1 fabula, ae *f.*: Geschichte

Lucretia D S. 145

Collatinus hatte die Wette mit seinen Freunden gewonnen, wessen Ehefrau die beste sei – Lucretia hatten sie keusch Wolle spinnend angetroffen. Bei diesem Besuch hatte sich jedoch Tarquinius in sie verliebt und beschloss, sie ein zweites Mal zu besuchen:

Lucrētia hospitēs[1] bene recēpit servīs cēnam bonam praestantibus. Omnibus cēnantibus Tarquinius nēminem spectābat nisī Lucrētiam. Cuius fōrmā et virtūte incitantibus Tarquinius oculōs āvertere nōn potuit. Mox eum mala libīdō Lucrētiae per vim stuprandae[2] cēpit.

Post cēnam omnēs in cubicula[3] sē recēpērunt. Aliīs dormientibus Tarquinius autem amōre ārdēns ad Lucrētiam dormientem vēnit. Manū sinistrā[4] mulierem pressit et »Tacē, Lucrētia«, inquit, »Sextus Tarquinius sum; ferrum in manū est. Tē interficiam[5], sī nōn tacēs.«

Lucrētiā pavidā[6] ex somnō nūllam opem, sed mortem exspectante Tarquinius amōrem cōnfessus est[7], ōrābat, miscuit precibus minās[8]. Omnibus ratiōnibus animum vertere studēbat.

Eā nōn audiente neque mortem timente addidit aliās mināS[8]: Dīxit sē[9] eī, cum esset mortua, iugulātum[9] servum nūdum positūrum esse, ut omnēs crēderent Lucrētiam in adulteriō[10] mortuam esse. Quō terrōre Tarquinius cum vīcisset, abiit.

Lucrētia maesta tantō malō nūntium ad marītum mittit, ut cum amīcīs veniat. Uxōrem sedentem maestam in cubiculō[3] invēnit. Marītō interrogantī, quid accidisset, respondit: »Vestīgia virī aliēnī, Collātīne, in lectō[11] sunt tuō; cēterum corpus est tantum violātum[12], haud animus. Mors testis erit[13]. Ulcīsciminī[14]!«

Marītō stupente[15] sē ipsam cultrō[16], quem sub veste habēbat, interfēcit.

1 **hospes,** hospitis *m.*: Gast

2 **(libīdō) Lucrētiae stuprandae**: Lucretia zu schänden/vergewaltigen

3 **cubiculum,** ī *n.*: Schlafzimmer

4 **sinister,** tra, trum: links

5 **interficiam**: *Futur*

6 **pavidus,** a, um: ängstlich

7 **cōnfessus est**: er gestand

8 **mina,** ae *f.*: Drohung

9 **sē eī (...) iugulātum servum nūdum positūrum esse**: dass er einen erdrosselten Sklaven nackt neben sie legen werde

10 **adulterium,** ī *n.*: Ehebruch

11 **lectus,** ī *m.*: Bett

12 **violātus,** a, um: verletzt; vergewaltigt

13 **testis erit**: wird Zeuge sein

14 **Ulcīsciminī!**: Nehmt Rache!

15 **stupēre**: verblüfft dastehen

16 **culter,** trī *m.*: Messer

1. **Stellen Sie alle im Text vorkommenden Personen zusammen und ordnen Sie die Prädikate zu.**
2. **Markieren Sie die Partizipkonstruktionen.**
3. **Erstellen Sie ein Verlaufsschema zur Erzählung. Schreiben Sie Regieanweisungen für eine Szene und spielen Sie diese.**
4. **Charakterisieren Sie Lucretia und Tarquinius. Erläutern Sie, welche Eigenschaften sie zu positiven bzw. negativen Vorbildern machen.**
5. **Analysieren Sie, wie die stilistische Gestaltung Spannung erzeugt und zur Charakterisierung der Personen beiträgt.**

Tarquinius vīnō gaudet. Vīnō placente Tarquinius gaudet.
Omnibus cēnāntibus Tarquinius Lucrētiam spectat.

G S. 42/43 (9.4.1)

Die Vergewaltigung von Lucretia. Gemälde von Tizian, 1571

Geschichtsschreibung und Ethik

Für Livius war die Geschichtsschreibung eine Möglichkeit, Vorbilder für gutes oder schlechtes Handeln *(exempla)* darzustellen.

Ein Beispiel für besondere *virtus* ist Mucius Scaevola. Er soll während des Krieges gegen den Etruskerkönig Lars Porsenna unerkannt in dessen Lager eingedrungen sein, um ihn zu ermorden – versehentlich tötete er aber nur dessen Schreiber. Er wurde festgenommen und vor den König geführt. Als man ihm Folter androhte, um die Namen von Hintermännern zu erfahren, hielt er von sich aus seine rechte Hand in ein Kohlebecken. Fortan konnte Mucius nur noch seine linke Hand gebrauchen, weshalb man ihn ehrfurchtsvoll Scaevola (»Linkshänder«) nannte. Porsenna aber brach die Belagerung ab, nachdem Mucius ihn hatte wissen lassen, dass ihm weitere 300 Römer auflauerten und nur allzu bereitwillig wie er selber ihr Leben für den Staat aufopfern wollten.

Denn das Streben nach Ruhm *(gloria)* durch militärisches oder politisches Engagement gehörte zum Idealbild eines Römers der Oberschicht. Er konnte dadurch seine *virtus* unter Beweis stellen – primär bezeichnet der Begriff *vir-tus* alles, was einen idealen Mann ausmacht: Tapferkeit im Krieg, im zivilen Leben Tüchtigkeit, allgemein im Alltag eine moralische Haltung, »Tugend«. Die ideale Frau zeichnete sich durch *pudor* aus, also durch Keuschheit und Schamhaftigkeit.

Die Nachwirkung dieser frührömischen Vorbilder war so groß, dass sie in der künstlerischen Rezeption bis heute eine Rolle spielen.

14

1 Gegensätze. Nennen Sie die Bedeutung.

maritus – mulier
nemo – omnes – ceteri
venire – se recipere
alienus – notus
maestus esse – gaudere
interrogare – respondere

2 Übersetzen Sie die Wendungen.

se domum recipere
preces mulieris audire
formam sub veste celare[1]
homo ingenti virtute[2]
femina magnae formae[2]

1 celare: verbergen – **2** *Übersetzen Sie den Abl./Gen. mit* von

3 Ein Wort – viele Bedeutungen: virtus. Nennen Sie die passende Bedeutung.

mit … die Feinde besiegen
die … des Packesels
die … des Körpers und des Geistes
die … des Geschäftsmannes
der Händler hat keine …: Er betrügt.

4 Ein Wort – viele Bedeutungen: ratio Nennen Sie die passende Bedeutung.

die Götter haben den Menschen … gegeben
Was denkst du? Dies ist meine …
Warum hast du das gemacht? Was ist …?
der Krieg ist das letzte …
… und Praxis der Kriegsführung

5 Wiederholung Ablativformen. Ergänzen Sie.

Nom. Sg.	Abl. Sg.	Abl. Pl.
forma		
alienus		
homo		
vestis		
usus		

6 Ablativ oder nicht? Suchen Sie alle Formen heraus, die Ablativ sein können. Nennen Sie die Grundform und die Bedeutung.

cenantibus – maximam – fratrem – inveniente – numerorum – in locis – appellantium – solum – famis – amans – lumina – manenti – nocte – rediente – sceleris – sentientem – tanta

7 Partizip oder nicht? Suchen Sie die Partizipien heraus, nennen Sie die Bedeutung und bestimmen Sie KNG. Woran erkennen Sie das Partizip?

civibus – silentii – interroganti – pellerent – prementibus – lacrimam – irae – vertentia – terroris – rediens – audientium – imperium – ratione – appellavissemus

8 KNG-Kongruenz. Ordnen Sie Substantive und Partizipien einander zu.

cum servis	amore ardentis
maritum	mortem non timens
Tarquinii	cenam praestantibus
mulier	uxorem amantem
omnibus viris	nuntium audienti
amico	cenantibus

9 Sinnrichtungen. Finden Sie eine passende Übersetzung für den Abl. abs.

Marito ignorante besuchte Tarquinius Lucretia.
Libidine ardente ging er in ihr Schlafzimmer.
Tarquinio cogente leistete sie Widerstand.
Omnibus dormientibus geschah das Unglück.
Amicis auxilium promittentibus nahm Lucretia sich das Leben.
Lucretia se ipsam interficiente erhielten römische Frauen ein Vorbild.

10 Zeitverhältnisse. Wählen Sie im Abl. abs. das richtige Tempus, je nach Verb im Hauptsatz.

Tarquinius Lucretiam premit/pressit…
- marito absente[1]
- omnibus dormientibus
- libidine imperante
- virtutibus tacentibus
- vi feminam maxime terrente

1 absens: *Partizip der Gleichzeitigkeit von* abesse

Horatius Cocles hält so lange stand, bis die Brücke abgerissen ist. Farblitographie um 1900, Sammelbildchen.

11 Exemplum virtutis.
Schlagen Sie die unbekannten Wörter nach und übersetzen Sie.

Horatius Cocles erat homo magnae fortitudinis[1].
Cum Porsenna[2] magno exercitu Romam occuparet, Romani urbem praesidiis firmabant. Sed pons ripas Tiberis[3] fluvii iunxit. Eo ponte hostes paene flumen transissent[4]. Omnibus iam spem amittentibus Cocles solus pontem defendit. Tandem se in flumen ruit dis iuvantibus.

1 magnae fortitudinis: *Übersetzen Sie den Genitiv mit* von – **2 Porsenna**: *etruskischer König* – **3 Tiber**, is: der Tiber – **4 transissent**: hätten überquert

12 Grammatik nachschlagen.
Bestimmen Sie die unterstrichene Form und übersetzen Sie mithilfe der Grammatik.

a) Cena a servis paratur:
Das Essen ______ von den Sklaven ______.

b) Collatinus ab omnibus exspectabatur:
Collatinus ______ von allen ______.

13 Grammatik nachschlagen.
Überlegen Sie, welcher Konstruktion das Beispiel ähnelt, und übersetzen Sie mithilfe der Grammatik.

Tarquinio rege Collatinus contra Ardeam[1] pugnavit.

1 contra Ardeam: gegen Ardea *(Stadt in Latium, der Umgebung von Rom)*

Die res publica Romana – ein ideales Staatswesen!?

Nach seinem Konsulat fragte sich Cicero, wie die Macht in einem Staat verteilt werden sollte. Anders als der Grieche Platon orientierte er sich dabei nicht an einer philosophischen Konstruktion; für Cicero gab es das Ideal bereits: den römischen Staat:

»Ich nehme es nämlich so wahr, so empfinde ich, so bekräftige ich es, dass gar kein Staat entweder im Hinblick auf seine Beschaffenheit, Verfassung oder Ordnung mit demjenigen verglichen werden kann, den unsere Väter bereits von ihren Vorfahren erhalten und uns hinterlassen haben.« (Cic., rep. 1,70)

SPQR (senatus populusque Romanus) – typischer Gullydeckel in Rom

Das Lob auf die römische *res publica* gründet auf den Stolz, dass römische Aristokraten 509 v. Chr. Tarquinius Superbus vertrieben hatten. In einer Monarchie war der Staat eine *res privata* des Königs. *Publicus* bedeutet fortan, dass politische Prozesse vor den Augen des Volkes auf dem *forum* abliefen, Politiker aus dem Senat kamen, um den Bürgern in Volksreden zu erläutern, warum welche Maßnahme getroffen wurde, – und dass die Führungsschicht durch die Bürger jährlich neu gewählt wurde.

Römische Schriftsteller vermuteten, dass die politischen Institutionen nahezu direkt mit dem Beginn der Republik geschaffen worden waren; tatsächlich dauerte es fast 250 Jahre, bis es zwei Konsuln gab. Ämter wurden bei Bedarf ins Leben gerufen und die Zahl der Beamten erhöht; trotzdem reichten etwa 100 Beamte aus, um das gesamte Weltreich zu verwalten. Zudem waren die 300 Senatoren eine überschaubare Gruppe, die sich gegenseitig gut kontrollieren konnte.

Weil sich aber die Führungsschicht durch militärische Erfolge legitimierte, eroberten die Römer in nahezu ununterbrochenen Kriegen bis zum Ende des dritten Jahrhunderts erst Italien und Sizilien, besetzten anschließend die Küsten Südfrankreichs und Spaniens und schalteten bis zur Mitte des zweiten Jahrhunderts mit Karthago, Makedonien und Syrien alle konkurrierenden Mächte im gesamten Mittelmeer aus oder machten sie abhängig von sich.

Diese imponierende Ausweitung der römischen Herrschaft auf den gesamten Mittelmeerraum führte allerdings zu einer Vielzahl von Problemen, an denen letztendlich die Republik zugrunde ging: Weil sich ein Weltreich zunehmend schwieriger mit den Strukturen eines Stadtstaates verwalten ließ (jährlich wechselnde Ämter und Kommandos), wurden immer wieder besonders begabte Männer mit jahrelangen Sonderkommandos ausgestattet und erlangten so eine unvergleichliche Machtposition.

Und auch die wirtschaftlichen Strukturen änderten sich im 2. Jhdt. v. Chr.: Nach Rom gelangten gewaltige Mengen an Beute und Sklaven, die vor allem auf den Gütern von Großgrundbesitzern preisgünstiger produzierten als kleinbäuerliche Familienbetriebe. Deren Besitzer kämpften oft jahrelang auf entfernten Kriegsschauplätzen oder kehrten kriegsversehrt zurück, gaben den Hof auf und zogen nach Rom, wo es allerdings nicht genügend Beschäftigungsmöglichkeiten gab und sie auf kostenlose Getreideverteilungen angewiesen waren. Daher war die Hoffnung groß, dass durch eine Neuverteilung des Grundbesitzes verarmte Bauern einen neuen Hof bekommen könnten. Dem widersetzte sich der Senat aus zwei Gründen: Zum einen gab es nicht mehr genug Grund und Boden für so viele Verarmte, wenn man nicht gerade die vermögenden Mitglieder der Elite enteignen wollte. Zum anderen hätte derjenige, der das Land verteilte, große Dankbarkeit bei den Bürgern gewonnen, die ihn als treue Klientel bis in die höchsten Ämter gewählt hätten. Die Blockadehaltung des Senats verschärfte so die soziale Not und schürte Unruhen. Um die staatliche Ordnung wiederherzustellen, rief mehrfach der Senat den Notstand aus oder setzte Diktatoren wie Sulla und Caesar ein, die das Amt nicht wie vorgesehen sechs Monate, sondern jahrelang bekleideten. Schließlich ging die römische Republik in den Bürgerkriegen zwischen Caesar und Pompeius (49–46 v. Chr.), dann zwischen Octavian und Antonius (32–30 v. Chr.) unter.

In einem Brief an seinen Bruder Quintus (Cic. ad Quint., 1,2,15) fasste Cicero das Problem treffend zusammen: »Wir haben die *res publica* verloren!« Sie war wieder zu einer *res privata* geworden, diesmal zu der Zeit von Octavian, dem späteren Kaiser Augustus.

Mosaik eines großen Landgutes mit pflügendem Bauern und Jagdszenen

15

Welche Staatsform ist die beste? D S. 146

Cicero erzählt, wie sich ein Kreis illustrer Politiker um Scipio Africanus versammelt, um verschiedene staatstheoretische Themen zu diskutieren. Unter anderem beschäftigen sie sich mit den unterschiedlichen Regierungsformen.

Laelius: »Tē, Scīpiō, rogō, ut nōbīs explicēs, quem statum[1] cīvitātis optimum putēs. Nam aequum est dē rē pūblicā potissimum[2] prīncipem reī pūblicae dīcere – «

Philus »et« inquit »tū ūsū in rē pūblicā ā nūllō vinceris. Et ea rēs saepe ā tē cum Panaetiō[3] et Polybiō[3] disserēbātur.«

Scīpiō: »Cum rogor, quod genus reī pūblicae maximē probem, dīcō nostram rem pūblicam longē optimam esse.
Nam sunt tria genera reī pūblicae:
Cum summa rērum est apud ūnum, is ūnus rēx vocātur.
Cum autem ā paucīs ēlēctīs[4] regimur, tum iī optimātēs[5] dīcuntur.
Ea autem appellātur cīvitās populāris[6], in quā in populō sunt omnia.

Sed eōrum trium generum nūllum est *perfectum*. Nam facile in vitia convertuntur. Tālis est omnis rēs pūblica, quālis est nātūra et voluntās eius, quī eam regit: Cum rēx iniūstus esse coepit, perit id genus, et est tyrannus[7]. Praeclārum genus optimātium[5] convertitur in imperium factiōnis[8], nimia lībertās populī erit īnfīnīta licentia[9] sine ūllīs lēgibus.

Longē optimus autem est status[1] nostrae reī pūblicae, cum in eō inveniantur omnia, quae laudantur in tribus generibus.«

1 **status, ūs** *m.*: Zustand
2 **potissimum**: in erster Linie
3 **Panaetius, Polybius**: *griech. Philosophen*
4 **ēlēctus, ī** *m.*: Ausgewählter
5 **optimātēs**: »Optimaten«; die Besten
6 **populāris**: des Volkes, Volks-
7 **tyrannus, ī** *m.*: Tyrann; Gewaltherrscher
8 **factiō,** factiōnis *f.*: kleine Clique
9 **erit īnfīnīta licentia**: wird zu ungezügelter Freiheit

1. **Beschreiben Sie das »Setting« der Handlung und gliedern Sie den Text anhand der Sprecher und Konnektoren.**

2. **Stellen Sie die von Scipio genannten Staatsformen zusammen.**

3. **Beschreiben Sie die Atmosphäre des Gesprächs und wie die Gesprächsteilnehmer miteinander umgehen.**

4.1 **Stellen Sie Scipios Kernaussagen in einer Grafik dar.**

4.2 **Deuten Sie Scipios Schlussfolgerung, indem Sie diese auf Elemente der Verfassung der *res publica Romana* beziehen.**

4.3 **Vergleichen Sie mit der Verfassung der Bundesrepublik Deutschland.**

**Laelius Scīpiōnem rogat. Scīpiō ā Laeliō rogātur.
Itaque dē rē pūblicā dīcit: »Nostra rēs pūblica optima est.«**

G S. 35 (7.6.3 a) und S. 34
G S. 53 (10)

Mosaik aus Pompeji (1. Jhdt. v. Chr.) von einer philosophischen Unterhaltung im Garten

Verfassungen

Das antike Griechenland bestand aus einer Vielzahl von Poleis (= Stadtstaaten) mit unterschiedlichen Verfassungen. Griechische Philosophen versuchten, Ordnung in die Verfassungstypen zu bringen, und sortierten sie nach der Anzahl der Herrscher: Monarchie, wenn einer allein alle Gewalt in seinen Händen hielt, Aristokratie, wenn die Besten herrschten, und Demokratie, wenn das Volk herrschte. Allerdings galten diese Bezeichnungen nur für die »guten« Verfassungen. Manchmal kam es zu Umstürzen zu den »schlechten« Verfassungen: Wenn der Alleinherrscher gewalttätig wurde, bezeichnete man ihn als Tyrann, wenn eine Partei oder eine Clique herrschte, jedenfalls nur wenige, hieß die Herrschaft Oligarchie, und wenn der Pöbel regierte, bezeichnete man den Staat als Ochlokratie.

Polybios hat hieraus einen Verfassungkreislauf von der Herrschaft eines einzelnen über mehrere zur Allgemeinheit erstellt, der seinen Erfahrungen entsprach. An Rom lobte er die Mischverfassung, denn sie sicherte Stabilität.

Allerdings haben die Römer ihre Verfassung niemals aufgeschrieben; alles folgte der Tradition *(mos maiorum)*, und man war sehr skeptisch gegenüber Neuerungen. Das von den Vorfahren in der Vergangenheit Geschaffene war stets Vorbild für die Zukunft.

1 **»Odd man out«. Geben Sie die Bedeutung an und nennen Sie den »Störenfried«, der nicht zum vorherrschenden Sachfeld passt.**

a) civitas – frater – lex – princeps
b) clarus – fama – memoria – nemo
c) explicare – perire – disserere
d) virtus – vitium – iustus – imperium

2 **Politiker und Philosophen. Stellen Sie aus dem Lektionstext alle Begriffe zu folgenden Themen in einer Mindmap zusammen.**

a) Staat und Politik
b) ein philosophisches Gespräch
c) wertende Begriffe

3 **Fremdwörter.**
Nennen Sie das lateinische Ursprungswort und seine Bedeutung. Erklären Sie die Fremdwörter.

Justiz – Legislative – zivil – explizit – Dissertation – Publikum

4 **Latein und Englisch.**
Nennen Sie das lateinische Ausgangswort und ermitteln Sie die Bedeutung der Wörter.

public – equal – just – summit – vice – civic – to explain – converse – probe

5 **Deklinieren. Bestimmen Sie die Form von *res* und ergänzen Sie die passende Form von *publica*.**

re	Abl. Sg.	publica
rem		
res		
rei		

6 **Verschiedene Deklinationen – KNG.**
Bestimmen Sie das Substantiv und wählen Sie aus, welche Adjektive passen.

a) rebus (bonis – iusti – clarae – brevis)
b) rationem (maximae – humanam – sola)
c) genus (novus – novum – nova)
d) res (suas – iusti – clarae – faciles)
e) vitium (grave – fortium – ullo)
f) leges (iniusti – iniustae – fortis)
g) usus (breves – certas – iustos)

7 **Das Ende ist der Anfang.**
Ergänzen Sie das Personalpronomen und die richtige Form von »werden«.

a) vincor ich werde besiegt
b) vincebatur ______ ______ besiegt
c) rogabar ______ ______ gefragt
d) laudamini ______ ______ gelobt
e) rogaris ______ ______ gefragt
f) regebamur ______ ______ regiert

8 **Tempora erkennen.**
Sortieren Sie die Formen in die Tabelle ein und übersetzen Sie (alle im Indikativ).

probatur – regerentur – inveniebaris – premor – appellemini – ameris – ducantur

	Indikativ	Konjunktiv
Präsens		
Imperfekt		

9 **Verben mit System I. Bestimmen Sie die Formen und beschreiben Sie die Bildung.**

regunt – reguntur	regant – regantur
regebant – regebantur	regerent – regerentur

10 **Verben mit System II.**
Bilden Sie nach dem Beispiel in Übung 9 alle Formen. Übersetzen Sie die Indikative.

ducit – premimus – invenitis – laudas – moveo – probo – pellunt – ponit – spectas

11 Und im Deutschen?
Schreiben Sie den Text im Passiv.

Cicero erläutert die ideale Staatsform:
- Der Konsul schützt die *res publica.*
- Die Senatoren vertrauen ihm.
- Sie erlassen kluge Gesetze.
- Die Bürger befolgen die Gesetze.
- Dann legen die Stände ihren Streit bei.
- So erreichen wir die Einheit des Staates.

12 Passiv bilden.
Formen Sie die Sätze ins Passiv um und übersetzen Sie.

Cicero de re publica narrabat:
»Consul consilia capit.
Senatores consulem audiunt.
Leges bonas scribunt[1].
Ita ordines concordiam[2] omnium parabant.«

1 scribere: schreiben – **2 concordia**: Eintracht

13 Partizipialkonstruktionen I. Übersetzen Sie und wählen Sie die beste Sinnrichtung.

Die Anfänge der Republik waren schwierig …
- multis hominibus tyrannos[1] timentibus.
- civibus libertatem iam conspicientibus.
- senatoribus leges optimas disserentibus.
- multis periculis imminentibus[2].

1 tyrannus: Gewaltherrscher – **2 imminere**: drohen

14 Partizipialkonstruktionen II. Markieren Sie die Konstruktion mit einer Klammer und übersetzen Sie.

Cives rem publicam condentes multa disserebant. Populus a principibus rem publicam regentibus leges bonas poposcit.
Qui vota populi reges timentis non audiebant.

15 Cicero und Catilina. Schlagen Sie unbekannte Wörter nach und übersetzen Sie.

Cum Cicero consul esset, rei publicae calamitas magna imminebat. Catilina[1] senator enim multis cum comitibus coniurationem fecit. Sed a Cicerone officia consulis bene servabantur, negotia optime curabantur. Cicero tam vehementer causam egit, ut Catilina fugeret.

1 Catilina: *röm. Senator, s. Namensregister*

Cicero hält eine Rede gegen Catilina.
Fresko von Cesare Maccari, 1889.

16 Grammatik nachschlagen. Bestimmen Sie die Formen mithilfe der Grammatik und übersetzen Sie.

Leges bonae
- laudatae sunt.
- iam semper laudatae erant.

17 Grammatik nachschlagen. Bestimmen Sie die Formen mithilfe der Grammatik und übersetzen Sie.

Cives omnibus temporibus leges bonas
- cupient.
- servabunt.

16

Agrarreform und Bürgerkrieg D S. 147

Nach der Annexion der spanischen Provinzen kam es immer wieder zu Aufständen – vor Numantia musste Rom kapitulieren. Der ausgehandelte Vertrag wurde jedoch vom Senat nicht ratifiziert.

Tiberius Gracchus, quō auctōre[1] id foedus āctum erat, poenam metuēns tribūnus plēbis[2] factus est. Cum esset vir maximō ingeniō[3] multīsque virtūtibus, optimātēs[4] dēseruit: Lēgem agrāriam[5], quae senātuī nōn placuerat, rogāvit[6] omnibus statim cupientibus et ōrātiōne ācrī effēcit, ut Octāviō collēgae[7] prō bonō reī pūblicae stantī imperium abrogārētur[7]. Sīc lēx accepta, sed rēs pūblica in perīculum ad-ducta est.

Annō post Tiberius alterum tribūnātum[1] petīvit.
Tum P. Scīpiō Nāsīca,
cum esset necessārius Ti. Gracchī,
patriam cognātiōnī[8] praeferēns
optimātēs[4] atque partem equestris ōrdinis[9]
et intāctam[10] perniciōsīs[11] cōnsiliīs plēbem ad-monuit,
ut rem pūblicam servārent.
Gracchus in Capitōliō stāns cum catervīs[12] suīs ab iīs petītus est
et fugiēns dē-currēns-que ā Capitōliō frāgmine subselliī[13] occīsus est.
Corpus eius ingentī crūdēlitāte victōrum in Tiberim dēiectum est.

Id initium in urbe Rōmā cīvīlis sanguinis fuit, inde iūs vī obrutum[14] est et bella nōn causīs inita sunt, sed prout[15] eōrum mercēs fuit. Quod haud mīrum est: Nōn enim ibī cōnsistunt exempla, unde coepērunt.

1 quō auctōre: auf dessen Betreiben hin

2 tribūnus plēbis/tribūnātus: Volkstribun/Tribunat

3 maximō ingeniō multīsque virtūtibus: *Übersetzen Sie den Ablativ mit* von …

4 optimātēs: »Optimaten«

5 agrārius, a, um: Acker-

6 rogāre: *hier:* in der Volksversammlung zur Abstimmung einbringen

7 Octāviō collēgae imperium abrogāre: dem Kollegen Octavius das Amt entziehen *(der Volkstribun Octavius hatte mit seinem Veto das Gesetz verhindern wollen)*

8 cognātiō: Verwandtschaft

9 ōrdō equestris: Ritterstand

10 intāctus, a, um: unberührt

11 perniciōsus, a, um: verdorben

12 caterva, ae *f.*: Haufen

13 frāgmen subselliī: Trümmerteil eines Senatssitzes

14 obruere, -ruī, -rutum: auslöschen

15 prout eōrum mercēs fuit: je nachdem, welchen Gewinn man sich davon versprach

1. **Informieren Sie sich über die Hintergründe der Agrarreform (S. 83) und die verfassungsrechtlichen Beschränkungen der Amtsgewalt (S. 89).**
2. **Stellen Sie die Subjekte bzw. handelnden Personen und die dazugehörigen Prädikate zusammen.**
3. **Arbeiten Sie das Sachfeld zu *res publica* aus diesem Text heraus.**
4. **Zeigen Sie in einem Flussdiagramm den Verlauf von Gracchus' Karriere.**
5. **Stellen Sie die Vergehen zusammen, die Ti. Gracchus zur Last gelegt werden.**
6. **Deuten Sie den letzten Abschnitt des Textes:**

6.1 Begründen Sie, ob der Autor mit *id initium* (Z. 17) die Maßnahmen des Gracchus oder des Senats meint.

6.2 Inwiefern trifft die Aussage *haud mirum est* (Z. 18 f.) zu?

Tiberius Gracchus lēgem agrāriam[5] fēcit.
Lēx agrāria[5] ā Tiberiō facta est.

G S. 35 (7.6.3 b)

Das Brüderpaar Tiberius und Gaius Gracchus.
Jean-Baptiste Guillaume

Konsuln, Volkstribunen und *libertas*

Nachdem die Könige vertrieben worden waren, haben die Römer mehrere Maßnahmen ergriffen, um ihre *libertas* zu schützen: Freiheit von einem Gewaltherrscher sollte es fortan dadurch geben, dass jedes Amt nur noch für ein Jahr vergeben wurde (Annuität), ferner übten immer mehrere Männer ein Amt aus (Kollegialität), um sich gegenseitig zu kontrollieren und notfalls auszubremsen. Nach dem Amtsjahr durfte man die Magistratur nicht unmittelbar wiederholen (Iterationsverbot), sondern musste eine Amtspause einlegen (vgl. S. 43). So wurde sichergestellt, dass Machtstrukturen sich nicht dauerhaft etablieren konnten und man den vormaligen Beamten wegen möglichen Machtmissbrauchs anklagen konnte.

Die andere Seite der *libertas* war das Recht der Bürger, durch Wahlen die eigene Führungsschicht zusammenzusetzen. Auch die Gesetzgebung war Sache des Volkes; allerdings lag das Recht, ein Gesetz zur Abstimmung vorzulegen, bei den Beamten (Initiative). Damit es nicht zu unliebsamen Machtkämpfen kam und die *senatus auctoritas* nach außen hin gewahrt wurde, einigten sich die Senatoren vor der Abstimmung intern, welcher Gesetzesantrag vorgelegt werden sollte. Bis zum Tribunat der Gracchen hielten sich die römischen Politiker an dieses ungeschriebene Gesetz.

Vor der Willkür seiner Beamten wurde das Volk besonders durch Volkstribunen bewahrt, die durch ihr Veto Amtshandlungen aller anderen Beamten blockieren konnten und selber unangreifbar waren (Immunität).

16

1 Übersetzen Sie die Wendungen.

de monte deicere – causa belli – altera exempla cupere – ius civile – oratione res miras efficere – pars anni

2 Wörter auf -us. Nennen Sie den Genitiv, die Deklination und die Bedeutung.

annus	ius	senatus
genus	virtus	alienus

3 Ein Wort – viele Bedeutungen: causa Nennen Sie die passende Bedeutung.

causa belli – die ______ für den Krieg
ea de causa – ______
pluribus de causis – aus mehreren ______
causam agere – einen ______ verhandeln
causam perdere – ______ verlieren
causa disserendi – ______ der Erörterung

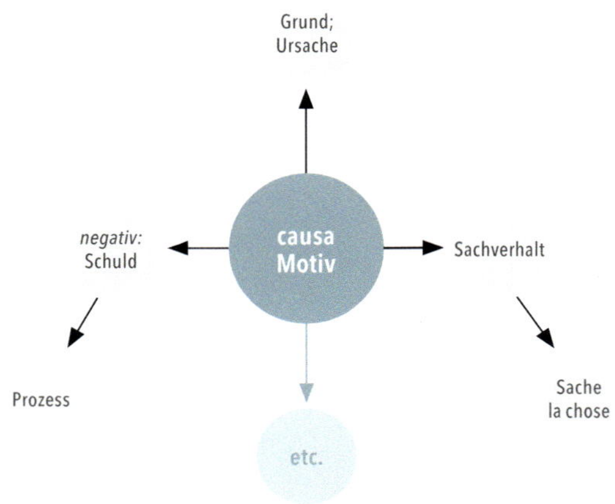

4 Stammformen. Nennen Sie die Grundform und Bedeutung.

actum erat – placuit – cupivisse – amatae sunt – praelati – inceptum est – effecerunt – deiecerant – perierant – additum sit – pressa

5 Passiv übersetzen. Ergänzen Sie das Personalpronomen und die richtige Form von *werden*.

amata sum: <u>ich</u> <u>bin</u> geliebt <u>worden</u>
acceptus est: ___ ___ angenommen ___
servata sum: ___ ___ gerettet ___
petiti erant: ___ ___ angegriffen ___
ad-ductus es: ___ ___ herbeigeführt ___
praelatum erat: ___ ___ vorangetragen ___
desertae estis: ___ ___ verlassen ___

6 Tempora erkennen. Sortieren Sie die Formen in die Tabelle ein und übersetzen Sie (alle im Indikativ).

aedificabatur – auditi estis – completi essent – ductae simus – invitor – mittereris – laudata eras – moneamini – tangerentur – victi sunt

	Präs.	Imperf.	Perf.	Plqupf.
Ind.				
Konj.				

7 Perfekt – Plusquamperfekt.
a) Bilden Sie jeweils die andere Form und übersetzen Sie beide Formen.
b) Bilden Sie jeweils den Konjunktiv.

Perfekt	Plusquamperfekt
amatus est	
	coacti erant
acceptae sunt	
	deserta eram

8 AcI im Passiv. Übersetzen Sie die Sätze. Achten Sie darauf, ob der Infinitiv Passiv im Präsens oder Perfekt steht.

Omnes putant
a) leges bonas a populo ferri.
b) rem publicam legibus bonis servari.
c) rem publicam a viris bonis conditam esse.
d) cives legibus a malis prohiberi.
e) leges rei publicae optime constitutas esse.

9 Wiederholung PC und Abl. abs. Übersetzen Sie.

Gracchus occisus est
- leges contra[1] senatum agens.
- tribunatum[2] alterum petens.
- senatoribus morem maiorum[3] servantibus.
- senatoribus res novas[4] timentibus.

1 contra: gegen – **2 tribunatus**: Tribunat – **3 mos maiorum**: die Bräuche der Vorfahren – **4 res novae**: Umsturz, Revolution

10 Sinnrichtungen. Finden Sie eine passende Übersetzung für das PC.

Lex *a Graccho tribunatum*[1] *petente* rogabatur[2].
Lex *senatui Gracchum timenti* non placuit.
Senatores legem timentes Gracchum occiderunt.
Populus *Gracchum fugientem* tegebat.
Corpus *Gracchi nil mali*[3] *cupientis* deicitur.

1 tribunatus: Tribunat – **2 rogare**: ein Gesetz einbringen – **3 nil mali**: nichts Böses

11 Muttersorgen: Cornelia schreibt ihrem jüngeren Sohn Gaius Gracchus, der sich ebenfalls um das Volkstribunat bewirbt. Schlagen Sie unbekannte Wörter nach und übersetzen Sie.

Quando desinet[1] familia nostra furere?
Quando ea res modum habere potest?
Quando desistimus molestias habere?
Quando nos pudet rei publicae?
Ubi ego mortua sum, officium appetere potes.
Fac, quod libet, cum ego non sentiam.

1 desinet: *Futur; übersetzen Sie im Präsens*

Cornelia, die Mutter der Gracchen, weist auf ihre Kinder und sagt: Diese sind mein Schmuck!
Gemälde von Philipp Friedrich Hetsch, 18. Jhdt.

12 Schwer zu finden! Manche Wörter haben Formen, die schlecht im Wörterbuch zu finden sind (z. B. *rebus, se*). Stellen Sie eine Übersicht solcher Wörter und ihrer Bedeutungen zusammen.

13 Grammatik nachschlagen. Bestimmen Sie die unterstrichene Konstruktion und übersetzen Sie mithilfe der Grammatik.

Graccho occiso bella in urbe Roma coeperunt.

14 Grammatik nachschlagen. Bestimmen Sie die Formen – ggf. mithilfe der Deklinationstabellen. Nennen Sie alle Möglichkeiten.

a) collegae b) res
c) impetus d) civilis

Der Prinzipat des Augustus

»In meinem sechsten und siebten Konsulat habe ich, nachdem ich die Bürgerkriege ausgelöscht hatte und mich durch die Übereinstimmung aller der obersten Staatsleitung bemächtigt hatte, den Staat aus meiner Amtsgewalt der Verfügung durch den Senat und das römische Volk übertragen … Nach diesem Zeitpunkt habe ich alle durch mein Ansehen übertroffen, hatte aber keine größere Amtsgewalt als die übrigen, die jeweils meine Amtsgenossen gewesen sind.« (Aug., res gest. 34)

So nüchtern stellt Augustus den Übergang von der Republik zur Monarchie dar. Er hatte aus dem Negativbeispiel seines Adoptivvaters Caesar gelernt, der 44 v. Chr. von den Senatoren ermordet worden war, weil sie glaubten, er strebe die Alleinherrschaft bzw. Königswürde an. Nachdem Augustus aus dem Bürgerkrieg nach Caesars Tod als Sieger hervorgegangen war, vermied er bewusst jeden Anklang an das Königtum und ließ die Republik in ihrer äußeren Form weiterbestehen: Er trat von allen Ämtern zurück, sodass er formal ein Privatmann war; jedoch ließ er sich vom dankbaren Senat die Amtsgewalten eines Konsuls, Prokonsuls und Volkstribunen übertragen. Und damit kommandierte er die Legionen, konnte die Volksversammlung einberufen, um Gesetze beschließen zu lassen, oder sein Veto einlegen – und war dadurch mächtiger als die regulären Beamten.

So konnte sich Augustus als führender Mann des Staates darstellen, als *princeps,* ohne sich König zu nennen. Ehrgeizige Aristokraten konnten nach wie vor die Ämterlaufbahn durchlaufen, reichten jedoch nicht an seine *auctoritas* heran. Auch Wahlen gab es nach wie vor; doch die Wähler orientierten sich an der Empfehlung des Augustus.

Inschrift auf dem Markttor von Ephesos mit der offiziellen Titulatur des Augustus.

Innenpolitisch propagierte Augustus die Wiederherstellung der Republik und ihrer alten Ideale: Alte Tempel wurden wiederhergestellt, längst vergessene religiöse Riten wieder begangen und frühere Moralvorstellungen aufgefrischt. Auf das Forum gingen die Männer jetzt nur noch in der würdevollen Toga; viele Bauwerke wurden mit Marmor verkleidet, Straßen gepflastert. Auch im Bereich der Moral wollte Augustus vermeintlich alte Bräuche wiederherstellen: Alle erwachsenen Männer sollten heiraten und Kinder für den Staat zeugen, Frauen nur einen Mann haben. Wer diese Vorstellung nicht teilte, musste mit Verbannung rechnen. Ein solches Schicksal ereilte auch Ovid und sogar Augustus' eigene Tochter Julia.

Andere Autoren wie Livius arrangierten sich mit der neuen Staatsform und sahen in der Begründung des Prinzipats unter Augustus eine Parallele zur Gründung des Staates unter Romulus. Die Erfahrungen von 100 Jahren Bürgerkrieg schienen die Schutzherrschaft des *princeps* zu rechtfertigen, solange er zumindest der Form halber die republikanischen Einrichtungen bestehen ließ. Immerhin ließ sich Augustus seine Amtsgewalt von Senat und Volk immer wieder neu bestätigen; sein Nachfolger Tiberius erhielt sie direkt auf Lebenszeit, führte aber die Tradition fort, seine Herrschaftszeit nach den verliehenen Amtsgewalten zu zählen.

Der Nachwelt blieb Augustus vor allem dadurch in Erinnerung, dass mit der *pax Augusta* eine lange Friedenszeit mit wirtschaftlicher Blüte begann.

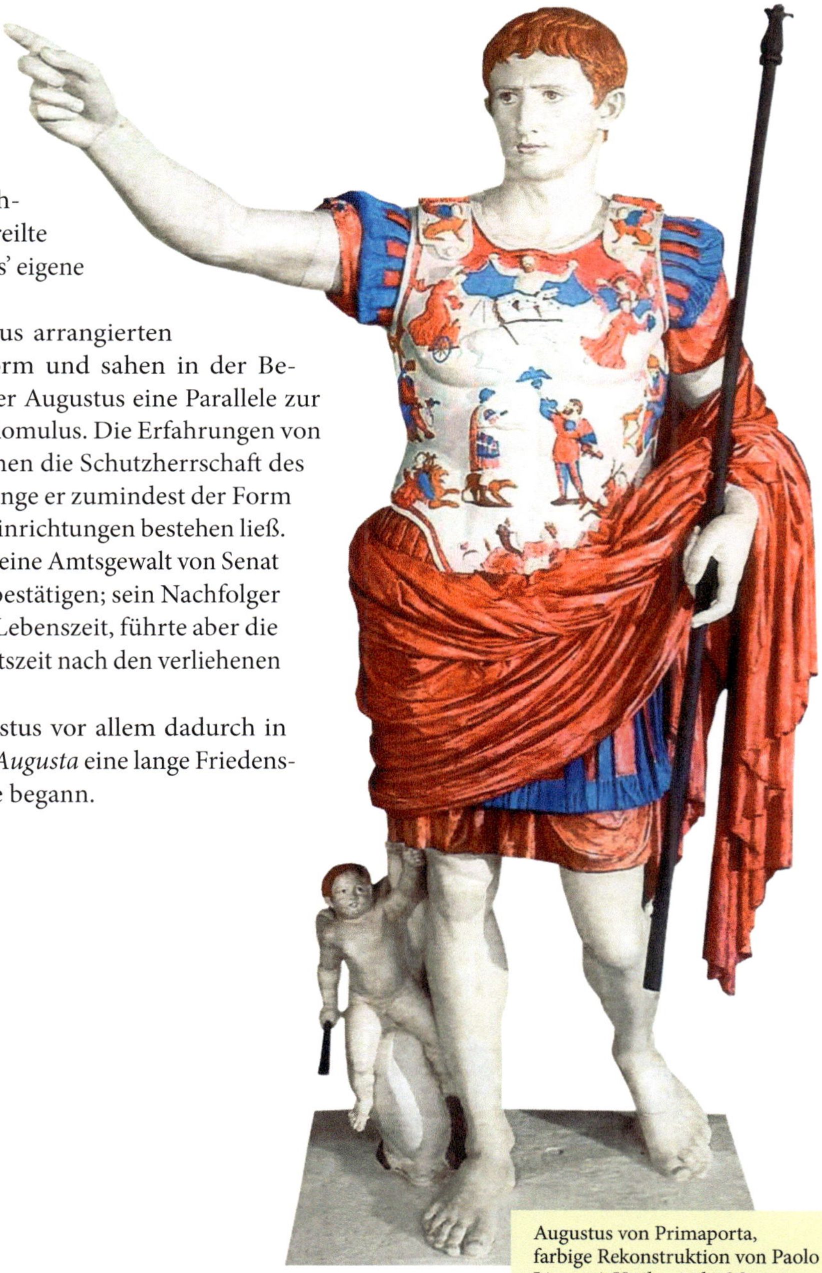

Augustus von Primaporta, farbige Rekonstruktion von Paolo Liverani, Vatikanische Museen

Ein Götterstreit mit Folgen D S. 148

In den Metamorphosen erzählt Ovid die Geschichte von Apoll, der sich unsterblich in die Nymphe Daphne verliebt. Auslöser des Ganzen ist ein Streit zwischen Phoebus Apoll und dem Liebesgott Cupido:

Prīmus amor Phoebī Apollinis erat Daphnē – nōn sorte, sed īrā Cupīdinis datus.

Apollō superbus serpente[1] victā Cupīdinem arcum[2] trahentem vīderat et »quid[3]« inquit, »tibī vīs, puer, cum fortibus armīs? Mē decent tālia. Tibī satis est face[4] tuā amōrēs vel movēre vel pellere!«

Fīlius Veneris tālibus verbīs ācribus incitātus deō respondit: »Omnibus *mōnstrīs* arcū[2] tuō victīs nēmō mē superāre potest: Quantō[5] cūncta animālia deō cēdunt, tantō[5] minor est tua glōria quam mea!«

Dīxit, abiit, duo tēla prōmpsit[6] ē pharetrā[7]: Aureum, quod facit amōrem, plumbeum[8], quod pellit. Hoc[9] deus in nymphā fīxit, at illō[9] laesit Apollinem. Statim alter amat, fugit altera nōmen amōris.

Igitur nympha vōtum[10] in animō clausum patrī aperuit; manibus collum circumdatīs »da mihī« ait »perpetua esse virgō. Quod dedit ante iam pater Diānae.« Quibus verbīs audītīs permittit fīliae, ut sōla in silvīs vīvat.

Sed fōrma vōtō Daphnēs[11] obstat. Phoebus enim amat et cupit cōnūbium[12] vīsae Daphnēs[11]. Tōtō pectore amōre captus Daphnem spectat. Videt oculōs sīderibus similēs micantēs[13], videt ōscula[14], quae vīdisse[15] nōn satis est. Laudat digitōs manūsque bracchiaque et nūdōs lacertōs[16]. Ea, quae latent, meliōra esse putat.

1 **serpēns,** serpentis *f.*: Schlange
2 **arcus,** ūs *m.*: Bogen
3 **quid tibī vīs**: was willst du
4 **fax,** facis *f.*: Fackel
5 **quantō … tantō**: um wie viel … um so viel
6 **prōmere,** prōmpsī, prōmptum: nehmen
7 **pharetra,** ae *f.*: Köcher
8 **plumbeum**: einen Pfeil aus Blei
9 **hoc/illō**: diesen/mit jenem
10 **vōtum**: *Die Nymphe Daphne hat sich vorgenommen, keusch wie ihr Vorbild, die Jagdgöttin Diana, zu leben.*
11 **Daphnēs**: *Genitiv zu* Daphne
12 **cōnūbium,** ī *n.*: Vermählung; Beischlaf
13 **micāre**: strahlen
14 **ōsculum,** ī *n.*: Lippe
15 **quae vīdisse**: die gesehen zu haben
16 **lacertus,** ī *m.*: Oberarm

1. **Gliedern Sie den Text anhand der handelnden Personen (Subjekte) und zentraler Verben. Geben Sie den Abschnitten Überschriften.**
2. **Vergleichen Sie – ausgehend von Z. 10/11 – die Wirkung der Pfeile Cupidos und belegen Sie Ihre Aussagen am Text.**
3. **Analysieren Sie, wie die stilistische Gestaltung die Wirkung der Pfeile unterstreicht.**
4. **Charakterisieren Sie Apoll. Stellen Sie einen Bezug her zwischen Ovids Darstellung des Gottes und Augustus' Moralvorstellungen.**
5. **Entwerfen Sie Szenarien für das Ende der Geschichte. Versetzen Sie sich besonders in die Lage Daphnes.**

Daphnē ab Apolline vīsa est. Daphnē vīsā magna libīdō Apollinem capit.
Apollō Daphnem vīsam amat.

G S. 42/43 (Kasten b) vorzeitig)
G S. 40/41 (Kasten b) vorzeitig)

Marc Camelbeke, Eros, 2010

Männer und Frauen

In der römischen Gesellschaft gaben Männer den Ton an. Den höchsten Rang bekleidete der *pater familias;* solange er lebte, bestimmte er auch über die Auswahl von Ehepartnern seiner Kinder. Seine Söhne wurden erst unabhängig von ihm, wenn er starb oder sie rituell verkaufte. Es gab keine Altersgrenze für Volljährigkeit; wenn der Vater einen Sohn für erwachsen hielt, legte er ihm die *toga virilis* an, selbst wenn er erst 14 Jahre alt war. Zudem wurde er üblicherweise mit einem noch jüngeren Mädchen verheiratet. Ob sich die Kinder liebten oder nicht, war nicht entscheidend; wichtiger war eine »standesgemäße Partie«, die unter den Vätern ausgehandelt wurde. Nicht verheiratet wurden die Mädchen, die als Priesterin der Vesta 30 Jahre lang jungfräulich dienten.

Reichere Römer bemühten sich um eine gute Ausbildung ihrer Söhne, damit sie Senatoren, Redner oder Juristen werden konnten. Manchmal ließen sie an der Bildung auch ihre Töchter teilhaben. Üblicherweise kümmerten sich die Mütter um ihre Töchter und brachten ihnen das bei, was sie als künftige Ehefrau und Mutter wissen mussten. Eine politische Tätigkeit für eine Frau war zwar völlig undenkbar, wirtschaftliche Tätigkeiten hingegen durchaus möglich. Die ideale Frau gehorchte ihrem Mann, war sparsam, brachte Söhne zur Welt, hielt sich im Haus auf und spann Wolle.

Wenn eine Ehe scheiterte, konnten sich die Eheleute scheiden lassen und die Frau bekam ihre Mitgift zurück.

1 Gegensätze. Geben Sie die Bedeutung an und nennen Sie das lateinische Gegenteil.

homo – _ _ _ _ _ _
venire – _ _ _ _ _ _
pudor – _ _ _ _ _ _
varius – _ _ _ _ _ _ _
pauci – _ _ _ _ _

2 Eine geheimnisvolle Welt. Nennen Sie die Bedeutung der lateinischen Wörter.

Im *silva* der antiken Sagen befinden sich viele *animalia.* Glaubt man Ovid, ist er voll von *dei* und *deae,* die nicht immer *meliores* sind als die Menschen. Aber selbst für die *superbis decet,* dem *sorti cedere. Perpetuo* werden sie *sub sidera latere* und den Menschen *similes* sein.

3 Fremdwörter.
a) Nennen Sie das lateinische Ursprungswort und seine Bedeutung.
b) Erklären Sie die Fremdwörter.

a) digital b) Minorität
c) Läsion d) dezent
e) animalisch f) Perpetuum mobile

4 Wortfamilien. Leiten Sie die Bedeutung ab.

longitudo → (longus → lang) → Länge

a) aurum b) similitudo
c) superbia d) laesio
e) perpetuitas f) (se)cessio
g) gloriosus, a, um

5 *tantus - quantus*
Erschließen Sie die Bedeutung:

a) tam … quam b) talis … qualis

6 Suchen Sie die Partizipien heraus, nennen Sie Grundform und Bedeutung. Woran erkennt man die Partizipien?

viventes – moverunt – vivent – pulsus – opprimentem – accipiuntur – verterent – motos – dantibus – virtute – facta

7 KNG-Kongruenz. Wählen Sie die passende Form des Partizips und übersetzen Sie (im Nominativ).

equus incitatus – ein angetriebenes Pferd

deus	capti/capto/captus
oculos	videntibus/videntes/videntis
hostem	victum/victorum/victos
clamoribus	auditas/audita/auditis
pectore	laesos/laeso/laesum
puellae	latentis/latenti/latentes

8 Wiederholung Abl. abs.
Übersetzen Sie. Achten Sie dabei auf die Wahl einer passenden Sinnrichtung. Was ändert sich, wenn das übergeordnete Verb in der Vergangenheit steht?

a) *Apolline omnem gloriam petente* ärgert/ärgerte sich Cupido.
b) *Amore deum iam vexante*[1] ahnt/ahnte Daphne noch nichts von ihrem Schicksal.
c) *Multis viris formam laudantibus* will/wollte Daphne dennoch lieber Jungfrau bleiben.

1 vexare: quälen

9 Wiederholung PC
Ermitteln Sie das Bezugswort des PCs und übersetzen Sie. Achten Sie dabei auf die Wahl einer passenden Sinnrichtung und das Tempus.

Cupido Apollinem vincit/vicit
… arcum[1] trahens.
… telum mittens.
… se superbum praebentem[2].
… omnem gloriam sibi petentem.

1 arcus, us *m.*: der Bogen – **2 se praebere**: sich zeigen

**10 Abl. abs. – und nun vorzeitig.
Übersetzen Sie. Achten Sie dabei auf die Wahl einer passenden Sinnrichtung und das Tempus.**

a) *Serpente*[1] *victa* ist Apollo sehr überheblich.
Serpente victa war Apollo sehr überheblich.
b) *Arcu*[2] *tracto* verschießt Cupido zwei Pfeile.
Arcu tracto verschoss Cupido zwei Pfeile.
c) *Apolline amore capto* ist Daphne abweisend.
Apolline amore capto war Daphne abweisend.

1 serpens, entis: die Schlange – **2 arcus,** us *m.*: der Bogen

11 Aktiv oder Passiv? Übersetzen Sie den Abl. abs. jeweils zweimal:

Daphne visa Apollo amore capitur.
→ Nachdem Daphne gesehen worden ist,/
→ Nachdem er Daphne gesehen hat,
verliebt sich Apoll in sie.

Verbis Apollinis auditis Cupido iratus est.
Daphne telo fixa etiam Apollinem laedit.
Hoc facto amorem in Apolline incendit.

12 PC – und nun vorzeitig. Übersetzen Sie.

a) Cupido ab Apolline laesus arcum[1] trahit.
Cupido ab Apolline laesus arcum[1] traxit.
b) Apollo telum a Cupidine missum non timet.
Apollo telum a Cupidine missum non timuit.
c) Sed vis teli a Cupidine missi magna est.
Sed vis teli a Cupidine missi magna erat.
d) Apollo telo laesus Daphnem amat.
Apollo telo laesus Daphnem amavit.

1 arcus, us *m.*: Bogen

13 Gutes Deutsch. Wählen Sie eine sprachlich möglichst gute Wiedergabe.

Ira capti homines res miras faciunt.
Etiam viri ira capti metuntur.
Hominibus ratione utentibus[1] maxime creditur.
Ratione habita omnes res meliores e-veniunt.
Ratione amissa cupiditas homines regit.

1 uti + *Abl.*: benutzen, anwenden

14 Pyramus und Thisbe. Schlagen Sie unbekannte Wörter nach und übersetzen Sie.

Pyramus et Thisbe, iuvenum pulcherrimus alter, altera praeclara puella, contiguas tenuerunt domos. Notitiam primosque gradus vicinia fecit; tempore crevit amor. Sed patres conubium vetuerunt. Ergo statuunt, ut media nocte urbem relinquant et sub umbra arboris conveniant. Thisbe prima advenit; sed leone viso in antrum fugiens velamen relinquit. Pyramus, ut vestem puellae repperit, eam mortuam putat. Se ipsum ense stricto necat.

Pyramus und Thisbe. Fresko, Pompeji

**15 Grammatik nachschlagen.
Bestimmen Sie die unterstrichene Konstruktion und übersetzen Sie mithilfe der Grammatik.**

Cupido tela missurus arcum[1] capit.

1 arcus, us *m.*: Bogen

**16 Grammatik nachschlagen: Pronomina.
Bestimmen Sie die Formen – ggf. mithilfe der Deklinationstabellen. Nennen Sie alle Möglichkeiten.**

huic – ipsorum – aliquem – quibuscumque

18

Eine aussichtslose Flucht D S. 149

Daphne genießt ihr freies Leben im Wald, aber Phoebus Apoll hat es auf die hübsche Nymphe abgesehen und stellt ihr nach …

Fugit illa celerius aurā neque ad haec re-vocantis verba cōnsistit: »Nympha, precor, manē! Nōn tē sequor hostis[1]. Amor est mihī causa sequendī[2]! Mē miserum[3]! Loca haec sunt aspera: Moderātius[4], ōrō, curre, nē cadās! Moderātius[4] tē sequar[5]. Quaere tamen, cui placeās. Nescīs, quem fugiās, ideōque fugis. Iuppiter est pater, per mē patet[6] quod est quodque fuit quodque erit[7] … «

Plūrima loquēbātur, sed nympha celerī cursū fūgit: *Nūdābant* ventī corpus, obvia flāmina vibrābant[8] vestēs, aura retrō dabat[9] capillōs – fōrma fugā aucta est!

Nōn sustinet deus Amōre incitātus ultrā[10] blanditiās[11] perdere: Ut canis leporem[12] videt, et hic praedam petit, ille salūtem, sīc deus et virgō: est hic spē celer, illa timōre.

Vīribus absūmptīs Daphnē undās patris[13] intuēns precāta est: »Fer, pater, opem! Melius est morī! Aut perde figūram, quā nimis placuī, mūtandō[14]!«

Prece vix dictā torpor[15] gravis occupat corpus, in frondem[16] capillī, in rāmōs[16] bracchia crēscunt. Nitor[17] virginis manet ūnus in illā arbore. Hanc quoque Phoebus amat complexusque ōscula[18] dat arborī: »Quoniam coniūnx mea nōn potes esse, arbor mea es!«

1 hostis: als Feind

2 sequendī: zu folgen

3 mē miserum: Oh ich Armer!

4 moderātus, a, um: gemäßigt; langsam

5 sequar: *Futur zu* sequī: ich werde …

6 patet: es wird verkündet *(Apoll ist auch der Gott der Weissagung)*

7 erit: es wird sein

8 obvia flāmina vibrābant: der Gegenwind ließ … flattern

9 retrō dare: nach hinten wehen

10 ultrā: weiterhin

11 blanditiae: Schmeicheleien

12 lepus, leporis *m.:* Hase

13 undās patris: *Daphnes Vater ist der Flussgott Peneius*

14 mūtandō: durch eine Verwandlung

15 torpor, torpōris *m.:* Lähmung

16 frōns, frondis/**rāmus,** ī: Laub/Ast

17 nitor, nitōris *m.:* Glanz

18 ōsculum, ī *n.:* Kuss

1. **Schreiben Sie alle Begriffe, die zu den Sachfeldern »Sprechen/Flucht/Körper« gehören, aus dem Text.**
2. **Gliedern Sie den Text und geben Sie den Abschnitten Überschriften. Orientieren Sie sich an Schlüsselbegriffen.**
3. **Erarbeiten Sie die verschiedenen Argumente, die Apoll in seiner Rede anführt. Wie wirkt Apolls Rede auf Sie?**
4. **Beurteilen Sie das Ende der Geschichte aus Daphnes Perspektive. Wird sie mit der Lösung zufrieden sein?**

Apollō Daphnem videt. Haec fugit, sed ille celeriter sequitur.

G S. 23 (6.2)
G S. 36 (7.6.4)

Apollo und Daphne

Das Fortleben der Antike

Vorlagen seiner Mythen hatte Ovid zum Teil in der griechischen Literatur gefunden. Das Besondere seiner Rezeption war die sprachlich-stilistische Gestaltung der Geschichte sowie die Einbettung der Daphne-Erzählung in einen Wettstreit zwischen Apoll und Amor. Außerdem bot der Mythos Ovid die Gelegenheit zu erklären, weshalb Apoll gerade mit Lorbeer (griechisch: Daphne) bekränzt ist.

Nachfolgende Künstler setzten in ihrer Rezeption eigene Schwerpunkte: Im Mittelalter bemühten sich Schriftsteller, die heidnische Literatur mit christlichen Gedanken in Übereinstimmung zu bringen. Petrus Berchorius gab Predigern im 14. Jahrhundert in einer *moralisatio* zu den Metamorphosen Anregungen, Apoll als Christus oder auch als Teufel zu deuten – je nachdem, wie man die Gemeinde am besten von christlichen Tugenden überzeugen könnte. Die Jungfräulichkeit Marias legte eine Parallele zu Daphne nahe. 1622–1625 schuf Bernini die hochbarocke Skulpturengruppe von Apoll und Daphne und fing mit seiner Dynamik und Anschaulichkeit den »fruchtbaren Moment« ein, in dem Daphne sich zu verwandeln beginnt. 1598 wurde die wohl erste Oper der Musikgeschichte aufgeführt, »Dafne« von Jacopo Peri, deren Musik allerdings nur noch teilweise vorhanden ist. Mozarts erstes Singspiel »Apollo et Hyacinthus« griff 1767 die Beziehung von Apoll und Hyacinthus auf Latein auf.

Das Interesse an Daphne hielt bis in die Neuzeit an: Ein 1856 entdeckter Planetoid zwischen Mars und Jupiter wurde nach ihr benannt, Apoll hingegen lieh den ersten bemannten Mondmissionen seinen Namen.

1 »Odd man out«. Geben Sie die Bedeutung an und nennen Sie den »Störenfried«, der nicht zum vorherrschenden Sachfeld passt.

a) crescere – augere – precari – complere
b) scire – sequi – quaerere – petere
c) salus – timor – spes – coniunx

2 Daphne und Apoll. Stellen Sie aus dem Lektionstext alle Begriffe zu folgenden Themen in einer Mindmap zusammen.

a) Natur: Tiere und Pflanzen
b) Auf der Flucht
c) Liebe

3 Latein und Englisch. Nennen Sie das lateinische Ausgangswort und ermitteln Sie die Bedeutung der Wörter.

a) occupation | b) question
c) prey | d) to augment
e) scientist | f) to sustain

4 Übersetzen Sie den Text.

A causa della sua bellezza[1] Dafne vince l'amore del dio Apollo. Ella rifiutò l'amore divino e fuggia via lontano; Apollo la inseguì. Ma il padre, un dio fluviale, salvarla dal pericolo: La figlia si trasformò in una pianta.

1 bellezza: Schönheit

5 »Kleine Wörter« – Übersetzen Sie und betonen Sie dabei die »kleinen Wörter«.

Daphne konnte *vix* entfliehen, *quoniam* sie nicht *satis* schnell lief. *Ideo* erhoffte sie *tantum* ihre Rettung vom Vater, *quia* sie ihre Freiheit *nimis* liebte. *At* der Gott verfolgte sie: *Tamen* gab sie die Hoffnung nicht auf – dass sie wie *iam saepe, sic etiam nunc* gerettet würde.

6 Wortbildung. Bilden Sie analog zum Beispiel die fehlenden Formen.

Substantiv	Verb	Adjektiv
mors	*mori*	*mortuus, a, um*
		timidus, a, um
reliquiae		
		vivus, a, um
		territus, a, um

7 Wiederholung Satzglieder. Bestimmen Sie Subjekt, Prädikat, adv. Best. und Objekt. Übersetzen Sie.

a) Publius Ovidius multas fabulas[1] narrat.
b) In fabulis[1] de amore deorum narratur.
c) Saepe deus feminam mortalem[2] amat.
d) Non semper deus a femina amatur.
e) Feminae etiam »praeda« dei dici possunt.
f) Sic dei mortales[2] aut delectant[3] aut perdunt.

1 fabula, ae *f.*: Geschichte – **2 mortalis, e**: sterblich – **3 delectare**: erfreuen

8 Wiederholung PC/ Abl. abs. Fügen Sie ein und übersetzen Sie.

a) In fabulis[1] _____ corpora mutantur[2].
b) Dei homines _____ audiunt.
c) _____ Europa taurum[3] ascendit[4].
d) Pater Daphni _____ adest.
e) _____ Pyramus et Thisbe fugiunt.

parentibus nescientibus – ab Ovidio narratis – salutem petenti – auxilium precantes – timore sumpto

1 fabula, ae *f.*: Geschichte – **2 mutare**: verwandeln – **3 taurus,** i: der Stier – **4 ascendere**: besteigen

9 **Pronomina übersetzen. Nennen Sie die richtige deutsche Form.**

Zwei Freunde diskutieren: *Hic* gibt Apollo Recht, *illum* erfüllt Daphne mit Mitleid: »*Haec* sollte *illi* dankbar sein, dass *ille hanc* liebt. Die Absichten *illius* sind doch ehrenwert, *huius* Angst unbegründet. Ich bin von *illo* überzeugt, von *hac* enttäuscht. Typisch Frauen!
Harum Gefühle kann *ille* nicht verstehen!«

10 **Pronomina: *hic/ille*. Bestimmen Sie KNG und wählen Sie das passende Pronomen.**

Substantiv	KNG	Pronomen
spem		illa/illis/illam
capillis		huius/his/huic
arbores		haec/has/horum
corpora		illam/illas/illa
ventorum		illi/illorum/illis

11 **Passiv – und doch nicht. Ordnen Sie die Pronomina zu. Bilden Sie zu den Pronomina die Präsens-Formen von *sequi* und übersetzen Sie.**

ego	-tur
tu	-or
ille	-mini
nos	-ntur
vos	-mur
illi	-ris

12 **Deponens: Ja oder nein? Bestimmen Sie das Tempus und übersetzen Sie. Achten Sie dabei darauf, ob das Verb ein Deponens ist (das man im Aktiv übersetzen muss) oder nicht.**

a) occupatur – moritur – intuetur – perditur
b) precantur – laudantur – sequuntur
c) accepti sunt – mortui sunt – complecti sunt
d) moriebaris – servabaris – sumebaris
e) ad-ducta eram – complexa eram – secuta eram

13 **Vokabeln nachschlagen. Schlagen Sie die Wörter nach und übersetzen Sie. Achten Sie darauf: Deponens oder nicht?**

moratur – surrepta est – rati sumus – damnabatur – proficiscebantur

14 **Orpheus und Eurydike. Übersetzen Sie. Schlagen Sie unbekannte Wörter nach.**

Die nuptiarum, dum Eurydice per herbas vagatur, occidit in talum serpentis dente recepto. Orpheus ausus est descendere ad inferos et carmine deos movit. Una cum Eurydice ad lucem ascendit. Dei autem vetuerant: »Ne[1] lumina ad uxorem verteris!« Orpheus cura commotus uxorem quaerit. Ecce! Ad umbras retracta est.

1 ne + *Konj. Perf.: Verneinter Imperativ/Verbot*

Orpheusrelief (Griechische Skulptur, um 420 v. Chr.)

15 **Grammatik nachschlagen: Verben. Bestimmen Sie mithilfe des Tabellenteils.**

moti erant – vinceret – augebar – secuta sis

16 **Grammatik nachschlagen: Substantive. Bestimmen Sie mithilfe des Tabellenteils.**

deorum – rebus – vi – viri – spem – regum

Tacitus und der Prinzipat

Bereits mit dem Tod des Augustus setzte nach Meinung des Historikers Cornelius Tacitus (58–120 n. Chr.) der Niedergang des Prinzipats ein: »In Rom eilten Konsuln, Senatoren, Reiter in ihre Sklaverei, und je angesehener sie waren, desto falscher und hastiger traten sie mit verstellter Miene auf und mischten, damit sie nicht froh über den Tod des alten *princeps* und auch nicht zu traurig über den Regierungsantritt des nächsten wirkten, Tränen, Freude, Klage und Lobhudelei.« (Tacitus, ann. 1,7,1)

Römische Historiker stellten Kaiser oft negativ dar, weil sie selbst als Senatoren ihre *libertas* gefährdet sahen. Denn mit den *principes* gab es Herrscher, die in ihrem Verhalten nicht den Vorstellungen des Senats entsprachen und dabei die Aufgaben übernahmen, die einst dem Senat zugestanden hatten. Einige Kaiser erfüllten die an sie gerichteten Erwartungen des Senats überhaupt nicht: Tiberius (14–37 n. Chr.) soll Kinder sexuell missbraucht haben, Caligula (37–41 n. Chr.) wollte angeblich sein Lieblingspferd zum Konsul machen. Die Nobilität aber maß Leistung vor allem an militärischen Erfolgen. Doch Kaiser Claudius (41–54 n. Chr.) interessierte sich für Naturforschung, Nero (54–68 n. Chr.) für Kunst, Kultur und Musik.

Dabei hatte gerade Nero Hoffnungen auf eine gute Zusammenarbeit mit dem Senat gemacht: Der Philosoph Seneca und der erfahrene Soldat Burrus hatten den Prinzen Nero auf seine spätere Rolle als Kaiser eines Weltreiches vorbereitet. In seinen ersten Regierungsjahren mäßigten sie den Kaiser, der, wie es die Überlieferung nahelegt, jähzornig, unbeherrscht und grausam gegen jedermann – auch seine Mutter und seine schwangere Frau – sein konnte. Nero schreckte im Jahr 59 nicht davor zurück, erst so zu tun, als wollte er sich mit seiner Mutter aussöhnen, um dann auf ihrer Heimreise erst ihr Schiff zu sabotieren und sie dann ermorden zu lassen, als sie wider Erwarten nicht ertrank.

Relief von Kaiser Nero und seiner Mutter Agrippina, Museum in Aphrodisias, Türkei

Im gleichen Jahr trat Nero erstmals öffentlich als Künstler in Neapel vor größerem Publikum auf. In Rom stiftete er die Neronischen Spiele, und er erwartete bei seinen Auftritten größte Aufmerksamkeit aller Senatoren: Wer einschlief, riskierte sein Leben. 66 n. Chr. brach er nach Griechenland auf und gewann dort über 1800 Preise in unterschiedlichen Disziplinen – auch bei den Olympischen Spielen wagte es niemand, ihm die Siege zu verweigern, selbst wenn der Kaiser beim Wagenrennen aus dem Wagen fiel. Besonders unwürdig erschien den Senatoren dies deswegen, weil Schauspieler und Sportler nicht sehr angesehen waren. Als sich seine Heerführer gegen Nero verschworen, unterstützte der Senat ihn nicht mehr, sondern erklärte ihn zum Staatsfeind. In den folgenden Monaten empfingen die Senatoren vier neue Kaiser, die um die Macht kämpften, aber den Senat kaum stärker beteiligten, als Nero es getan hatte.

As (kleinste römische Münze aus Kupfer) von 64 n. Chr.: Nero als Apollo Citharoedus mit der Lyra

Den Höhepunkt der negativen Kaiser erlebte Tacitus in Gestalt des Domitian (81–96 n. Chr.), der den Titel *dominus et deus* für sich beanspruchte. Kaiser wie Trajan (98–117 n. Chr.) begeisterten jedoch auch Schriftsteller wie Tacitus: Unter seiner Herrschaft gelangte Rom nach erfolgreichen Feldzügen unter der persönlichen Leitung des Kaisers zu seiner größten Ausdehnung, und Trajan achtete den Stolz der Senatoren. Das dankte ihm Tacitus, der neben seinen beiden Hauptwerken, den Annalen und Historien, noch mehrere Werke schrieb und in Aussicht stellte: »Wenn nun meine Lebenszeit ausreicht, dann habe ich den Prinzipat des Nerva und die Herrschaft Trajans als ergiebigeren und sichereren Stoff für mein Alter aufgespart, weil es ein seltenes Glück der Zeiten ist, wo es erlaubt ist, zu empfinden, was man will, und zu sagen, was man meint.« (Tacitus, hist. 1,1)

Tacitus. Moderne Skulptur vor dem Parlamentsgebäude in Wien

19

In Flammen D S. 150

In seinen Annalen berichtet Tacitus von einem verheerenden Brand, der unter Kaiser Nero ausbrach:

Sequitur clādēs[1] – forte an dolō prīncipis incertum est –, sed gravior ac ācrior omnibus, quae huic urbī per vim ignium accidērunt.

Incendium in eā parte ortum est, quae Palātīnō Caeliōque montibus proxima est. Ignis coepit in tabernīs[2], quibus *flamma* alitur, tum aliōs vīcōs[3] ad populandum cēpit – citus[4] ventō et flexīs[5] itineribus, quālis vetus Rōma fuit.

Eō in tempore Nerō nōn ante in urbem regressus est quam ignis ad domum eius vēnisset. Statim cōnsilium cēpit hominēs iuvandī: Fugientibus campum Mārtis[6] ac monumenta Agrippae[6], hortōs[6] etiam suōs aperuit, domōs ad cīvēs inopēs[7] accipiendōs aedificāvit, pretium frūmentī dēminuit[8].

Sed neque dandō dē-cēdēbat fāma, quīn incendium iussum crēderētur. Nam per-vāserat rūmor[9] ipsō tempore ārdentis urbis Nerōnem cecinisse Trōiae fīnem. Cēterum Nerō vidēbātur condendae urbis novae glōriam quaerere – et ūsus est patriae *ruīnīs* ad domum novam sibī aedificandam.

Itaque Nerō rūmōris[9] abolendī[10] causā Chrīstiānōs accūsāvit. Prīmum quīdam captī sunt, quī fatēbantur, deinde indiciō eōrum multitūdō ingēns haud incendiī sed odiī hūmānī generis convicta est[11]: Crucibus[12] af-fīxī ad noctem illūminandam[13] ūrēbantur.

1 **clādēs,** clādis *f.*: Katastrophe
2 **taberna,** ae *f.*: Geschäft
3 **vīcus,** ī *m.*: Stadtviertel
4 **citus,** a, um: schnell
5 **flexus,** a, um: eng gewunden
6 **campus Mārtis, monumenta Agrippae, hortī**: das Marsfeld, die Bauten des Agrippa, die Gärten
7 **in-ops**: mittellos; arm
8 **dēminuere**: verringern
9 **rūmor,** rūmōris *m.*: Gerücht
10 **abolēre**: beenden; zerstreuen
11 **convincere,** -vincō, -vīcī, -victum + *Gen.*: *wegen etw.* verurteilen
12 **crux,** crucis *f.*: Kreuz
13 **illūmināre**: erleuchten

1. **Gliedern Sie den Text und geben Sie den Abschnitten Überschriften. Orientieren Sie sich an Konnektoren und Subjekten.**
2. **Stellen Sie alle Begriffe zum Sachfeld »Feuer/Zerstörung« aus dem Text zusammen.**
3. **Erläutern Sie das Verhalten Neros und zeigen Sie die Maßnahmen, die er ergreift.**
4. **Analysieren Sie die Einstellung des Autors Tacitus zu Nero. Wie geht er mit Fakten und Anspielungen um? Belegen Sie am Text.**
5. **Beurteilen Sie Neros Rolle bei der Brandkatastrophe.**

Ignis multīs hominibus causa fugiendī erat.
Celeriter fugiēbant ad vītam suam servandam.
Fugiendō vītam suam servāre potuērunt.
Sed in fugiendō saepe familiam āmīsērunt.

G S. 44 (9.5 a und b)

Nero beim Brand von Rom.
Farblithographie um 1900

Brandbekämpfung im alten Rom

Brandkatastrophen waren in antiken Städten keine Seltenheit: Gebäude aus Holz, offenes Feuer zum Kochen oder Heizen und eine enge Bebauung waren eine brandgefährliche Mischung.

Reiche Römer unterhielten deshalb bereits in republikanischer Zeit private Feuerwehren, um ihr eigenes Haus zu löschen, Augustus schuf schließlich eine kostenlose Feuerwehr für die ganze Stadt. Die militärisch organisierten und in Kasernen stationierten Einheiten *(vigiles)* aus mehreren Tausend Mann verfügten über Wasserdruckpumpen, Eimer, Äxte, Beile, Sägen, Hämmer und Einreißhaken. Denn sie mussten notfalls auch unversehrte Gebäude einreißen, um Brandschneisen zu schlagen und dem Feuer so die Nahrung zu entziehen. Als im Juli 64 n. Chr. mehrere Stadtteile Roms durch mehrtägige Brände vernichtet wurden, gingen viele Einwohner jedoch davon aus, in Neros Auftrag würde die alte Bausubstanz bewusst niedergerissen, damit der Kaiser eine neue Stadt mitsamt pompösem Palast bauen konnte.

Tatsächlich öffnete Nero den Menschen, die vor dem Feuer flüchteten und ihren gesamten Besitz verloren hatten, sofort öffentliche und private Gebäude, ließ Lebensmittel herbeischaffen und den Getreidepreis senken, um die Not für den Moment zu lindern. Nachdem er den Schutt so zügig wie möglich hatte abtransportieren lassen, ließ er, um künftigen Katastrophen vorzubeugen, breite Straßen bauen und die Gebäudehöhe beschränken.

1 Gegensätze. Geben Sie die Bedeutung an und nennen Sie das lateinische Gegenteil.

novus – _ _ _ _ _
negare – _ _ _ _ _ _
occidere – _ _ _ _ _
aedificare – _ _ _ _ _ _ _ _
amor – _ _ _ _ _
parva[1] manus – _ _ _ _ _ _ _ _ _

1 parvus, a, um: klein

2 Feuer in Rom! Beschriften Sie das Bild mit Begriffen aus dem Lernwortschatz.

3 Pronomina. Übersetzen Sie.

quidam dicunt – in quadam urbis parte – quodam tempore – causa illius doli – hanc famam audire – hoc incendium – illa incendia

4 Latein und Französisch. Nennen Sie das lateinische Ausgangswort und ermitteln Sie die Bedeutung der Wörter.

a) l'incendie b) vieux/vieille
c) le prix d) le temps
e) accuser f) odieux/odieuse

5 Fremdwörter. Nennen Sie das lateinische Ausgangswort und die Bedeutung.

a) temporär b) Dr. honoris causa
c) Kantate d) Regression
e) primär f) Indiz
g) Preziosen h) urban

6 nd-Formen im Genitiv. Übersetzen Sie zweimal: erst mit »zu« und dann in einem Wort.

- ars aedificandi
- consilium fugiendi
- tempus laborandi
- causa accusandi

7 nd-Formen im Akkusativ. Übersetzen Sie.

Vigiles[1] sunt …
- incitati ad iuvandum
- vocati ad urbem servandam
- missi ad ignem vincendum

1 vigiles *(Pl.)*: Wache/Feuerwehr

8 nd-Formen im Ablativ. Übersetzen Sie mit jeweils mindestens zwei Varianten.

- currendo ignem effugere
- alendo ignem incitare
- in regrediendo homines iuvare
- Christianos accusando famam servare
- fatendo vitam servare

9 nd-Formen: Kasus gemischt.

Nero gloriam quaerebat in urbe nova aedificanda.
Famae suae servandae causa Christianos de incendio accusavit.
Christianos accusando tamen famam servare non potuit.

10 Wiederholung Steigerungsformen.
Bilden Sie die fehlenden Formen und nennen Sie die Bedeutung.

Positiv	Komparativ	Superlativ
ingens		
	facilior	
		iratissimus
	celerior	
		fortissime

11 Wiederholung Steigerung.
Übersetzen Sie die Ausdrücke.

- ignis acrior omnibus
- vis incendii acerrimi
- pars oppidi montibus proxima
- domum pulcherrimam aedificare
- multitudo ingentior aliis
- accusatio[1] iniustissima
- sapientiā[2] homines sapientiores facere

1 accusatio: Anklage – **2 sapientia**: Weisheit

12 Wiederholung Relativsätze.
Übersetzen Sie.

Incendium …
… quod ortum est
… cuius vis multas domos urebat
… cui homines cesserunt
… quod Christiani non fecerunt
… quo magna pars urbis ussa est

13 Wiederholung Verbformen.
Nennen Sie Tempus- und Moduskennzeichen, bestimmen und übersetzen Sie (im Indikativ).

a) cedebant – cessistis – cedat
b) cupiveramus – cupias – cuperet
c) acceperis – accepi – acceptae sunt
d) effectum est – efficeretur – efficiamus

14 Vokabeln nachschlagen. Schlagen Sie die Wörter nach und übersetzen Sie. Achten Sie darauf: Deponens oder nicht?

potitur – migramus – moramur – desideratur – reversus est – ratus est

15 Mutter und Sohn. Schlagen Sie unbekannte Wörter nach und übersetzen Sie.

<u>Mater</u> Neronis <u>crudelis</u> erat. Maritum <u>veneno</u> interfecit, ut filium suum <u>imperatorem</u> faceret. Neronem <u>praecepta</u> matris <u>contempsisse</u> <u>constat</u>. <u>Necem</u> feminae paravit navem <u>construendo</u>. In fluctibus <u>lacus</u> navis <u>fregit</u>. Agrippina autem <u>natans</u> vitam servavit.

Statue Agrippinas der Jüngeren. Gefunden 1885, Basanit

16 Grammatik nachschlagen
Bestimmen Sie die Form mithilfe des Tabellenteils und übersetzen Sie (im Indikativ).

coeperunt – capti essent – faterer – accusabamini – manserat – cedebam

17 Grammatik nachschlagen
Bestimmen Sie die Form mithilfe des Tabellenteils (alle Möglichkeiten).

meliorem – incendio – ignes – usus

20

Befehl zum Selbstmord D S. 151

Seneca hatte einige Jahre lang als Erzieher und Berater die Regierungsgeschäfte für den jungen Kaiser Nero geführt. Schließlich ließ ihn Nero aber aus dem Weg räumen:

Missus est ad Senecam ūnus ex centuriōnibus[1] ad imperium Nerōnis nūntiandum. Seneca interritus poposcit testāmentī tabulās[2]; ac negante centuriōne[1] ad amīcōs versus haec ferē locūtus est: »Nunc mihī moriendum est. Etiamsī vōbīs grātiam referre nōn possum, hoc ūnum et tamen pulcherrimum vōbīs relinquam[3]: imāginem vītae meae, quae semper vōbīs memoriā tenenda est.

Sed flendum nōn est, re-tinēte lacrimās! Ubī sunt praecepta sapientiae, ubī studia tot annōrum? Quis īgnōrat Nerōnis crūdēlitātem? Mātre frātreque interfectīs nunc ēducātor[4] eī occīdendus est.« Ubī haec atque tālia disseruit, complectitur Paulīnam uxōrem et rogat ōratque, ut temperāret dolōrī. Illa autem sibī quoque mortem poposcit. Tum Seneca dīxit: »Virtūs tua omnibus laudanda est! Mors tua clārior est meā.« Tum Seneca et uxor eōdem ictū bracchia ferrō ex-solvunt.

Cum Seneca iam senex esset et sanguis eius vix effugeret, crūrum[5] quoque vēnae aperiendae erant. Saevīs cruciātibus[6] dēfessus[7] cōnstituit uxōrem in aliud cubiculum[8] dūcendam esse, nē dolōre suō animum uxōris frangeret neque ipse dolōre uxōris frangerētur.

Tum Seneca: »Dolōrem ferre nōn iam possum. Venēnum mihī bibendum est.« Sed bibit frūstrā – postrēmō in balneum[9] iit, ubī tandem occĭdit.

1 **centuriō,** centuriōnis *m.*: Zenturio *(Soldat im Offiziersrang)*
2 **testāmentī tabulae**: Schreibtafeln seines Testaments
3 **relinquam**: *Futur zu* relinquere
4 **ēducātor**: Erzieher
5 **crūrum vēnae**: die Adern an den Beinen
6 **cruciātus,** ūs *m.*: Qual
7 **dēfessus,** a, um: erschöpft
8 **cubiculum,** ī *n.*: Zimmer
9 **balneum,** ī *n.*: Bad

1. **Gliedern Sie den Text und fassen Sie den Inhalt der Abschnitte grob zusammen. Orientieren Sie sich an den genannten Personen und wichtigen Schlüsselbegriffen.**
2. **Ermitteln Sie mithilfe eines Tempusprofils, welche Aussagen des Textes der Autor für besonders ergreifend hält.**
3. **Erläutern Sie die Aussage, die *imago vitae* sei das *pulcherrimum,* das Seneca seinen Freunden hinterlassen könne.**
4. **Arbeiten Sie heraus, nach welchen stoischen Grundsätzen Seneca im Text handelt und spricht.**

Nerō imperāvit, ut Seneca occīderētur.
Itaque Seneca occīdendus est.
Centuriō[1] ad Senecam: »Nunc tibī moriendum est.«

G S. 44 (9.5 c)

Tod des Seneca. Gemälde von Luca Giordano (1634–1705). Paris, Musée du Louvre

Seneca – der stoische Erzieher Neros

Seneca übernahm ab 50 n. Chr. die Erziehung Neros. Der berühmte Schriftsteller, Redner und Politiker wurde für den jungen und unerfahrenen Prinzen ausgesucht, um ihn auf seine spätere Rolle als Kaiser eines Weltreiches vorzubereiten.

Vor allem wollte Seneca seinem Schüler die stoische Philosophie nahebringen: Die Stoiker strebten danach, sich in ihren Entscheidungen nicht von ihren Leidenschaften *(perturbationes animi)*, sondern von der Vernunft *(ratio)* leiten zu lassen und innere Ruhe *(tranquillitas animi)* selbst im Angesicht der schlimmsten persönlichen Schicksalsschläge zu bewahren.

Nachdem sein Adoptivvater Claudius (41–54 n. Chr.) angeblich nach Genuss eines Pilzmenüs verstorben war, ließ sich der junge Kaiser Nero (54–68 n. Chr.) von Seneca anfangs zu Milde und Senatsnähe bewegen. Mit zunehmendem Alter wollte er jedoch selbstständig Entscheidungen treffen, sodass er sich 62 n. Chr. von Seneca trennte.

Zu Senecas Verurteilung führte schließlich der Vorwurf, er sei in die Verschwörung des Senators Piso gegen Nero verstrickt gewesen. Es schien Seneca richtig, im Moment seines Todes seine philosophische Todesverachtung unter Beweis zu stellen und sein Sterben vor seinen Freunden zu inszenieren. Gut zu leben bedeutete für Seneca, nicht am Leben zu hängen, sondern gerne zu sterben, weil ein Stoiker stets mit sich selbst im Reinen sei und damit jederzeit loslassen könne.

1 Übersetzen Sie die Wendungen.

- venenum bibere
- dolorem postremo temperare
- imaginem uxoris spectare
- ictibus fractum esse
- dolore saevo interritum esse

2 *Sapientia:* Ein Wort – viele Bedeutungen. Übersetzen Sie passend.

- die Vorschriften der *sapientia* beachten
- Nutze deine *sapientia!*
- Die *sapientia* ist die Führerin des Lebens.
- Nur durch *sapientia* gelangt man zum Glück.

3 Vokabeln vernetzen. Erstellen Sie ein Wortnetz zum Thema »Senecas Tod« und fassen Sie anhand dessen den Inhalt des Lektionstextes nochmals zusammen.

4 Sachfelder. Sammeln Sie möglichst viele Wörter zu folgenden Sachfeldern:

a) Gefühle – b) Sprechen – c) Zeit

5 »Kleine Wörter«. Finden Sie Gemeinsamkeiten und nennen Sie die Bedeutungen.

a) nunc – postremo – tandem – diu
b) tot – unus – talis – alius
c) idem – hic – ipse – quis
d) frustra – fere – tamen – autem

6 Übersetzen Sie den Text. Nennen Sie die lateinischen Ursprungswörter der unterstrichenen Begriffe.

Nero's <u>mother</u> used venom to killed her husband. Nero never was <u>temperate</u>. He didn't follow the <u>precepts</u> of his teacher Seneca. Although being full of <u>sapience</u> and <u>virtues</u> – they were <u>ignored</u>!

7 Notfallplan für Brände! Übersetzen Sie.

Incendium nuntiandum est.
Domus aperiendae sunt.
Homines servandi sunt.
Vigilibus[1] celeriter veniendum est.
Aqua vigilibus[1] apportanda[2] est.
Ignis vigilibus[1] vincendus est.

1 vigiles *(Pl.):* Feuerwehrleute – **2 apportare**: herbeitragen

8 Senecas Anweisungen an Nero. Übersetzen Sie.

Vita sapienter tibi agenda est!
Fama bona tibi servanda est!
Cives cum ratione regendi sunt!
Libertas rei publicae tuenda[1] est!
Scelera tibi vitanda[2] sunt!
Praeceptis meis tibi parendum[3] est.

1 tueri: schützen – **2 vitare**: (ver-)meiden – **3 parere**: gehorchen

Nero. Münchner Glyptothek

9 Wiederholung Satzglieder. Bestimmen Sie Subjekt, Prädikat, Objekt, (adverbiale Bestimmung) und übersetzen Sie.

Saepe Seneca Neronem monet.
Praecepta autem Neronem non movent.
Tandem philosophus spem amittit.
Seneca se recipit.
Patienter[1] mortem exspectat.

1 patiens: geduldig

10 Wiederholung Partizipien. Benennen Sie die Konstruktion, das Zeitverhältnis und übersetzen Sie.

Romani Neronem timebant
- animum saevum praebentem[1]
- liberam rem publicam cupientes
- magna parte urbis ex-ussa
- matre crudeliter interfecta
- multis amicis iam mortuis

1 praebere: an den Tag legen

11 Wiederholung Aktiv – Passiv. Übersetzen Sie. Beschreiben Sie die Unterschiede.

Virtutem laudamus. Virtus laudatur.
Vina bona bibimus. Vina bona bibuntur.
Philosophi dolorem ferunt. Dolor a philosophis fertur.

12 nd-Formen. Übersetzen Sie einmal im Passiv, einmal im Aktiv.

Virtus laudanda est.
Nimis[1] vini bibendum non est.
Dolor philosophis ferendus est.

1 nimis: zu viel

Beginn von Senecas *epistulae morales,* Kodex aus dem 15. Jhdt.

13 Ist der Tod ein Übel? Schlagen Sie unbekannte Wörter nach und übersetzen Sie.

Seneca docet mortem calamitatem non esse. Ultimus dies cuncta mala finiet[1]. Operam dare debemus, ne mortem repugnemus. Nam: »Bene mori est libenter mori.« Ante ad mortem praeparandi sumus quam ad vitam. Seneca ipse plenus et sine tristitia mortem accepit.

1 finiet: *Futur*

14 Vokabeln nachschlagen. Nennen Sie die verschiedenen Funktionen und Bedeutungen.

a) cum – b) ubi – c) quis

15 Grammatik nachschlagen: Verben. Bestimmen Sie mithilfe des Tabellenteils und übersetzen Sie (im Indikativ).

flevissent – negaverit – fracta est – bibamus – crediderat – duceremini – locutus erat

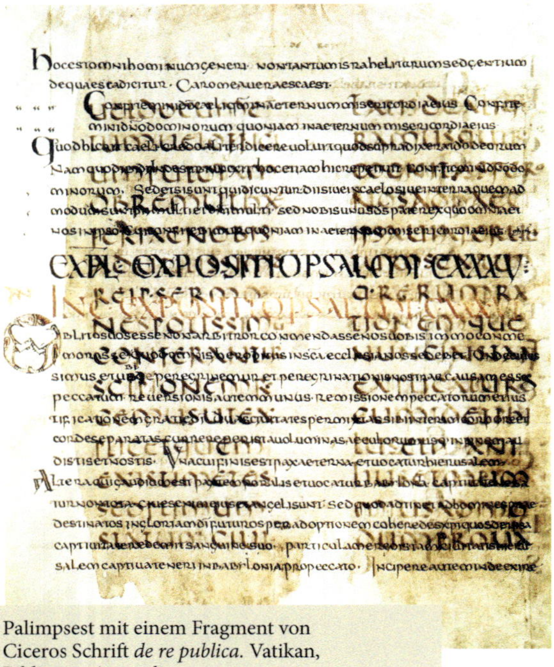

Palimpsest mit einem Fragment von Ciceros Schrift *de re publica*. Vatikan, Biblioteca Apostolica.

Martyrium des heiligen Vincentius. Paris, 1480/1490. Aus: Légende dorée (Legenda Aurea des Jacobus de Voragine). Paris, Bibliothèque Nationale

Latein nach der Römerzeit

Der Untergang des Römischen Reiches unter den Folgen der Völkerwanderung im fünften Jahrhundert beendete die Bedeutung des Lateinischen als Alltagssprache von Millionen Menschen im westlichen Mittelmeerraum endgültig. Zuvor schon hatte es regionale Eigenheiten gegeben, die ohne überregionale Kontakte zum Verwaltungszentrum in Rom dazu führten, dass sich die romanischen Sprachen zunehmend weiter ausdifferenzierten.

Daneben blieb Latein als Sprache von Gebildeten und Klerikern bestehen. Es wurde allerdings nicht mehr als Muttersprache gesprochen, sondern im Schulunterricht erworben und geübt. Latein war die *lingua franca,* die alle Wissenschaftler und Geistlichen des Abendlandes lesen konnten.

Besonders in Klöstern wurde die Tradition der lateinischen Sprache gepflegt. Seit dem vierten Jahrhundert zogen sich Menschen in Klöster zurück, um sich, abgewandt von der Welt und ihren Lastern, stärker in Meditation und Gebet auf den christlichen Glauben zu konzentrieren. Mit der Zeit entwickelten sich die Klöster zu wirtschaftlichen und geistigen Zentren: Oft besaßen sie weite Ländereien, die von den Mönchen bewirtschaftet wurden; dazu kam die Zucht von Pflanzen im Klostergarten wie das Verarbeiten der heilsamen Kräuter zu medizinischen Zwecken. In Klosterschulen – ein öffentliches Schulsystem gab es nicht – wurde Lesen, Schreiben und Rechnen vermittelt, und die Klosterbibliotheken mit ihren großen Bücherschätzen bewahrten das alte Wissen.

Vor der Erfindung des Buchdrucks im 15. Jahrhundert mussten Bücher allerdings von Hand kopiert werden: Sie wurden vor allem in den Schreibstuben der Klöster von gebildeten Mönchen abgeschrieben – allerdings nur, wenn sie inhaltlich geeignet erschienen. Neben christlichen Texten wie Legenden von Heiligen und Märtyrern wurden auch nichtchristliche Texte überliefert, wenn sie sich in die christliche Heilsgeschichte einzufügen schienen; dank dieser *interpretatio Christiana* sind viele heidnische, antike Texte wie z. B. die Metamorphosen Ovids erhalten. Da Schreibmaterialien jedoch kostbar waren, wurden andererseits manche antiken Texte aufgrund ihres vorchristlichen Inhalts getilgt und das Pergament mit Texten christlicher Autoren neu beschrieben (s. Abbildung des Palimpsest).

Bereits seit der römischen Kaiserzeit hatten Codices die bis dahin üblichen Papyrusrollen verdrängt. Ein Codex bestand aus mehreren Blättern Pergament, die beidseitig beschrieben und miteinander befestigt waren. Im Mittelalter wurden diese Codices gebunden und mit einem festen Umschlag versehen, sodass sie zwar nicht gedruckt waren, aber bereits wie Bücher aussahen. Elegante Malereien verzierten oft die wertvollen Manuskripte, in denen sich vor allem die Evangelien oder Heiligenviten befanden.

Beim Abschreiben kam es allerdings, auch ohne bewusste Fälschungen vorzunehmen, teilweise zu Schreibfehlern, teilweise wurden Randbemerkungen als Bestandteile der Texte gedeutet und mit abgeschrieben, sodass Wissenschaftler heutzutage durch textkritisches Arbeiten herausfinden müssen, wie der lateinische Originaltext lautete.

Die Verbreitung der Nationalsprachen und die politische Besinnung auf Nationalstaaten seit dem Absolutismus führten schließlich zum Rückgang des Lateinischen: Belletristische und wissenschaftliche Literatur erschienen zunehmend in französischer, deutscher und englischer Sprache.

Benediktinerinnen-Kloster St. Johann (gegründet vor 800), Kanton Graubünden, Schweiz

In der Hölle D S. 152

Der irische Ritter Tnugdalus führte ein sorgenfreies Leben. Doch um sein Seelenheil bemühte er sich zu wenig – im Gottesdienst ließ er sich kaum blicken und verprasste sein Geld lieber, als es den Armen zu geben. Eines Tages wird er plötzlich ohnmächtig und ist drei Tage lang nicht ansprechbar. Als er wieder aufwacht, hat er Unglaubliches zu berichten:

Deus mīsit angelum[1] suum. Ille dīxit: »Egō tē semper sequēbar ā nātīvitāte[2] tuā quōcumque ībās; et numquam mea cōnsilia audīre volēbās. Tamen deī misericordia tibī nōn dē-erit. Mē igitur sequere[3] et quaecumque tibī mōnstrābō, memoriā tenēbis, quia iterum ad corpus tuum redībis.«

Ergō dūxit animam Tnugdalī ad vallem saevissimam et tenebrōsam[4] et plēnam carbōnibus[5] ārdentibus. Angelus[1] explicāvit: »In istam vallem venient homicīdae[6]. Illī miserī hīc cremābuntur. Tum renovābuntur[7] et iterum atque iterum idem tormentum[8] patientur.«

Tum euntēs vīdērunt stāgnum[9] ingēns. Inerat multitūdō bēstiārum saevārum, quae poscēbant, ut animās dēvorārent[10]. Trāns stāgnum[9] erat pōns angustissimus et longissimus. Angelus[1] dīxit: »Vidēs istum pontem. Eī[11] clāvēs ferreae acūtissimae īn-fīxae sunt[11], quae omnium trānseuntium pedēs laedent. Et bēstiae convenient ad pontem, ut inde cibōs sūmant. Haec erit poena fūrum[12]. Etiam tū istum pontem trānsīre dēbēbis, et bovem indomitam[13] tēcum dūcēs, quia bovem fūrātus es[14].« Ergō anima maximō cum dolōre pontem trānsiit. Angelus[1]: »Memoriā tenēbis dolōrēs neque umquam alium fūrtum[15] faciēs.«

1 **angelus,** ī *m.*: Engel
2 **nātīvitās,** nātīvitātis *f.*: Geburt
3 **sequere**: *Imperativ zu* sequī
4 **tenebrōsus,** a, um: dunkel
5 **carbō,** carbōnis *m.*: Kohle
6 **homicīda,** ae *m.*: Mörder
7 **renovāre**: erneuern
8 **tormentum,** ī *n.*: Qual; Folter
9 **stāgnum,** ī *n.*: See
10 **dēvorāre**: verschlingen
11 **Eī … īnfīxae sunt**: Sie ist beschlagen mit sehr spitzen Nägeln aus Eisen
12 **fūr,** fūris *m.*: Dieb
13 **indomitus,** a, um: ungezähmt
14 **fūrātus es**: du hast geraubt
15 **fūrtum,** ī *n.*: Diebstahl

1. **Gliedern Sie den Text mithilfe der Konnektoren und geben Sie den Abschnitten Überschriften.**
2. **Fassen Sie den Inhalt in eigenen Worten zusammen.**
3. **Beschreiben Sie das Tempusprofil des Textes und seine Funktion für die Erzählung.**
4. **Benennen Sie die Absicht des Engels und stellen Sie Vermutungen über die Reaktion des Tnugdalus an.**

Amīcum crās vidēbō. Crās amīcus ad-erit.
Numquam mea cōnsilia audīre volēbās.

G S. 26/27 (7.3.3)
G S. 59 (esse)
G S. 59 (velle)

Das Fegefeuer, frz. Buchmalerei aus dem 14. Jhdt.

Jenseitsvorstellungen in Antike und Mittelalter

In der römischen Antike gab es zahlreiche Vorstellungen davon, was nach dem Tod des Körpers mit der Seele geschehe: Einige Römer vermuteten, dass beides zugrunde gehe. Weil aber die meisten an eine Art Fortleben nach dem Tod glaubten, gaben sie Verstorbenen Münzen mit. Hiermit sollten sie den Fährmann Charon bezahlen, der sie über die Styx, den Fluss der Unterwelt, ins Reich der körperlosen Schatten brächte. Nachdem die Toten anschließend am Kerberos, dem dreiköpfigen Hund des Herrn der Unterwelt, vorbeigegangen waren, mussten sie vor Richtern Rechenschaft über ihr Leben ablegen. Wer gegen die Götter gesündigt hatte, dem drohte ewige Bestrafung im Tartarus.

Das Christentum wurde attraktiv, weil es die Auferstehung von den Toten verspricht. Allerdings fürchteten viele, im Tod vor Gottes Gericht nicht zu bestehen. Um die Seele zu läutern, müssen vor der Seligkeit im Himmel, die Jesu Tod ermöglicht hat, die Sünden im Fegefeuer abgebüßt werden.

21

1 Wortschatz. Übersetzen Sie die Wendungen.

misericordiam monstrare
pontem angustum transire
consilium memoria tenere
poenam pati
bestiis cibum dare
vallis animarum plena

2 Wortfamilien. Ergänzen und übersetzen Sie.
Bsp.: *fugere - fuga*

complere –
finire –
saevire –
dolere –
misereri –

3 »Odd man out«. Welcher Begriff passt nicht? Begründen Sie Ihre Wahl.

a) pons – vallis – forum – consilium
b) anima – animal – bestia – bos
c) poena – miser – memoria – cremare
d) transire – iterum – pons – vallis

4 Fremdwörter. Nennen Sie das lateinische Ausgangswort und die Bedeutung.

a) Monstranz – Krematorium – Pontifex
b) Patient – Läsion – re-animieren
c) Bestiarium – Animation – Video

5 Futur - auf Deutsch!
Übersetzen Sie folgende Futurformen:

laedam: ich ______________ verletzen
mittes: du ______________ schicken
ibunt: sie ______________ gehen
cremabit: ____________________________________
in-erit: ____________________________________
sequetur: ____________________________________

6 Futur: Formen erkennen. Unterstreichen Sie die Futurformen. Nennen Sie die Grundform und die Konjugation.

monstro – laedam – redeunt
cremabantur – transiebamus – sequeris
arsisti – facies – passi sumus
dicet – debuerat – visi erant
erit – vellent – ibamus

7 Futur: Formen bilden mit System
Bestimmen Sie die Konjugation und bilden Sie das Futur im Aktiv (und Passiv).

a) monstrat	*a-Konj.*	*monstra-bi-t*	*monstra-bi-tur*
b) cremant			
c) amas			
d) teneo			
e) laedit			
f) audimus			
g) vincis			

8 Schlechte Aussichten. Ergänzen und übersetzen Sie im Futur.

Angelus ad Tnugdalum:
Tu pontem (transire).
Poenam furti[1] (dare[2]).
Bovem saevum tecum (ducere).
Iter plenum periculorum (esse).
Ita anima tua (servare, Passiv).

1 furtum, i *n:* Diebstahl – **2 poenam dare**: büßen

9 Formen erkennen. Markieren Sie die Formen von *velle* und übersetzen Sie sie (im Indikativ).

volamus – voluimus – voluntatis
vis – viris – vultis – vix – vivis
vallem – vellem – velim – venirem
vota – vias – veteres – volueras – veras

10 Gute Vorsätze? Ergänzen Sie die passende Form von *velle* und übersetzen Sie.

Tnugdalus: Hodie consilia angeli[1] audire …
- Heri[2] ea audire non …
- Sed ante audire numquam …
- Cras[3] homo melius esse …
- Semper deo placere …

1 angelus: Engel – **2 heri**: gestern – **3 cras**: morgen

11 Vokabeln nachschlagen. Stellen Sie aus den Texten der Lektionen 19–21 Wörter zusammen, die sich schwer im Wörterbuch finden lassen. Führen Sie sie auf die Grundform zurück.

Bsp.: vult → velle → wollen

12 Aus der Regel des Hl. Benedikt. Übersetzen Sie die Überschriften der Kapitel. Schlagen Sie ggf. nach.

Quae sunt instrumenta bonorum operum.
Quot Psalmi dicendi sunt.
Quibus temporibus »Alleluia« dicatur.
Si quid debeant monachi proprium habere.
De disciplina suscipiendorum fratrum.

13 Die wunderbare Weinernte. Schlagen Sie unbekannte Wörter nach und übersetzen Sie.

Miles quidam vineam possidebat. Ut erat usus, decimam partem vindemiae monasterio proximo dare voluit. Hoc autem anno copia uvarum minima erat. Ergo unicam carratam[1] vini, quam collegerat, monachis dedit. Postero autem die vinea iterum plena uvarum erat. Sic deus devotioni militis praemium dabat.

1 carrata, ae *f:* Fass

14 Grammatik nachschlagen: Verben. Bestimmen Sie mithilfe des Tabellenteils und übersetzen Sie (im Indikativ).

possidebat – tenebatur – dixerat – ducti erant – daretis – daremini – invenies – videberis – audiat – aspiciatur

Weinlese. Aus einem Bauernkalender (September), 1160/1170, Leon, Spanien

22

Brandgefährlich D S. 153

Im 4. Jahrhundert n. Chr. lebte in Rom der reiche, angesehene Christ Silvester. Er wird als Papst Silvester I. in die Geschichte eingehen. Eine Legende besagt, dass er den an Lepra erkrankten Kaiser Konstantin den Großen durch die Taufe geheilt haben soll und dann dessen engster Berater wurde. Kein Wunder, dass Konstantin ihn bei einer großen Bedrohung Roms um Rat fragt.

Eō enim tempore dracō ingēns prope Rōmam in foveā[1] vīxit.

Aliquot diēs post baptisma[2] Cōnstantīnī[3] nūntiī ad hunc vēnērunt dīcentēs: »Imperātor, ille dracō, quī est in foveā[1], plūs quam trecentōs[4] hominēs cottīdiē interficit igne suō.« Cōnstantīnus dē hōc cum Silvestrō locūtus respondit sē id factūrum esse: »Egō per Chrīstī virtūtem faciam, ut ille dēsinat.«

Dīcunt nūntiī sē in ūnum deum crēditūrōs esse, sī hoc faciat.

Ōrāntī autem Silvestrō Sānctus Spīritus[5] appāruit dīcēns: »Sine cūrā ad dracōnem ī cumque ad hunc vēneris, hunc tāliter appellēs: ›Dominus noster Iēsūs Chrīstus hūc veniet iūdicātūrus vīvōs et mortuōs. Tū ergō, Satana[6], exspectā hunc in hāc foveā[1], dum vēnerit.‹ Ōs autem illīus vinciēs fīlō[7]. Tum ad mē sānus veniēs et pānem, quem tibī parāverō, accipiēs.«

It itaque Silvester in foveam[1]. Tum dracōnī prae-dicta verba dīxit et ōs ipsīus resistentis et pūgnantis, ut iussus erat, vīnxit et rediēns invēnit duōs hominēs, quī eum secūtī erant, ut vidērent, sī ūsque ad dracōnem venīret, ex dracōnis foetōre[8] paene mortuōs. Etiam eōs sēcum ex foveā[1] dūxit sānōs, quī statim cum multitūdine ingentī conversī sunt sīcque Rōmānōrum populus ā duōbus perīculīs solūtus est: Ā religiōne daemonis[9] et venēnō dracōnis.

1 **fovea,** ae *f.*: Grube; Graben
2 **baptisma,** matis *n.*: Taufe
3 **Cōnstantīnus,** ī *m.*: Konstantin
4 **trecentī,** ae, a: dreihundert
5 **Sānctus Spīritus**: der Heilige Geist
6 **Satana**: *Vokativ zu* Satanās, ae: Teufel
7 **fīlum,** ī *n.*: Faden
8 **foetor,** ōris *m.*: Gestank
9 **daemōn,** onis *m.*: böser Geist; Teufel

1. **Stellen Sie die zwei bestimmenden Sachfelder des Textes zusammen (der Kampf gegen den Drachen – der Kampf um den Glauben).**
2. **Zeigen Sie anhand der Prädikate die verschiedenen Zeitebenen der Handlung.**
3. **Erläutern Sie die Strategie Konstantins: »Ego per Christi virtutem …«**
4. **Welche Folge hat Konstantins Handeln für die Entwicklung des Christentums in Rom?**

Cum amīcus vēnerit, eum crās vidēbō. G S. 28 (7.4.3)
Amīcus mēcum cēnātūrus ad mē veniet. G S. 40/41 c

Der heilige Silvester verschließt einem Drachen das Maul, Fresko von Maso di Banco, Florenz, 1341.

Heiligenviten

Sich zum Christentum zu bekennen, war während der ersten Jahrhunderte eine durchaus mutige Entscheidung. Zahlreiche Christen wurden verhaftet, verhört und wegen ihres Glaubens getötet. Gerade diejenigen, die trotzdem an ihrem Glauben festhielten, obwohl man ihnen beim Verhör mehrfach und unter Androhung aller Konsequenzen angeboten hatte, vom Christentum abzulassen, wurden als Märtyrer von Glaubensgenossen verehrt. Weil man mehr von ihrem Leben und Wirken wissen wollte, entstand im zweiten Jahrhundert mit dem Verfassen von Heiligenviten eine neue literarische Gattung. Auf der Grundlage zahlreicher Gerichtsakten wurden viele Biographien entworfen, die in erster Linie das vorbildliche, Gott geweihte Leben des Märtyrers priesen.

Wichtiger als historische Glaubwürdigkeit war es, die Tugenden des Heiligen zu loben, durch die er sich bereits in seiner Jugend von anderen Menschen unterschied. Wie bereits antike vorchristliche Helden standen auch Heilige oft an einem Scheideweg, entschieden sich aber gegen die Laster des weltlichen Lebens, auch wenn der Teufel selbst sie versuchte. Ein charakteristisches Merkmal der Heiligenviten sind Wunder, die der Märtyrer vollbracht hat. Da man der Meinung war, dass auch von den Reliquien eine starke Wirkung auf die Gläubigen ausging, sammelte man nicht nur Knochen vermeintlicher Heiliger, sondern beschrieb auch in der Vita erstaunliche Ereignisse, die offensichtlich mit den Reliquien zusammenhingen.

Die *legenda aurea* aus dem 13. Jahrhundert ist die bedeutendste Sammlung von Heiligenviten. Diese literarische Gattung verlor durch die Reformation schließlich sehr stark an Bedeutung.

1 Wortschatz. Übersetzen Sie die Wendungen.

diem dicere
statim huc venire
cottidie apparere
cum nuntio loqui
aliquot dies resistere

2 Verwechslungsgefahr. Nennen Sie die Bedeutung.

hic – huc – hic/haec/hoc
mecum – secum – tecum
dies – duos – dei – dedi
aliquot – aliquando – alius
quem – quam – quidam

3 Wortfamilien.
Leiten Sie die Bedeutung von einem verwandten lateinischen Wort ab.

iudex/iudicium →
cottidianus →
sanitas →
nuntiare →
ad-ventus →
apparitio →

4 Latein und Europa. Nennen Sie das lateinische Ausgangswort und die Bedeutung.

Französisch:
cottidien – juge – résistance – venir

Italienisch:
tempo – più – pane – giudice

Englisch:
apparition – day – to resist – colloquial

5 Bestimmen Sie die Form von *dies* und übersetzen Sie.

Der *dies* war regnerisch. Es war einer von vielen *dierum,* die sie am Meer verbrachten. Er gab dem *diei* noch eine Chance. Hätte er den letzten *diem* oder die vergangenen *dies* doch genutzt! Dann hätte er *in diem* besser surfen gelernt. Aber einige *diebus* später kam doch die Sonne und er dachte sich: »Carpe *diem!*«

6 Bestimmen Sie die Form von *ire* und übersetzen Sie.

Cives in forum *eunt/ibant/ierunt.*
Pater dixit: »*Ite* in forum, liberi!«
Filius: »Iam in forum *ii/ibam.*«
Etiam filia in forum *it,* si potest.
Pater: »Cum *ieritis,* ego quoque *ibo.*«
Filius: »*Imus,* mox huc veniemus.«

7 Futur II – und im Deutschen?
Übersetzen Sie folgende Formen ins Deutsche.

iudicaverit – er wird beurteilt haben/
er hat beurteilt

a) restiterit
b) fecerint
c) apparuero
d) invenerimus
e) appellaveris
f) pugnaveritis
g) solverit

8 Formen bilden mit System.
Bilden Sie das Futur II und übersetzen Sie (im Perfekt).

Präsens	Perfekt-Stamm	Futur II
amat	*amav-*	*amav-erit*
negat		
incitant		
venio		
respondes		
accipitis		
ducimus		

**9 Konstantin will Christ werden.
Markieren Sie das PC und übersetzen Sie.**

a) Constantinus ad fidem Christi conversurus erat.
b) Itaque Silvestrum imperatorem fidem docturum vocavit.
c) Silvester ad imperatorem baptisma[1] quaerentem venit.

1 baptisma, atis *n.*: Taufe

10 Participium coniunctum. Bestimmen Sie das Zeitverhältnis und übersetzen Sie.

Nuntius advenit dicens:
Draconem in fovea[1] viventem interficere debes.
Viri a dracone territi auxilium petunt.
Silvester os draconis magna vi resistentis vincit.
A dracone vincto superari non potest.
Constantinus Silvestro redeunti panem dat.

1 fovea, ae: die Grube

**11 Konstantins Taufversprechen
Markieren Sie die AcIs und übersetzen Sie.**

a) Constantinus se Christianum fore[1] promisit.
b) Dixit se baptisma[2] accepturum esse.
c) Dixit se in Deum crediturum esse.
d) Dixit se multas ecclesias[3] aedificaturum esse.

1 fore: *Infinitiv Futur von esse* – **2 baptisma,** atis *n.*: Taufe – **3 ecclesia,** ae *f.*: Kirche

12 AcI. Bestimmen Sie das Zeitverhältnis und übersetzen Sie.

Christiani credunt
– unum solum Deum esse.
– mundum[1] a Deo creatum[2] esse.
– Iesum Christum mortem vicisse.
– Christum mortuos iudicaturum esse.

1 mundus, i: die Welt – **2 creare**: erschaffen

Die Taufe Konstantins. Malerei im Kölner Dom (14. Jhdt.)

13 Wahlkampf im Kloster. Schlagen Sie unbekannte Wörter nach und übersetzen Sie.

Abbas cuiusdam monasterii aegrotissimus erat. Unus e monachis: »Mox mortem obibit et aeternitate fruetur. Certe fratres me abbatem novum creabunt. Sed modestus videri volo. Itaque alterum fratrem nominabo, qui abbatiae certe non praeerit.« Alii monachi autem: »Quem abbatem eligamus[1]? Quis tam diligenter nos ducet, ut ei obtemperemus?« Ille denique frater electus est, quem unus designaverat. Ita poenam[2] doli dedit.

1 eligamus: *Übersetzen Sie den Konjunktiv mit »sollen«* – **2 poenam dare**: bestraft werden

14 Nomina: Bestimmen Sie die Form, ggf. mithilfe der Grammatik.

a) multitudinis – draconibus – fide
b) huius – illud – quarum
c) vivae – ingenti – sani

15 Verben: Bestimmen Sie die Form mithilfe der Grammatik.

a) viveremus – habitaretis – habebis – geretur
b) locuti erunt – intraveris – sint – faciamus

Griechischer Einfluss auf die römische Kultur am Beispiel des Theaters

Der römische Dichter Horaz (65–8 v. Chr.) zog ein erstaunliches Fazit, als er die kulturellen Leistungen der Griechen und Römer abwog:

Graecia capta ferum victorem cepit et artes intulit agresti Latio.
»Das eingenommene Griechenland nahm seinen wilden Sieger ein und brachte die Künste in das bäuerliche Latium.« *(Horaz, epist. 2,1,156)*

Gerade die Entwicklung des Theaters zeigt, wie gut seine Beobachtung auf die Beeinflussung Roms durch griechisches Gedankengut zutraf.

Theateraufführungen entstanden im antiken Griechenland ursprünglich als Teil kultischer Feste für den Gott Dionysos. Mit der Zeit entstanden daraus die beiden dramatischen Formen: die Tragödie und die Komödie.

Die Tragödie behandelte existenzielle menschliche Fragen wie Schuld und Sühne oder das Schicksal; es ging um Entscheidungen von großer Tragweite: Ein tragischer Held, meist eine mythische Figur, ist in einer ausweglosen Situation und kann, egal, wie er sich entscheidet, nur schuldig werden. Stücke der berühmten Tragödiendichter Aischylos, Sophokles und Euripides gehören noch immer zum Repertoire heutiger Theater.

Die Inhalte der Komödie waren im fünften und vierten Jahrhundert stark von der Tagespolitik bestimmt – sie karikierte Politiker und andere bekannte Personen. Später entpolitisierte sich das Theater und es wurde in den Inszenierungen eher dargestellt, worin angemessenes bürgerliches Verhalten bestand.

Für eine Aufführung reichten drei Schauspieler aus, die Masken trugen, um die verschiedenen Charaktere darzustellen. Hinzu kam, je nach Bedarf, noch ein Chor von bis zu 15 Personen; nur Männer durften auftreten.

Die Aufführungen waren so beliebt, dass im gesamten Mittelmeerraum – und damit auch im Süden Italiens – immer mehr Theater gebaut wurden, wo die Römer bei ihrer Expansion durch Kaufleute, Soldaten und Verwaltungspersonal mit der griechischen Lebensweise erst in Kontakt kamen und dann auch Zuneigung zu ihr entwickelten.

Römische Theatermasken (Museo Capitolino, Mosaik, um 100 v. Chr.)

Livius Andronicus führte 240 v. Chr. erstmals ein ursprünglich griechisches Drama in lateinischer Sprache auf. Zuvor schon gab es in Rom Improvisationstheater und Maskenspiele, in denen derbe Alltagszenen von Bauern und Handwerkern aufgeführt wurden, aber sie wurden unter dem Einfluss der Theaterstücke zu Nachspielen von dramatischen Aufführungen.

Viel beliebter wurden die Komödien, die auf der Grundlage griechischer Stoffe vor allem Plautus (254–184 v. Chr.) und Terenz (ca. 195–158 v. Chr.) erstellten und einige italische Elemente darin einbauten.

Zu den größten römischen Autoren von Tragödien zählt Seneca, aber es ist nicht klar, ob er sie für die Bühne oder eher für das Vorlesen in literarisch interessierten Kreisen geschrieben hat. Insgesamt blieben die griechischen Mythen eine wesentliche Grundlage für die lateinische Bühnenliteratur, allerdings schrieben einige Autoren auch nationalrömische Historiendramen.

Terrakotta-Maske (British Museum, London)

Auch im römischen Theater trugen die Schauspieler Masken, aber nicht mehr aus kultischen Gründen, sondern um sich vor dem Verlust ihrer Ehre zu schützen. In Rom feierte man schauspielerische Talente nicht wie in Griechenland, sondern zählte sie in der Regel zu Halunken und Betrügern.

In der Kaiserzeit förderte besonders Nero das Theater und trat auch selbst auf, was ihm die Senatoren übelnahmen. Das Publikum störte das offensichtlich weniger; Theateraufführungen blieben bis in die Spätantike hinein äußerst beliebt. Möglicherweise war eine Triebfeder, dass Frauen im römisch geprägten Theater nicht nur anwesend sein durften, sondern offensichtlich auch das Theater zu ihren Zwecken nutzten, wie Ovid berichtet:

Spectatum veniunt, veniunt spectentur ut ipsae. (Ovid, ars I,99)
»Um zuzuschauen, kommen sie; sie kommen aber auch, um selbst angeschaut zu werden.«

23

Verwechslung in Epidamnus D S. 154

Menaechmus und Sosicles sind Zwillinge, doch noch im Kindesalter wurde Menaechmus entführt. Anschließend wurde der verbleibende Sohn Sosicles in Menaechmus umbenannt. Als Erwachsener begibt er sich zusammen mit seinem Sklaven Messenio auf die Suche nach seinem entführten Bruder.

Messēniō: Hic annus sextus est – mare omne Graeciamque et omnēs ōrās Ītalicās sumus circumvectī. Sī acum[1] quaererēs, acum[1] invēnissēs iam diū. Hominem inter vīvōs quaerimus mortuum. Nam sī vīveret, eum iam diū invēnissēmus.

Men.-Sos.: Ergō quaerō aliquem, quī mē certiōrem faciat frātrem esse mortuum.

Messēniō: Audī! Parum est pecūniae in marsuppiō[2]. Revertere[3] domum!

Cylindrus, der Koch von Erotium, der Geliebten des »richtigen« Menaechmus, kommt hinzu.

Cylindrus: Menaechme[4], salvē!

Men.-Sos.: Dī tē amant, quisquis es!

Cylindrus: Quisquis sum? Cylindrus egō sum. Nōn nōvistī nōmen meum?

Men.-Sos.: Egō tē nōn nōvī neque nōvisse adeō volō.

Cylindrus: Est[5] tibī Menaechmō nōmen.

Men.-Sos.: Vērum. Sed ubī nōvistī mē?

Cylindrus: Ubī tē nōverim? Amīcam habēs dominam meam Erōtium!

Men.-Sos.: Neque hercle habeō neque sciō tē. Ante hunc diem Epidamnum numquam vīdī neque vēnī!

Cylindrus: Negās?! Īnsānus es! Nōn tū in illīs aedibus habitās?

Men.-Sos.: Dī illōs hominēs, quī illīc habitant, perdant[6]!

Cylindrus: Īnsānit hic quidem, quī ipse maledīcit[7] sibī. Nisī īnsānīrēs, hoc nōn dīcerēs. *(Kopfschüttelnd verschwindet Cylindrus in Erotiums Haus.)*

1 acus, ūs *f.*: Nadel
2 marsuppium, ī *n.*: Geldbeutel
3 revertere: *Imperativ Sg. zu* revertī
4 Menaechme: *Anredeform*
5 est tibī nōmen: du heißt
6 perdant: *Übersetzen Sie den Konjunktiv mit* »sollen«
7 maledīcere: verfluchen

1. **Skizzieren Sie die Personenkonstellation des Textes.**
2. **Stellen Sie die Zeitangaben im Text zusammen. Benennen Sie ihre Funktion im Text.**
3. **Weisen Sie folgende Stilmittel im Text nach und beschreiben Sie ihre Wirkung: Polyptoton, Alliteration, Parallelismus, Hyperbaton.**
4. **Zeigen Sie, wie die zunehmende Überzeugung des Cylindrus, Menaechmus sei »verrückt«, sprachlich gestaltet wird.**

Sī ad cēnam venīrēs, fīliam meam vidērēs. G S. 32 a)
Quaerō aliquem, quī mē adiuvet. G S. 55
Tē nōvisse volō. G S. 59 (velle)

Theater in Bosra, Syrien.

Das römische Theater

Erst 55 v. Chr. weihte Cn. Pompeius Magnus das erste aus Stein errichtete Theater in Rom ein. Bis dahin errichtete man Holzkonstruktionen für Schauspiele, die nach den Aufführungen wieder abgebaut wurden. Ursprünglich mussten die Zuschauer während der Veranstaltung stehen. Die Senatoren befürchteten, dass die Römer – wie die von ihnen besiegten Griechen – verweichlichten, wenn sie sich Theaterstücke im Sitzen ansähen.

Im Gegensatz zu den Griechen bauten die Römer Theatergebäude nicht nur in Berghänge hinein, sondern errichteten sie auch in einer Ebene mit Säulengängen und Platzanlagen. Im Außenbereich gab es Läden und Gastronomie.

Der exakt halbkreisförmige Zuschauerraum war in der Regel in drei Geschosse unterteilt. Die Sitzplätze spiegelten die römische Gesellschaft: Ganz vorne an der Bühne saßen die Senatoren, die folgenden 14 Reihen besetzten die *equites,* danach folgten die römischen Bürger. Durch Säulenhallen, Treppen und Gänge erreichten die Zuschauer ihre Plätze. Sonnensegel schützten die Zuschauer vor allzu großer Hitze.

Gegenüber des Zuschauerraums befand sich ein hohes Bühnengebäude, das das Theater architektonisch abschloss. Bereits in der Antike gab es eine aufwändige Bühnentechnik mit Seilwinden und Krananlagen zum Wechseln von Bühnenbildern, große Vorhänge und Räume für Requisiten.

Die großen Theater haben oft Spuren bis in die Gegenwart hinterlassen. Das Theater des Marcellus, das einst Platz für ca. 15.000 Zuschauer bot, prägt in seiner Architektur noch heute das Stadtbild Roms. Besonders aus der Luft lässt sich erkennen, wie Häuser, Kirchen und Hotels dem Aufbau des Zuschauerrunds folgen.

1 Gegenteile. Verbinden Sie gegensätzliche Wörter und übersetzen Sie.

vivus	invenire
quaerere	nox
noscere	hostis
dies	abire
parum	mortuus
amica	mare
reverti	multum
ora	ignorare

2 Übersetzen Sie die Wendungen.

ad oram vehi
parum pecuniae habere
amicam quaerere
dominam vivam invenire
in aedibus habitare
post multos annos reverti
pecuniam perdere
fratrem invenire velle

3 »Kleine Wörter«. Übersetzen Sie.

Etiam andere Autoren schrieben *iam diu* Erzählungen, *ubi* Zwillinge eine Rolle spielen. *Semper* wird einer *quidem* verloren *aut* verwechselt, *postremo autem* finden sich alle *iterum* zusammen. – Ende gut, alles gut!

4 Noch mehr »kleine Wörter«. Ergänzen Sie die Sachfelder aus dem Lernwortschatz.

a) Mengen: *adeo* …
b) Orte: *illic* …
c) Einschränkungen: *quidem* …
d) Folgerungen: *ergo* …
e) Zeitangaben: *tum* …

5 Konjunktive mit System
Bilden Sie jeweils die 3. Pers. Sg.

	Konjunktiv Imperf.	Konjunktiv Plusquamperf.
amare	*ama-re-t*	*amav-isse-t*
habitare		
quaerere		
invenire		
facere		

6 Konjunktive: Formen erkennen. Ordnen Sie die Formen ein.

Imperfekt		Plusquamperfekt	
Aktiv	Passiv	Aktiv	Passiv

quaereretur – viverent – habuissemus – inventum esset – fuisses – inveniremini – haberem – amati essetis

7 Was wäre wenn?
Übersetzen und ergänzen Sie auf Deutsch.

Si femina/vir essem …
Si multam pecuniam haberem …
Si puellam pulchram/puerum pulchrum viderem …
Si antiquis temporibus vixissem …
Si consul Romanus fuissem …
Si fratrem amisissem …

8 Eine verzweifelte Situation! Übersetzen Sie (pro Minute 1,5 Wörter = 15 Min. max.).

Menaechmus – Sosicles:
»Nisi frater ab-ductus esset, eum nunc non quaereremus. Si eum iam invenissemus, nunc pecunia nobis non ab-esset. Nisi fratrem amarem, spem iam diu amisissem. Sed nisi eum mox invenimus, omnia perdita[1] erunt.«

1 perdita erunt: wird verloren sein

9 Ein finsterer Plan… Übersetzen Sie auf Zeit (pro Minute 1,5 Wörter = 30 Min. max.).

Fabulam[1] Shakespeari poetae[2] audire volumus: Cum Macbeth[3] quidam rex Scotiae[4] esse vellet, cum uxore consilium cepit:
»Rex mihi cedere non vult, neque mox volet. Ego autem iam diu rex esse volebam. Quid vis tu?«
Uxor: »Si tu re vera rex esse voluisses, regem iam diu interfecisses!«

1 fabula: Geschichte – **2 poeta** *m.*: Dichter – **3 Macbeth**: Eigenname – **4 Scotia**: Schottland

Die drei Hexen prophezeien, dass Macbeth bald Königin sein wird. Gemälde von Théodore Chassériau, 1855.

10 Indefinitpronomina.
a) Markieren Sie den veränderlichen Teil.
b) Bestimmen Sie KNG.
c) Nennen Sie die Bedeutung.

quisquis – aliquem – quaedam
quosque – aliquarum – cuiusdam
quidquid – aliquas – quaecumque

11 Gliedsätze. Nennen Sie die Art des Gliedsatzes und übersetzen Sie. G S. 37

Sosicles fratrem non iam invenit …
- postquam eum longe quaesivit.
- cum eum longe quaereret.
- quem longe quaerebat.
- quia pecunia ei deerat.
- quocum natus[1] erat.

1 nasci, nascor, natus sum: geboren werden

12 »Klitzekleine Wörter«. Nennen Sie die Grundform und schlagen Sie die Bedeutung nach.

te – tuti – tueor – di – die – dedi
regi – rei – reri – sis – si – suis

13 Vor dem Auftritt I. Schlagen Sie unbekannte Wörter nach und übersetzen Sie.

Ein Schauspieler mahnt das Publikum zur Ruhe.

»Si edicta mea diligenter servatis, bene est.
Curate, ne scortum in proscaenio sedeat,
neu lictor verba muttiat,
dum histrio in scaena sit.«

14 Verbformen. Bestimmen und übersetzen Sie mit Hilfe der Grammatik.

noluisses – facti erant – malim – lati essetis
nolebamus – fit – tulerit – malui

Theater (Bildmitte) im Stadtmodell des Museo della Civiltà Romana

24

Mein geliebter Menaechmus! D S. 155

Kurz darauf kommt Erotium, die Geliebte des »echten« Menaechmus, aus dem Haus, vor dem noch immer Menaechmus-Sosicles und sein Sklave Messenio stehen.

Erōtium: Animule mī[1], quid hīc stās forīs? Veniās! Intrēs! Omne parātum est, ut iussistī atque ut voluistī. Nē morātus sīs!

Men.-Sos.: Quōcum haec mulier loquitur?

Messēniō: Equidem tēcum. – Men.-Sos.: Certē haec mulier aut īnsāna aut ēbria[2] est, Messēniō. Quid faciāmus? – Messēniō: Egō eam ad-loquar. Heus mulier, ubī tū hunc hominem nōvistī?

Erōtium: In Epidamnō! – Messēniō: In Epidamnō? Quī hūc in hanc urbem vēnit neque umquam nisī hodiē fuit?

Erōtium: Hēia! Dēliciās[3] facis! Sed, mī Menaechme[1], intrēs! Eāmus intrō, ut cēnēmus! Aut cūr mē iussistī tibī parāre cēnam?

Men.-Sos.: Egō tē iussī parāre cēnam? – Erōtium: Certē, tibī et parasītō tuō[4]. – Men.-Sos.: Cui parasītō[4]? Crēdās hanc mulierem dēlīrāre! – Erōtium: Pēniculō. – Men.-Sos.: Quis iste est Pēniculus? Ista dēsinat dēlīrāre! – Erōtium: Scīlicet, quī tēcum vēnit, cum vestem mihī dētulistī quam ab uxōre tuā surripuistī.

Men.-Sos.: Quid est? Tibī vestem dedī quam uxōrī meae surripuī? Minimē! Neque umquam uxōrem habuī neque habeō neque hūc umquam, postquam nātus sum, aedēs tuās intrāvī! Nesciōquem, mulier, alium hominem, nōn mē quaeris.

Erōtium: Nōn egō tē nōvī, Menaechmum, Moschī fīlium patris!? Syrācūsīs[5] nātus esse dīceris. – Men.-Sos.: Hercle! Haud falsa dīcis. Tē comiter. – Messēniō: Nē fēceris! Perīrēs, sī intrārēs!

Men.-Sos.: Taceās. Rēs bene geritur. Assentābor[6] mulierī, quidquid dīcat, sī possum hospitium nancīscī.

1 animule mī/mī Menaechme: Mein Schatz/mein Menaechmus
2 ēbrius, a, um: besoffen
3 dēliciae: Witze
4 parasītus, ī *m.*: Schmarotzer
5 Syrācūsīs: in Syracus
6 assentārī: zustimmen *(hier: Futur)*

1. **Stellen Sie alle Pronomina aus dem Text zusammen und ordnen Sie sie nach den Bezugspersonen.**
2. **Vergleichen Sie, mit welchen Begriffen Menaechmus und Erotium sich gegenseitig ansprechen.**
3. **Zeigen Sie, welche sprachlichen Mittel Erotium benutzt, um ihren dringlichen Wunsch durchzusetzen.**
4. **Charakterisieren Sie den »echten« Menaechmus und belegen Sie Ihre Aussagen am Text.**

Quem ad cēnam invītēmus?
Ad cēnam veniant.

G S. 32/33

London, Shakespeare's Globe Theatre, Panorama des Innenraums.

Tradition und Rezeption der Antike in der Neuzeit

Die Begeisterung für die griechischen Mythen ließ weder in der lateinischen Literatur der römischen Antike noch in der frühen Neuzeit nach. Vielmehr adaptierten die Autoren antike Texte, passten sie ihrer Nationalsprache an und verzichteten auf die Verwendung von Masken.

Der wichtigste englische Dramatiker William Shakespeare (1564–1616) profitierte davon, dass England unter Elisabeth I. (reg. 1558–1603) zur Weltmacht aufstieg, in der das Bürgertum einen angemessenen Platz für sich als gebildete Elite einforderte. Entsprechend stieg das Interesse an kulturellen Veranstaltungen wie Theateraufführungen. Shakespeare orientierte sich architektonisch mit seinem Globe Theatre erkennbar an der Antike: die Bühne befand sich weiterhin unter freiem Himmel, allerdings war sie vollständig von einem Innenhof umgeben; die einfachen Zuschauer standen unten, die höheren Stände saßen in Balkonen rundherum, sodass es weiterhin eine soziale Differenzierung gab.

Bereits in seiner ersten Komödie im Jahr 1592 *(The Comedy of Errors)* griff Shakespeare die Geschichte der Menaechmi als literarisches Vorbild auf und verband dies mit einer weiteren Komödie des Plautus, dem Amphitruo, in der Herren und Sklaven verwechselt werden. Auch in weiteren Komödien finden sich Anklänge an antike Vorlagen, teils als *play within the play.*

Die Beliebtheit der antiken Stoffe führte dazu, dass die Motive, besonders das der Verwechslung, immer wieder aufgegriffen wurden und das Publikum als Buch, Theaterstück und Film begeisterten.

1 Sachfelder. Nennen Sie jeweils das gemeinsame Thema und übersetzen Sie.

a) foris – intro – intrare – morari
b) hospitium – comitari – cenare
c) deferre – loqui – tacere – iubere
d) delirare – falsus – insanus – perire

2 Ein Wort – viele Bedeutungen. Übersetzen Sie.

rem gerere: *eine Sache …*
bellum gerere: *einen Krieg …*
vitam gerere: *sein Leben …*
se male gerere: *sich …*
scelus gerere: *ein Verbrechen …*
rem publicam gerere: *den Staat …*

3 Im Gasthaus. Übersetzen Sie die Begrüßung der Wirtin.

»Schön, dass du *huc* gekommen bist! *Quisquis te comitatur,* ist willkommen. *Intrate!* und bitte *ne foris morati sitis.* Überall lobt man unser *hospitium.* Mädchen, *deferte vestes* unserer Gäste. *Scilicet cena iam parata est.*«

4 Wortfamilien. Nennen Sie verwandte Wörter und leiten Sie die Bedeutung ab.

Bsp.: rapina → rapere → Raub
– comes →
– gloriari →
– delirium →
– mora →
– iussum →
– voluntas →

5 Konjunktiv Präsens mit System
Nennen Sie die Konjugation und bilden Sie den Konjunktiv Präsens.

	Konjugation	Konjunktiv Präsens
iube-mus		
tace-nt		
rapi-o		
inveni-t		
capi-o		
cred-i-t		
intra-t		
para-mus		

6 Konjunktive erkennen.
Nennen Sie die Moduskennzeichen und sortieren Sie:

	Aktiv	Passiv
Konjunktiv Präsens		
Konjunktiv Imperfekt		
Konjunktiv Perfekt		
Konjunktiv Plusquamperfekt		

desinat – acti essent – sit – intraret – laudavissem – fuissemus – deliraveritis – essetis – quaeraris – iussi sint – tacerem – paravissetis – starem – dederint

7 Pronomina I. Ordnen Sie zu und übersetzen Sie.

istum	dierum
has	maria
horum	hominem
id	orae
istius	mulieres
ea	nomen

8 Pronomina II. Entscheiden und übersetzen Sie.

(Haec, hoc, hanc) taberna[1] pulchra est.
(Eius, id, eam) intremus!
(Ista, isti, istis) mulier nos novit.
Ab (earum, ei, ea) cena parata est.
(Hos, hoc, huic) hospitium nobis placet.

1 taberna: Laden; Wirtshaus

9 Deponens oder nicht?
Übersetzen Sie entsprechend die Deponentien im Aktiv und die anderen Wörter im Passiv.

a) accipitur – moratur – loquimur
b) quaerimur – comitamur – moveor
c) sequebantur – capiebantur
d) pellebantur – moriuntur

10 Satzglieder. Bestimmen Sie die Satzglieder und übersetzen Sie.

Erotium Sosiclem ante aedes videt.
Cuius formam non ignorat.
Amicum suum esse putat.
Viris cenam dare vult.
Verbis puellae tandem victus est.

11 Konjunktiv im HS. Übersetzen Sie passend und nennen Sie die Funktion.

Erotium: Veniatis!
Omnes domum intremus!

Sosicles: Quid faciamus?
Puellam sequamur!
Fortuna nos adiuvet!

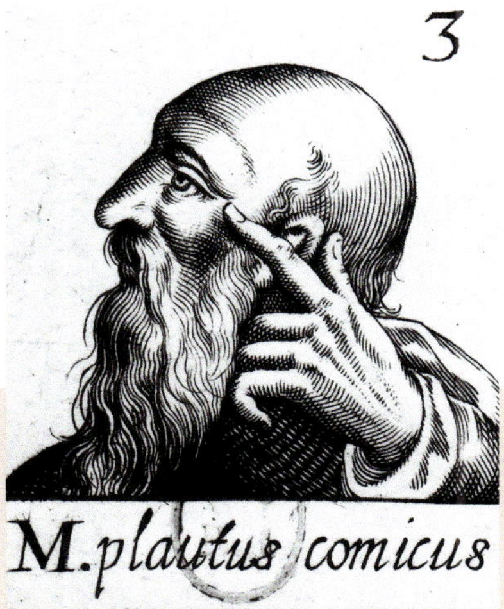

Titus Maccius Plautus, röm. Komödiendichter, ca. 244–184 v. Chr. Plautus inszenierte die Verwechslungsgeschichte über Menaechmus und Sosicles in einer seiner Komödien (Die Menaechmi).

12 Vor dem Auftritt II. Schlagen Sie unbekannte Wörter nach und übersetzen Sie.

Histrio spectatores monet:
»Matronae tacitae spectent, tacitae rideant, hic voce sua tinnire temperent.
Se domum conferant, si sermonem facere volunt. Ne et hic et domi viris sint molestiae!«

13 Nachschlagen: Finden Sie in jeweils 30 Sekunden die Grundform.

aliquarum – feliciorum – perseveravisti – quibuscumque – meminissent

14 Wörterbuch-Profi. Ermitteln Sie in jeweils 30 Sekunden die Grundform:

a) conscriptae sunt – ministrent – esuriens
b) requietem – voluntariis – fidei

1. Der Gast kommt nicht

Gaius Plinius, ein reicher und gebildeter Adliger, lädt häufig zum Essen und geselligen Zusammensein ein.

Gāius Plīnius saepe amīcōs ad cēnam invītat.

Hodiē Septicium Clārum exspectat.
Akkusativ → Objekt (wen?) Subjekt in der Verbform enthalten: er … (= Plinius)

Iam cūnctae dēliciae[1] parātae sunt:

vīnum, *olīvae, cāseī,* pānis[2], botellī[3], ōva[4].
Endung: Singular oder Plural? Wort im Neutrum: Singular oder Plural?

Iam cūncta familia in ātriō[5] est.

Dominus <u>et</u> familia diū exspectant et dīcunt:
Singular oder Plural?

»Quid est? Ubī est Septicius?«

Sed amīcus nōn venit.

So geht es ja nicht! Deshalb beschwert sich Plinius schriftlich bei seinem Freund.

Gaius Plinius grüßt seinen Septicius[6]

Quid est? Tē exspectō ad cēnam – nec venīs?
Endung: Welche Person? Endung: Welche Person?

Cūnctās dēliciās[1] habeō (ut semper):
Akkusativ → Objekt zu habeō (wen oder was?)

Habeō vīnum, *olīvās, cāseōs,* pānem[2], botellōs[3], ōva[4].

Sed tū – quid facis? Apud alium cēnās!

Fortāsse[7] vōs cēnam apparātiōrem[8] habētis;
Endung: Welche Person?

vōs ostrea[9], vulvās[9], echīnōs[9] cēnātis;
Endungen: Singular oder Plural?

vōs Gādītānās[10] vidētis et scorta[10] habētis.

Sed apud nōs semper nūgās[11] dīcimus!

Dum cēnāmus, audīssēs[12] cōmoedōs, lectōrem, lyristēn.
Endung: Welche Person? Plinius spricht hier von sich selbst und seinem Gast

Sī tē ad cēnam exspectō, aut venīre aut excūsāre[13] dēbēs!

Valē[14].

1 **dēliciae** *(Pl.)*: Köstlichkeiten

2 **pānis** (*Akk.* pānem): Brot

3 **botellus**: Würstchen

4 **ōvum**: Ei

5 **in ātriō**: im Atrium, in der Eingangshalle

6 *typische Grußformel zu Beginn eines Briefes*

7 **fortāsse**: vielleicht

8 **apparātior** (*Akk.* apparātiōrem): üppiger

9 **ostreum, vulva, echīnus**: Auster, Gebärmutter der Sau, Seeigel

10 **Gādītāna/scortum**: attraktive Tänzerin aus Cadiz/Prostituierte

11 **nūgae**: Scherze

12 **audīsses comoedōs, lectōrem, lyristēn**: hättest du Komödianten, einen Vorleser, einen Lyraspieler zu hören bekommen.

13 **excūsāre**: sich entschuldigen

14 **Valē**: Lebe Wohl!

2. Sklaven

Ein anderer Abend wenige Tage später: Wieder hat Plinius Freunde zum Essen eingeladen – und der Wein löst die Zunge.

Etiam hodiē Plīnius multōs amīcōs ad cēnam exspectat.

Nam saepe cum amīcīs cēnat.

mit wem? Subjekt in der Verbform enthalten: er … (= Plinius)

Decimā[1] hōrā ad-veniunt et dīcunt: »Salvē[2]!«

wann? Subjekt in der Verbform enthalten: sie … (= die Freunde)

Iam in triclīniō[3] sunt, cēnant, vīnum petunt:

Mārcus: »Ehō[4], servī! Ubī estis?

Welche Person?

Semper idem[5] – nōn audiunt!«

Servī veniunt et vīnum apportant[6]: »Iam ad-sumus!«

Plīnius: »Vidētis: Servī meī nēquam[7] nōn sunt.

Sed interdum[8] nōn satis[9] labōrant.«

Mārcus: »Molliter[10] servōs tuōs habēs[11] … –

Cum dominum nōn metuunt[12], sine cūrā agunt.«

Akkusativendung → nicht das Subjekt

Pūblius: »Egō multōs servōs putō amīcōs.

Mēcum cēnant[12],

dē vītā disputāmus[13],

puerī cum līberīs meīs lūdunt …

Fortūnā malā servī sunt – «

Mārcus: »*Keineswegs! Dies habe ich gehört* dē servīs »bonīs«:

Servī Lārcium dominum capiunt, gladiō petunt, occīdunt.«

Plīnius: »*Ja, wir werden von Gefahren bedrängt,* sed nōn sōlum ā servīs, sed fortūnā. Itaque vēra[14] dīcis, Pūblī.«

1 decimus, a, um: der zehnte

2 Salvē!: Sei gegrüßt!

3 triclīnium: Esszimmer

4 Ehō: He!

5 idem: dasselbe

6 apportāre: bringen

7 nēquam: faul

8 interdum: inzwischen

9 satis: genug

10 molliter: zu lax, zu nett

11 habēre: *hier:* behandeln

12 metuunt: *Subjekt sind die Sklaven*

13 disputāre: diskutieren; *Achten Sie auf die Personalendung!*

14 vēra: etwas Wahres

3. Der Philosoph und die Thermen

Lucius Annaeus Seneca, ein reicher Römer und stoischer Philosoph, weilt gerade im Badeort Baiae. Doch an Ruhe ist nicht zu denken …

Nam multīs Rōmānīs placet thermās[1] petere –
wem? … es gefällt … *welche Bedeutung passt?*
et Seneca suprā balneum[2] habitat[3].

Itaque undique varium clāmōrem[4] audit:
Audit vōcem[5] virōrum et fēminārum, *wenn sie spielen oder trainieren.*
wessen Stimme?
Audit magnum sonum[6] aquae, *wenn sie ins Schwimmbecken springen.*
Audit vōcem[5] ālipilī[7]: Numquam tacet[8]. Etiam aliōs clāmāre cōgit[8].
Audit botulārium[9], popīnārum īnstitōrēs[9], crūstulārium[9]:
»Vidē! Habeō[10] varia crūstula[11].«
»Egō optima crūstula[11] Bāiārum[12] habeō.«
»Dē mē emere dēbēs[10]. Ecce: Tibī duo crūstula[11] dō.
wem?
Etiam fīliō tuō et fīliae pulchrae tuae circulōs[13] dō.«
wem?

Subitō clāmor[4] multōrum virōrum audītur[14]:
»Ubī est toga mea?«
»Fūr[15]! Fūr!«
»Vidēte! Habet[16] togam Mārcī Claudiī!«
»Agite, servī! Fūrem[15] tenēte!«
Aliī virī clāmōrem[4] audiunt
et cum servīs fūrem[15] petunt.
Iam virum malum[17] capiunt et tenent
et togam dominō dant.

Et Seneca? Animum cōgit sibī intentum esse
Er zwingt seinen Geist, nur auf sich selbst gerichtet zu sein,
et studiīs sē dat. Nam philosophō Stōicō silentium necessārium nōn est.
für …

1 **thermae**: die Thermen
2 **suprā balneum**: über einem Bad
3 **habitāre**: wohnen, leben
4 **clāmor,** *Akk.* clāmōrem: Lärm
5 **vōx,** *Akk.* vōcem: Stimme
6 **sonus**: Geräusch
7 **ālipilus**: Haarausrupfer *(der die Achseln enthaart)*
8 **tacet/cōgit**: *Subjekt ist der Haarausrupfer (alipilus)*
9 **botulārium, popīnārum īnstitōrēs, crūstulārium**: einen Wurstverkäufer, Garküchenbetreiber, einen Zuckerbäcker
10 **habeō/dēbēs**: *Welche Person ist das? Achten Sie auf die Endung!*
11 **crūstulum**: Plätzchen
12 **Bāiārum**: von Baiae
13 **circulus**: süße Kringel
14 **audītur**: ist zu hören
15 **fūr,** *Akk.* fūrem: Dieb
16 **habet**: *Wer ist das Subjekt? (Hinweis: nicht Mārcī Claudiī!)*
17 **virum malum**: *Achtung: Das ist nicht das Subjekt – bestimmen Sie den Fall!*

4. Pause im Amphitheater

Die Tier- und Gladiatorenkämpfe des Vormittags sind vorüber – jetzt ist Mittagspause, mit Unterhaltungsprogramm gegen die Langeweile …

Multī hominēs in amphitheātrō[1] sunt:
Senēs et iuvenēs, dīvitēs[2] et pauperēs[2].
Etiam Seneca adest et spectat.
Nam exspectat lūsūs et salēs et aliquid laxāmentī,
… Scherze, witzige Ideen und irgendetwas zur Erholung,
quō oculī hominum ab hūmānō cruōre[3] adquiēscunt.
wodurch … sich erholen.
Ingentī vōce populus clāmat:
»Occīde, verberā[4], ūre[4]!«
»Cūr tam timidē[5] in-currit in ferrum?«
»Cūr tam timidē[5] vulnera ef-fugit?«
»Cūr tam timidē[5] occidit?«
»Cūr mortem timet?«
Pūgna ācris est.
Subitō ūnus ē gladiātōribus[6] magnā vōce clāmat,
cadit,
nōn iam sē movet.
Mortuus est!
Spectātōrēs excitātī[7] nōmen victōris clāmant.
Seneca: »Nōn iam pūgnae, sed caedēs et homicīdia[8] sunt!
»Das sind keine Kämpfe mehr, sondern …
Gladiātōrēs sē tegere nōn possunt:
Nōn galeā, nōn scūtō ferrum ācre re-pellunt.
Nicht mit einem Helm, nicht mit einem Schild …
Tōtīs corporibus expositī[9] sunt.
Sed quō[10] mūnīmenta[11]?
Quō[10] artēs?
Omnia ista[12] morae mortis sunt.«

1 **amphitheātrum,** ī: Amphitheater
2 **dīvēs, pauper**: reich, arm
3 **cruor,** cruōris *m.*: Blut
4 **verberā, ūre!**: schlage!; verbrenne! *(Imperativ, vgl. Grammatik)*
5 **tam timidē**: so ängstlich
6 **ē gladiātōribus**: von den Gladiatoren
7 **excitātus,** a, um: aufgeregt
8 **homicīdium,** ī: Gemetzel
9 **expositus,** a, um: ungeschützt
10 **quō?**: wozu?
11 **mūnīmentum,** ī: Rüstung
12 **ista** *(n. Pl.)*: diese Dinge

5. Schwierige Landung

Weil die Gallier Unterstützung aus Britannien bekommen hatten, wollte Caesar auf die Insel übersetzen. Doch als die Römer die steile, hügelige Küste erreichten, wurden sie bereits vom Feind erwartet. Caesar beschloss deshalb, weiterzufahren und sieben Meilen weiter an einer flachen Stelle anzulanden.

Sed barbarī cōnsilium Rōmānōrum cognōvērunt.

Itaque equitātum[1] et essedāriōs[2] prae-mīsērunt.

Etiam reliquae cōpiae vēnērunt, ut nostrōs ē nāvibus ēgredī prohibērent.

… um die Unsrigen daran zu hindern, aus den Schiffen auszusteigen.

Die Lage gestaltete sich schwierig:

Mīlitēs nostrī (magnīs et gravibus armīs pressī)

unter der Last der großen und schweren Waffen

dē nāvibus dēsilīre[3] et in flūctibus cum hostibus pūgnāre dēbuērunt.

Hostēs aut ex āridō aut paulum in aquam prōgressī

… entweder vom Trockenen aus oder nur wenig ins Wasser vorgerückt

tēla mīsērunt et equōs incitāvērunt.

Territī nostrī nōn magnō studiō pūgnāre potuērunt.

Erschrocken

Ubī Caesar hoc vīdit,

Als Caesar dies

nāvēs longās[4] ad latus apertum hostium mōvit

et iussit tēlīs hostēs re-pellere ac dē-movēre.

mit Wurfgeschossen die Feinde zurückzuschlagen und wegzubewegen.

Ūsus magnus fuit.

Sed mīlitēs nostrī dubitāvērunt maximē propter altitūdinem maris.

… besonders wegen der Tiefe des Meeres.

Itaque mīles, quī[5] aquilam[6] tulit, deōs in-vocāvit:

»Dī bonī! Semper nōbīs ad-fuistis[7], cum auxilium petīvimus.

Facite[8], ut[9] rēs fēlīciter ēveniat!«

Tum magnā vōce dīxit:

»Dēsilīte[8], nisī vultis[10] aquilam[6] hostibus trādere«

et dē nāve dēsiluit atque in hostēs aquilam[6] ferre coepit.

1 equitātus, ūs: Reiterei

2 essedārius, ī: Streitwagen

3 dēsilīre: dē + salīre

4 nāvis longa: wendiges Kriegsschiff

5 quī: der

6 aquila: Adler

7 ad-fuistis: *Achten Sie auf die Person, die Götter werden angesprochen.*

8 facite: *Imperativ, vgl. Grammatik*

9 ut rēs fēlīciter ēveniat: dass diese Sache gut ausgeht

10 vultis: ihr wollt

6. Wer wagt, gewinnt?

Den Verlust der Feldzeichen vor Augen zögerten die Soldaten nicht länger: Sie forderten sich gegenseitig auf, diese Schande nicht zuzulassen, und sprangen alle ins Wasser. Als dies die Soldaten in den anderen Schiffen sahen, taten sie es ihnen gleich.

Pūgna ācris erat.

Nostrī tamen,

quod neque ōrdinēs servāre neque sīgna subsequī[1] poterant,
weil sie weder die Schlachtordnung bewahren noch …

magnopere perturbābantur.
gerieten in große Verwirrung.

Nam quīcumque[2] dē nāve dē-siluerat et lītus petēbat,

nōn suō, sed alicui signō sē adgregābat[3].
nicht seinem, sondern irgendeinem Feldzeichen

Hostēs vērō, *die alle Untiefen kannten,*

ubī ē lītore singulōs ex nāve ēgredientēs[4] cōnspexerant,
als sie von der Küste aus …

equōs incitābant,

impedītōs[5] petēbant,

multī paucōs circum-dabant,

aliī ā latere apertō in omnēs tēla iactābant.

Caesar

ubī hoc[6] vīderat,

scaphās[7] nāvium mīlitibus complēvit

et iīs, quōs magnō in perīculō cōnspexerat, auxilium mittēbat.
… denen, die er in großer Gefahr …,

Simulatque nostrī in lītore cōnstitērunt,

in hostēs impetum fēcērunt atque eōs[8] in fugam dedērunt[9].

Sed nōn potuērunt eōs[8] subsequī[1],

quod equitēs cursum tenēre atque īnsulam capere nōn potuerant.

Hoc ūnum ad prīstinam[10] fortūnam Caesarī dē-fuit.
Dies allein

Simulatque hostēs victī sē ex fugā recēpērunt,
Sobald die besiegten Feinde

statim ad Caesarem lēgātōs dē pāce mīsērunt.

1 subsequī + *Akk.: jdm.* folgen

2 quīcumque: jeder, der

3 sē adgregāre: sich anschließen

4 ēgredientēs: aussteigen

5 impedītī: die schwer bepackten und nicht kampfbereiten Soldaten

6 hoc *(Akk. n.):* das

7 scapha, ae: Beiboot

8 eōs *(Akk. Pl.):* sie/ihnen

9 in fugam dāre: in die Flucht schlagen

10 prīstinus, a, um: früher

7. Staatliche Tempelräuber

In den Jahren 73–71 v. Chr. war Verres Statthalter in Sizilien. Nach dem Ende seiner Amtszeit wurden jedoch Stimmen laut, er habe sein Amt missbraucht. Der begabte Anwalt und Redner Cicero übernimmt die Anklage. Hier berichtet er, wie Verres die Gemeinde Tyndaris erpresste.

Ubī Verrēs in oppidum vēnit,
statim Sōpatrum proāgorum[1] iussit
sīgnum Mercuriī Messānam[2] auferre.
Sōpater respondit
religiōnem id[3] prohibēre,
senātum nōn permittere atque poenam cōnstitūtam esse.
… und eine Strafe beschlossen worden ist
Tum Verrēs:
»Quam mihī religiōnem nārrās, quam poenam, quem senātum?
Was erzählst du mir da von Religiosität, von Strafe, vom Senat?
Vīvum tē nōn relinquō nisī mihī sīgnum trādis.«
Tamen Sōpater negat Verrem statuam auferre posse.

Erat hiems summa, tempestās perfrīgida, imber maximus,
Es herrschte tiefster Winter, sehr kaltes Wetter, viel Regen
cum populus vīdit
līctōrēs[4] Sōpatrum praecipitem in forum iactāre
nūdumque cōnstituere
atque in statuā C. Mārcellī vincīre.

Quō cruciātū sit adfectus, necesse est omnibus venīre in mentem:
Was für Qualen er erlitt, das …
Nam erat vinctus nūdus in aere, in imbrī, in frīgore.
Denn er war nackt gefesselt an die Bronzestatue, im Regen, in der Kälte.
Neque tamen fīnis iniūriae crūdēlitātisque fuit
dōnec populus, atrōcitāte reī misericordiāque commōtus,
bis das Volk, bewegt von der Grausamkeit der Strafe und von Mitleid,
senātum clāmōre coēgit, ut[5] statuam Mercuriī Verrī prōmitterent.
Clāmābant sē vindictam deōrum immortālium metuere
, dass sie die Rache …
et nōn oportēre hominem innocentem[6] occīdere.

Tum senātus ad Verrem venit, prōmittit sīgnum.
Ita Sōpatrum dē statuā vix vīvum auferēbant.

1 proāgorus, ī: Ortsvorstand
2 Messānam: nach Messina
3 id *(Akk. n.)*: das
4 līctōrēs: die Liktoren *(Leibwächter der hohen römischen Beamten)*
5 ut … prōmitterent: dass sie … versprechen
6 innocēns: unschuldig

8. Ich bin ein römischer Bürger!

Als Höhepunkt der Anklage gegen Verres erzählt Cicero den Fall von Publius Gavius: Er war von Verres ins Gefängnis von Syrakus geworfen worden, hatte jedoch fliehen können …

Gavius clam ē lautumiīs[1] effūgerat Messānamque[2] vēnerat.
Cum prope iam Ītaliam vīdit et quasi lūce lībertātis re-vīxit,
Als er in der Nähe … und sozusagen durch das Licht der Freiheit wiederauflebte
Messānae[3] nārrāre coepit
[sē in itinere esse Rōmam[2]].
Dīxit [sē cōnsilium cēpisse Rōmānīs facinora Verris aperīre].
… den Römern die Verbrechen des Verres zu offenbaren.

Iam nāvem in-iit,
cum eum retrahunt et ad magistrātum dūcunt,
als sie ihn zurückziehen …
eōque diē[4] cāsū[5] Messānam[2] Verrēs vēnit.
Ad eum referunt, [cīvem Rōmānum dīcere
Sie informieren ihn [also Verres], dass ein römischer Bürger sagt,
[sē in lautumiīs[1] fuisse]];
narrant [Gavium iam nāvem inisse, sed sē eum retrāxisse].

Verrēs hominibus grātiās agit et eōrum dīligentiam laudat.
Tum īrātus in forum venit.
Ārdēbant oculī crūdēlitāte, cum iubet
Seine Augen brannten vor Grausamkeit, …
[līctōrēs[6] Gavium mediō in forō nūdāre[7] et virgās[8] ad-ferre].

Gavius miser clāmābat
[sē cīvem Rōmānum esse,
sē meruisse[9] cum L. Raeciō, splendidissimō[10] equite Rōmānō].
Sed frūstrā.

Caedēbant virgīs in mediō forō Messānae cīvem Rōmānum,
Sie peitschten mit Ruten mitten auf dem Forum von Messana einen römischen Bürger aus,
et nūllum gemitum[11], nūllam vōcem aliam miserī audiunt,
nisī haec[12]: »Cīvis Rōmānus sum.«
Sed id Verrem nōn mōvit: Crucem[13], crucem, parābat, –
et ita, ut Gavius, quoniam [sē cīvem Rōmānum esse] dīceret,
und zwar so, dass Gavius, weil er sagte, …
ex cruce[13] Ītaliam vidēre posset.
vom Kreuz aus Italien sehen konnte.

1 lautumiae: Steinbrüche (von Syrakus), *berüchtigtes Gefängnis*
2 Messānam/Rōmam: nach Messina/nach Rom
3 Messānae: in Messina
4 diēs (*Abl.* diē): Tag
5 cāsū: zufällig
6 līctōrēs: Liktoren *(Leibwächter von hohen römischen Beamten)*
7 nūdāre: nackt ausziehen
8 virga, ae: Rute *(zum Auspeitschen)*
9 merēre: Kriegsdienst leisten
10 splendidissimus, a, um: sehr berühmt
11 gemitus, ūs: Seufzen
12 haec: dies
13 crux, crucis *f.*: Kreuz

9. Europa und der Stier

Wieder einmal hat sich Jupiter in ein sterbliches Mädchen verliebt. Das Problem: Die Königstochter Europa ist selten allein. Doch Jupiter hat eine Idee und ruft seinen Sohn und treuen Diener Merkur zu sich:

»Fīlī«, inquit, »pelle[1] moram

celerīque cursū terram pete[1],

quam indigenae Sīdōnia dīcunt.

… die Ureinwohner Sidonien nennen.

Ibī bovēs rēgis, quōs grāmine pāscī[2] vidēs, ad lītus age[1]!«

Statim Mercurius id, quod pater iusserat, fēcit:

Iam bovēs dē monte veniunt et lītora petunt,

ubī fīlia rēgis cum virginibus lūdēbat.

Nōn bene conveniunt māiestās et amor:

Nicht gut passen zusammen Majestät …

Scēptrum[3] dē-pōnit pater rēxque deōrum,

quī nūtū concutit orbem terrārum,

mit seinem Nicken den Erdkreis erschüttert

cuius dextra ignēs tenet.

Tum induitur faciem taurī,

Dann legt er das Aussehen eines Stieres an,

sē inter bovēs miscet, mūgit[4], herbīs gaudet.

Eurōpae ea, quae videt, placent:

Europa gefällt das,

»Ecce iste[5] bōs, quī ibī stat quī-que nōs spectat!

Quam[6] pulcher est!

Cuius color niveus est, habitus[7] fortis, cornua[8] sunt *ēlegantia*.

Seine Farbe ist schneeweiß, …

Venit ad mē!«

Et puella herbās carpit[9], quās bovī dat.

Gaudet amāns[10] et ōscula[11] dat manibus;

modo lūdit salitque in herbā, modo latus niveum[12] pōnit in terrā.

bald … bald …

Iam Eurōpa audet cōnsīdere[13] super tergum taurī.

Quī pedēs pōnit in undās et cum virgine ā lītore abit.

1 pelle/pete/age: *Imperativ = Befehlsform (Jupiter spricht Merkur an)*

2 grāmine pāscī: grasen

3 scēptrum: Szepter

4 mūgīre: muhen

5 iste: diesen da

6 quam: *hier:* wie

7 habitus: Haltung

8 cornū *n.*: Horn

9 carpere: pflücken

10 amāns: der Liebende

11 ōsculum, ī: Kuss

12 niveus, a, um: schneeweiß

13 cōnsīdere super tergum taurī: sich auf den Rücken des Stieres zu setzen

10. Daedalus und Ikarus

Daedalus hat für König Minos auf der Insel Kreta das berühmte Labyrinth für den Minotaurus gebaut. Jetzt will Daedalus wieder auf das griechische Festland zurückkehren, doch König Minos lässt ihn nicht gehen.

Daedalus longum *exsilium* perōsus[1] graviter dīxit:
»Mīnōs terrās et undās claudit,
sed caelum certē apertum est.
Auf diesem Weg müssen wir gehen.«
Dīxit et animum (dī-)mittit in īgnōtās novāsque artēs: *nātūram novat.*
und richtet seinen Geist auf …
Nam pōnit in ōrdine pennās[2]:
Ā minimā incipit,
longam post breviōrem pōnit,
longissima ultima est, ut[3] vērās imitētur avēs.
Puer Īcarus propius stābat
et, quia perīcula futūra īgnōrat, sine cūrīs lūdit:
weil er die zukünftigen Gefahren nicht kennt
Modo pennās[2] faciliōrēs, quās aura mōverat, celeriter captābat,
modo cēram[4] pollice[5] molliōrem facit
und behinderte durch sein Spiel das Werk seines Vaters.
Daedalus, postquam manum ultimam im-posuit, fīliō cārissimō dīxit:
Nachdem Daedalus letzte Hand angelegt hatte,
»Bene audī[6]! Tē moneō: Mediā viā curre[6], Īcare[7]!
Sī propius terrae ībis[8], unda pennās[2] graviōrēs faciet[8],
sī altius, ignis sōlis incendet[8].«

Zitternd und mit weichen Knien legt Daedalus seinem Sohn die Flügel an, dann machen sie sich auf den Weg.

Sed puer coepit gaudēre volātū[9]
Aber der Junge begann
dēseruit-que ducem
et altius iter ēgit quam pater iusserat.
Pater īnfēlīcissimus dīcēbat: »Īcare[7], Īcare, ubī es?«
Tum pennās[2] longissimē dispersās[10] aspexit in undīs,
dēvōvit[11] artēs suās,
corpus sepulcrō[12] condidit.

1 **perōsus,** a, um: aus Hass auf
2 **penna**: Feder
3 **ut vērās imitētur avēs**: sodass er wirkliche Vögel imitiert
4 **cēra**: Wachs
5 **pollex,** pollicis: Daumen
6 **audī**: *Imperativ = Befehlsform (vgl. Grammatik)*
7 **Īcare**: *Anredeform*
8 **ībis, faciet, incendet**: *Futur zu* ire, facere, incendere, *übersetzen Sie mit Präsens*
9 **volātus,** ūs: Flug
10 **dispersus,** a, um: verstreut
11 **dēvovēre,** -voveō, -vōvī, -vōtum: verfluchen
12 **sepulcrum**: Grab

11. Der Untergang Trojas

Nach seiner Flucht aus Troja gelangte Aeneas nach Karthago, wo er von Königin Dido freundlich aufgenommen wurde. Er erzählt ihr, wie seine Heimatstadt nach zehnjährigem Krieg durch eine List der Griechen fiel:

Frāctī bellō ducēs Danaum[1] dīvīnā arte Palladis
Gebrochen durch den Krieg … mithilfe der göttlichen Kunst von Pallas Athene
equum ingentem aedificāvērunt.
Quem[2] clam mīlitibus complēvērunt.
Vōtum prō reditū[3] fēcērunt
et omnibus nāvibus lītus relīquērunt,
ut nōs crēderēmus[4] [eōs abisse[5]].
Omnis Teucria[6] sē solvit (ex) longissimā[7] trīstitiā;
aperuimus[4] portās,
iuvābat vidēre castra dēserta hostium et lītus relictum:
es machte Freude, das leere Lager der Feinde und die verlassene Küste zu sehen:
Dōnum Danaōrum[1] spectābāmus.
Iam prīmī poposcērunt, ut equum in urbem traherēmus.
Schon forderten die ersten,

Sed sapiēns Lāocoōn dīxit:
»Meine bedauernswerten Mitbürger! Warum solche Dummheit?
Crēditis [hostēs abisse]?
Vertraut nicht dem Pferd, Trojaner! Was auch immer es ist, ich fürchte die Griechen, selbst wenn sie Geschenke bringen.«
Cum ita nōs monuisset, tamen nōn audīvimus:
Aperuimus moenia, ut *mōnstrum* īnfēlīx in urbem moverēmus.

Mediā nocte Danaī[1] equum relīquērunt.
Cum vigilēs[8] cecīdissent, portās aperuērunt.

Cum Danaī[1] urbem somnō vīnōque sepultam invāderent,
die in Schlaf und Wein begrabene Stadt
ante oculōs (ego) vīdī Hectorem[9] mortuum.
Suādēbat, ut cum familiā ex urbe fugerem.

Jeder Windhauch erschreckte uns,
et cum ad portās vēnissēmus, audīvimus pedēs hostium.
Ruimus[10] per portās et fūgimus per campōs,
sed, cum respicerem, uxor nōn iam adfuit.

1 Danaī (*Gen.* Danaum *oder* Danaōrum): die Griechen
2 Quem: *rel. Satzanschluss (vgl. Grammatik)*
3 reditus, ūs *m.: Erschließen Sie aus* red-ire
4 *Welche Person? Achten Sie auf die Personalendung!*
5 eōs abisse: *AcI mit Infinitiv Perfekt (vgl. Grammatik)*
6 Teucria: Troja
7 longissima: *Superlativ/Elativ (vgl. Grammatik)*
8 vigil, vigilis: Wache
9 Hector: *im Krieg gefallener trojanischer Held*
10 ruere, ruō, ruī: stürzen, rennen

12. Aeneas und Dido

Königin Dido hatte Aeneas nach seiner Flucht aus Troja freundlich aufgenommen – und die beiden verlieben sich. Doch die Götter haben ein anderes Schicksal für Aeneas bestimmt: Er soll in Italien ein neues Volk gründen. Deshalb bereitet er seine Abreise aus Karthago vor.

Sed Dīdō cōnsilia – quis fallere potest amantem? – prae-sēnsit.
– wer kann eine Liebende täuschen? –
Saevit[1] sine animō per tōtam urbem.
Tandem haec[2] Aenēae dīxit:
»*Du versuchst sogar,* ut clam meā terrā dēcēdās?
Nec tē noster amor tenet? Mē-ne fugis?
Bei diesen Tränen, bei unserem Eheversprechen:
Sī mē umquam amāvistī[3],
rogō tē, ut maneās et mēcum imperēs.
Propter tē pudōrem meum āmīsī[3],
propter tē Libycī populī regēsque Nomadum nōs ōdērunt.
… hassen uns die Völker Libyens und die Könige der Numider.
Nunc mē dēseris, cum ubīque hostēs sint?
Nē filium quidem mihī dedistī[3], ut memoriam tuī[4] tenērem!«
Nicht einmal einen Sohn …

Pius Aenēās lūmina nōn movēbat, ut cūram conderet:
»Numquam, rēgīna[5], negābō[6], quantum fēceris prō mē.
Neque[7] clam fugiō,
neque[7] Carthāginem[8] vēnī[3], ut[9] tē in mātrimōnium dūcerem,
neque[7] egō cōnsilium cēpī[3] Carthāginem relinquere.
Agere vītam[10] auspiciīs meīs[11] nōn possum:
Vōtum Iovis est, ut in Ītaliam eam[12].
Dies ist meine Liebe, dies ist mein Vaterland!
Dēsine mēque tēque incendere tuīs querēlīs[13]:
Hör auf, mich und dich
Ītaliam nōn sponte[14] petō, sed cum fātum mē coēgerit.«

1 saevīre: rasen; wüten

2 hic, haec, hoc: dies (*Akk Pl. n.:* haec)

3 *Perfektformen: Welche Person? Wie lautet die Grundform? Schlagen Sie ggf. die Stammform im alph. Wortschatz nach!*

4 tuī: an dich

5 rēgīna: Königin

6 negābō: werde ich leugnen

7 neque … neque … neque: nicht … und nicht … und nicht

8 Carthāginem: nach Karthago

9 ut … dūcerem: um dich zu heiraten

10 vītam agere: mein Leben führen

11 auspiciīs meīs: nach meinem Willen

12 eam: *Form von* īre

13 querēla: Klage

14 sponte: freiwillig, aus eigenem Wunsch

13. Die Gründung Roms

Der römische Geschichtsschreiber Livius berichtet auch über die in mythischer Vergangenheit liegende Gründung der Stadt Rom:

Haec[1] erat orīgō urbis Rōmae
et prīncipium maximī imperiī secundum[2] deōrum opēs.
Rhēa Silvia Vestālis[3]
cum vī compressa geminōs peperisset,
als sie nach einer Vergewaltigung Zwillinge geboren hatte
– sīve ita putāns, sīve quia deus auctor culpae honestior erat –
– sei es, … , sei es, weil ein Gott als Urheber der Schuld ehrenhafter war –
dīcit [Mārtem patrem fīliōrum esse].
Sed nec dī nec hominēs fīliōs ā crūdēlitāte rēgis[4] servant:
Rēx servum puerōs in fluentem aquam Tiberis[5] ex-pōnere iubet.
Der König befiehlt einem Sklaven, die Jungen …
Fāma est, cum alveus cōnstitisset locō siccō,
Es gibt das Gerücht, dass, als die hölzerne Wanne an einem trockenen Ort anlandete,
[lupam[6] sitientem
ex montibus ad puerōs flentēs vēnisse eōsque aluisse.]
… gekommen sei und sie ernährt habe.
Ita puerōs invēnit pāstor[7]
– [Faustulum fuisse nōmen] ferunt[8] –,
quī puerōs uxōrī dedit.

(Einige glauben, dass sie von den Hirten »lupa« genannt wurde, weil sie sich mit jedem eingelassen habe – daher der Ursprung der Sage.)

Aliquandō,
cum iam erant iuvenēs,
Rōmulum et Remum cupiditās cēpit,
ut in iīs locīs,
ubī Faustulus eōs invēnerat,
urbem conderent.
Tum autem certāmen erat,
quī[9] nōmen novae urbī daret, quī-que imperium tenēret.
Frātrēs augurium[10] exspectantēs vīdērunt voltures[11]:
Prīmus Remus videt sex[12], tum Rōmulus duplicem[12] numerum.
In certāmine frātrum [imperium sibī poscentium] Remus cecidit[13].
Nōtior autem est fāma Remum novōs mūrōs frātris trāns-siluisse,
… dass Remus die neuen Mauern seines Bruders übersprungen habe,
ut is eum interficeret.
Igitur nōmen urbis appellāmus ā frātre imperium sōlō tenente.
Deshalb nennen wir den Namen der Stadt nach dem Bruder …

1 haec: dies
2 secundum deōrum opēs: *hier:* nach dem Reich der Götter
3 Vestālis: Vestalin *(Priesterin der Vesta; Vestalinnen müssen Jungfrau bleiben)*
4 rēgis: *der König fürchtete in den Kindern Konkurrenten um den Thron*
5 Tiberis, Tiberis *m.*: Tiber *(Fluss durch Rom)*
6 lupa, ae *f.*: Wölfin
7 pāstor, pāstōris *m.*: Hirte
8 ferunt: man sagt
9 quī: wer
10 augurium, ī *n.*: göttliche Entscheidung durch den Vogelflug
11 voltur, volturis *m.*: Geier
12 sex/duplex: sechs/doppelt
13 cecidit: *Perf. von* cadere: fallen/sterben

14. Lucretia

Collatinus hatte die Wette mit seinen Freunden gewonnen, wessen Ehefrau die beste sei – Lucretia hatten sie keusch Wolle spinnend angetroffen. Bei diesem Besuch hatte sich jedoch Tarquinius in sie verliebt und beschloss, sie ein zweites Mal zu besuchen:

Lucrētia hospitēs[1] bene recēpit [servīs cēnam bonam praestantibus].

[Omnibus cēnantibus] Tarquinius nēminem spectābat nisī[2] Lucrētiam.

[Cuius[3] fōrmā et virtūte incitantibus] Tarquinius oculōs āvertere nōn potuit.
… konnte Tarquinius seine Augen nicht abwenden.

Mox eum cēpit mala libīdō Lucrētiae per vim stuprandae.
Bald ergriff ihn … Lucretia zu vergewaltigen.

Post cēnam omnēs in cubicula[4] sē recēpērunt.

Aliīs dormientibus Tarquinius autem amōre ārdēns ad Lucrētiam vēnit.

Manū sinistrā mulierem pressit et »Tacē, Lucrētia«, inquit.
Mit seiner linken Hand drückte er die Frau herunter und sagte: …

»Sextus Tarquinius sum; ferrum in manū est.

Tē interficiam[5], sī nōn tacēs.«

Lucrētiā pavidā[6] mortem exspectante

Tarquinius amōrem cōnfessus est[7], ōrābat, miscuit precibus minās[8].

Eā nōn audiente neque mortem timente addidit aliās minās[8]:

Er sagte, dass er, wenn sie tot sei, einen erdrosselten Sklaven nackt neben sie legen werde, damit alle glauben, Lucretia sei beim Ehebruch ertappt und getötet worden.

Quō[9] terrōre Tarquinius cum vīcisset, abiit.

Lucrētia nūntium ad marītum mittit, ut cum amīcīs veniat.

Uxōrem maestam in cubiculō[4] invēnit.

Marītō interrogantī[10], quid accidisset,
was geschehen war,

Lucrētia respondit:

»Vestīgia virī aliēnī in lectō[11] tuō sunt;

cēterum corpus est tantum violātum[12], haud animus.

Mein Tod wird Zeuge sein. Nehmt Rache!«

Marītō stupente[13] sē ipsam interfēcit.

1 hospes, hospitis *m.:* Gast

2 nisī: außer

3 cuius: *rel. Satzanschluss:* ihre *(also Lucretias)*

4 cubiculum: Schlafzimmer

5 interficiam: *Futur:* ich werde …

6 pavidus, a, um: zitternd

7 cōnfessus est: er gestand

8 mina: Drohung

9 quō terrōre: *rel. Satzanschluss* = eō terrōre; *sortieren Sie so:* Cum Tarquinius eō terrōre vīcisset …

10 marītō interrogantī: *PC im Dativ; lösen Sie am besten mit zwei durch* »und« *verbundenen Hauptsätzen auf:* Ihr Ehemann …

11 lectus: Bett

12 violātus, a, um: verletzt; vergewaltigt

13 stupēre: verblüfft dastehen

15. Welche Staatsform ist die beste?

Cicero erzählt, wie sich ein Kreis illustrer Politiker um Scipio Africanus versammmelt, um verschiedene staatstheoretische Themen zu diskutieren. Unter anderem beschäftigen sie sich mit den unterschiedlichen Regierungsformen.

Laelius:

»Tē, Scīpiō, rogō, ut nōbīs explicēs,

quem statum[1] cīvitātis optimum putēs.
welche Staatsform du für die beste hältst.

Nam aequum est dē rē pūblicā potissimum prīncipem reī pūblicae dīcere –«
Denn es ist angemessen, dass über den Staat in erster Linie dessen Leiter spricht.

Philus »et« inquit »tū ūsū in rē pūblicā ā nūllō vinceris.
du wirst ___

Et ea rēs saepe ā tē cum Panaetiō[2] et Polybiō[2] disserēbātur.«
sie/diese Sache wurde ___

Scīpiō: »Cum rogor,
Wenn ich _____ werde/Wenn man mich fragt …

quod genus reī pūblicae maximē probem,
welche Staatsform ich am ehesten befürworte/am höchsten schätze

dīcō [nostram rem pūblicam longē optimam esse].

Nam sunt tria genera reī pūblicae:

Cum summa rērum est apud ūnum, is ūnus rēx vocātur.
Wenn die größte Macht bei einem einzelnen liegt, …

Cum autem ā paucīs ēlēctīs regimur, tum iī optimātēs[3] dīcuntur.
Wenn wir aber von einigen Ausgewählten regiert _______ …

Ea autem appellātur cīvitās populāris, in quā in populō sunt omnia.
Der Staat aber, in dem alles beim Volk liegt, _______ Volksstaat _______ .

Sed eōrum trium generum nūllum est *perfectum*.

Nam facile in vitia convertuntur.

Tālis est omnis rēs pūblica, quālis est nātūra et voluntās eius, quī eam regit:
Jede Staatsform ist so (beschaffen), wie der Charakter und der Wille desjenigen, der sie regiert:

Cum rēx iniūstus esse coepit, perit id genus, et est tyrannus[4].
Praeclārum genus optimātium[3] convertitur in imperium factiōnis[5],
nimia lībertās populī erit īnfīnīta licentia[6] sine ūllīs lēgibus.

Longē optimus autem est status[1] nostrae reī pūblicae,

cum in eō inveniantur omnia,
alles das, was…

quae laudantur in tribus generibus.«

1 status, ūs *m.*: Zustand

2 Panaetius, Polybius: *griech. Philosophen*

3 optimātēs: »Optimaten«; die Besten

4 tyrannus, ī *m.*: Tyrann; Gewaltherrscher

5 factiō, factiōnis *f.*: kleine Clique

6 erit īnfīnīta licentia: wird zu ungezügelter Freiheit

16. Agrarreform und Bürgerkrieg

Nach der Annexion der spanischen Provinzen kam es immer wieder zu Aufständen – vor Numantia musste Rom kapitulieren. Der ausgehandelte Vertrag wurde jedoch vom Senat nicht ratifiziert.

Tiberius Gracchus, quō auctōre[1] id foedus āctum erat,

[poenam metuēns] tribūnus plēbis[2] factus est.

Obwohl er ein Mann von höchster Begabung und vielen Fähigkeiten war, ließ er die Optimaten im Stich.

Lēgem agrāriam[3], quae senātuī nōn placuerat, rogāvit[4]

[omnibus statim cupientibus]

et ōrātiōne ācrī effēcit,

ut Octāviō collēgae[5] [prō bonō reī pūblicae stantī]

dass dem Kollegen Octavius,

imperium abrogārētur.

das Amt entzogen wurde.

Sīc lēx accepta, sed rēs pūblica in perīculum ad-ducta est.

Annō post Tiberius alterum tribūnātum[2] petīvit.

Tum P. Scīpiō Nāsīca,

cum[6] esset necessārius Ti. Gracchī,

[patriam cognātiōnī praeferēns]

zog er damals das Vaterland der Verwandtschaft vor und

optimātēs[7] atque partem equestris ōrdinis[8] et plēbis ad-monuit,

ut rem pūblicam servārent.

Gracchus [in Capitōliō stāns cum catervīs[9] suīs] ab iīs petītus est

et [fugiēns dē-currēns-que ā Capitōliō],

frāgmine subselliī[10] occīsus est.

Corpus eius ingentī crūdēlitāte victōrum in Tiberim dēiectum est.

1) Id initium in urbe Rōmā cīvīlis sanguinis fuit,

In Rom war dies der Beginn des Bürgerkrieges

2) inde iūs vī obrutum est et

von da an wurde das _____ mit _____ ausgelöscht

3) bella nōn causīs inita sunt, sed prout eōrum mercēs fuit.

und Kriege _____ grundlos _____, je nachdem, welchen Gewinn man sich davon versprach.

Quod haud mīrum est:

Nōn enim ibī cōnsistunt exempla, unde coepērunt.

1 quō auctōre: auf dessen Betreiben hin

2 tribūnus plēbis / tribūnātus: Volkstribun / Tribunat

3 agrārius, a, um: Acker(Gesetz)

4 rogāre: *hier:* in der Volksversammlung zur Abstimmung einbringen

5 Octāviō collēgae: *der Volkstribun Octavius hatte mit seinem Veto das Gesetz verhindern wollen*

6 cum: obwohl

7 optimātēs: »Optimaten«

8 ōrdō equestris: Ritterstand

9 caterva, ae *f.*: Haufen

10 frāgmen subselliī: Trümmerteil eines Senatssitzes

17. Ein Götterstreit mit Folgen

In den Metamorphosen erzählt Ovid die Geschichte von Apoll, der sich unsterblich in die Nymphe Daphne verliebt. Auslöser des Ganzen ist ein Streit zwischen Phoebus Apoll und dem Liebesgott Cupido:

Prīmus amor Phoebī Apollinis erat Daphnē –
[nōn sorte, sed īrā Cupīdinis datus].

Apollō superbus [serpente[1] victā] Cupīdinem [arcum[2] trahentem] vīderat
et »quid« inquit, »tibī vīs, puer, cum fortibus armīs?
»Was willst du, Junge, mit diesen mächtigen Waffen?«
Mē decent tālia.
Die stehen mir besser zu Gesicht.
Tibī satis est face tuā[3] amōrēs vel movēre vel pellere!«
Für dich genügt es, …
Fīlius Veneris [tālibus verbīs ācribus incitātus] deō respondit:
______ der Sohn der Venus von solch harten Worten ______ war, entgegnete er dem Gott:
»[Omnibus *mōnstrīs* arcū[2] tuō victīs] nēmō mē superāre potest:
kann mich niemand überragen:
Um wie viel alle Tiere einem Gott unterlegen sind, um so viel kleiner ist dein Ruhm als der meine!«

Dīxit, abiit, duo tēla prōmpsit[4] ē pharetrā[5]:
Aureum, quod facit amōrem, plumbeum[6], quod pellit (amōrem).
Einen goldenen, der
Hoc[7] deus in nymphā fīxit, at illō[7] laesit Apollinem.
Statim alter[8] amat, fugit altera[8] nōmen amōris.
Igitur nympha vōtum[9] [in animō clausum] patrī aperuit;
[manibus collum circumdatīs] »da mihī« ait »perpetua esse virgō.
Quod dedit ante iam pater Diānae.«
[Quibus verbīs audītīs] permittit fīliae, ut sōla in silvīs vīvat.

Da Daphne so schön ist, begehrt Apollo dennoch, sie zu heiraten. Er bewundert ihre strahlenden Augen, ihre Lippen (und wünscht sich, sie zu küssen), ihre Finger, Hände und Arme. Das, was er nicht sieht, reizt ihn noch mehr …

1 serpēns, serpentis *f.*: Schlange
2 arcus, ūs *m.*: Bogen
3 fax, facis *f.*: Fackel
4 prōmere, prōmpsī, prōmptum: nehmen
5 pharetra, ae *f.*: Köcher
6 plumbeum: einen Pfeil aus Blei
7 hoc/illō: diesen/mit jenem *(bezieht sich auf die Pfeile)*
8 alter/altera: *gemeint sind Apollo und Daphne*
9 vōtum: *Die Nymphe Daphne hat sich vorgenommen, keusch wie ihr Vorbild, die Jagdgöttin Diana, zu leben.*

18. Eine aussichtslose Flucht

Daphne genießt ihr freies Leben im Wald, aber Phoebus Apoll hat es auf die hübsche Nymphe abgesehen und stellt ihr nach …

Fugit illa celerius aurā neque ad haec re-vocantis verba cōnsistit:
Jene flieht schneller als der Wind und hält auch nicht auf die Worte dessen, der sie ruft, an:

»Nympha, precor, manē! Nōn tē sequor hostis[1].
Amor est mihī causa sequendī[2]! Mē miserum[3]!

Das Gelände ist schroff: Lauf langsamer, ich bitte dich, damit du nicht stürzt. Auch ich will dir langsamer folgen. Doch frage, wem du gefällst. Du weißt nicht, vor wem du fliehst, und nur deshalb fliehst du. Jupiter ist mein Vater, durch mich wird verkündet, was ist, was war, und was sein wird.«

Plūrima loquēbātur[4], sed nympha celerī cursū fūgit:
Nūdābant ventī corpus, obvia flāmina vibrābant[5] vestēs,
aura retrō dabat[6] capillōs – fōrma fugā aucta est!

Apoll setzt, von der Liebe getrieben, zur Verfolgung an:

Ut canis leporem[7] videt,
et hic praedam petit, ille salūtem (petit),
sīc deus et virgō:
est hic spē celer, illa (celeris est) timōre.

[Vīribus absūmptīs] Daphnē undās patris[8] intuēns
beim Anblick der Wellen ihres Vaters
precāta est: »Fer, pater, opem! Melius est morī!
Aut perde *figūram,* quā nimis placuī, mūtandō[9]!«

[Prece vix dictā] torpor gravis occupat corpus,
da ergreift eine schwere Lähmung die Glieder,
in frondem capillī,
die Haare werden zu Laub,
in rāmōs bracchia crēscunt.
die Arme zu Ästen.

Nitor[10] virginis manet ūnus in illā arbore.
Hanc quoque Phoebus amat complexusque ōscula[11] dat arborī:
»Quoniam[12] coniūnx mea nōn potes esse, arbor mea es!«

1 hostis: als Feind
2 sequendī: zu folgen
3 mē miserum: Oh ich Armer!
4 loquēbātur: *Subjekt ist Apoll*
5 obvia flāmina vibrābant: der Gegenwind ließ ihr Kleid flattern
6 retrō dare: nach hinten wehen
7 lepus, leporis *m.*: Hase
8 undās patris: *Daphnes Vater ist der Flussgott Peneius*
9 mūtandō: durch eine Verwandlung
10 nitor: Glanz
11 ōsculum: Kuss
12 quoniam: da du ja …

19. In Flammen

In seinen Annalen berichtet Tacitus von einem verheerenden Brand, der unter Kaiser Nero ausbrach. Dieser stellte die größte Katastrophe für die Stadt Rom dar – und es hielt sich das Gerücht, Kaiser Nero selbst könnte den Brand gelegt haben!

Incendium in eā parte (urbis Rōmae) ortum est,

quae Palātīnō Caeliōque montibus proxima est.
der den Hügeln Palatin und Caelius am nächsten liegt.

Ignis coepit[1] in tabernīs[2], quibus *flamma* alitur,

tum aliōs vīcōs[3] ad populandum cēpit[1]

citus ventō et flexīs itineribus, quālis vetus Rōma fuit.
es war schnell durch den Wind und die engen Straßen, aus denen das alte Rom bestand.

Was aber macht der Kaiser währenddessen?

Eō in tempore Nerō nōn ante in urbem regressus est
quam ignis ad domum eius vēnisset.

Subito cōnsilium cēpit hominēs iuvandī:

1) Fugientibus campum Mārtis[4] ac monumenta Agrippae[4], hortōs[4] etiam suōs aperuit, Dativ-Objekt: für die Fliehenden öffnete er…

2) domūs ad cīvēs inopēs[5] accipiendōs aedificāvit,

3) pretium frūmentī dēminuit[6].

Aber nicht einmal durch seine Großzügigkeit kann Nero das Gerücht widerlegen, er selbst habe Rom in Brand gesteckt und die Katastrophe sogar noch besungen.

Cēterum Nerō vidēbātur condendae urbis novae glōriam quaerere –
et ūsus est patriae *ruīnīs* ad domum novam sibī aedificandam.
Itaque Nerō rūmōris[7] abolendī[8] causā Chrīstiānōs accūsāvit.

Einige Christen gestanden und denunzierten weitere, die schließlich »wegen ihres Hasses gegen die Menschen« zu einem grausamen Tod verurteilt wurden:

Crucibus af-fixī ad noctem illūminandam[9] ūrēbantur.
Man heftete sie ans Kreuz und verbrannte sie ____________________

1 coepit: von »anfangen« ≠ cepit von capere »ergreifen«

2 taberna, ae *f.*: Geschäft

3 vīcus, ī *m.*: Stadtviertel

4 campus Mārtis, monumenta Agrippae, hortī: Marsfeld, Gärten des Agrippa

5 in-ops: mittellos; arm

6 dēminuere: verringern

7 rūmor, rūmōris *m.*: das Gerücht

8 abolēre: beenden; zerstreuen

9 illūmināre: erleuchten

20. Befehl zum Selbstmord

Seneca hatte einige Jahre lang als Erzieher und Berater die Regierungsgeschäfte für den jungen Kaiser Nero geführt. Schließlich ließ ihn Nero aber aus dem Weg räumen:

Missus est ad Senecam ūnus ex centuriōnibus[1]
ad imperium Nerōnis nūntiandum.
Seneca interritus poposcit testāmentī tabulās[2];
ac [negante centuriōne][1] ad amīcōs versus[3] haec ferē locūtus est:
»Nunc mihī moriendum est.
Cum vōbīs grātiam referre nōn possum, (Kausalsatz)
hoc ūnum et tamen pulcherrimum vōbīs relinquam[4]:
imāginem vītae meae,
quae semper vōbīs memoriā tenenda est.

Sed flendum nōn est, re-tinēte lacrimās!
Ubī sunt praecepta sapientiae, ubī studia tot annōrum?
Quis īgnōrat Nerōnis crūdēlitātem?
[Mātre frātreque interfectīs] nunc ēducātor[5] eī occīdendus est.«

Anschließend umarmt er seine Frau Paulina und versucht, sie zu trösten. Doch auch sie wünscht sich den Tod. Seneca bezeichnet diesen Wunsch als »ehrenhaft« und beide öffnen sich gleichzeitig die Pulsadern.

Cum Seneca iam senex esset et sanguis eius vix effugeret, (Kausalsatz)
crūrum[6] quoque vēnae aperiendae erant.
Seneca saevīs cruciātibus[7] dēfessus[8] cōnstituit
uxōrem in aliud cubiculum dūcendam esse,
AcI: seine Frau müsse in ein anderes Zimmer geführt werden
nē dolōre suō animum uxōris frangeret
neque ipse dolōre uxōris frangerētur.

Da Seneca den Schmerz nicht länger ertragen konnte, bat er um Gift. Als auch dieses nicht wirkte, nahm er ein heißes Bad und starb schließlich dort.

1 centuriō, centuriōnis *m.*: Zenturio *(Soldat im Offiziersrang)*

2 testāmentī tabulae: Schreibtafeln seines Testaments

3 versus: er wandte sich an … und …

4 relinquam: *Futur (Zukunft) zu* relinquere

5 ēducātor: Erzieher

6 crūrum venae: die Adern an den Beinen

7 cruciātus, us *m.*: Qual

8 dēfessus, a, um: erschöpft

21. In der Hölle

Der irische Ritter Tnugdalus führte ein sorgenfreies Leben. Doch um sein Seelenheil bemühte er sich zu wenig – im Gottesdienst ließ er sich kaum blicken und verprasste sein Geld lieber, als es den Armen zu geben. Eines Tages wird er plötzlich ohnmächtig und ist drei Tage lang nicht ansprechbar. Als er wieder aufwacht, hat er Unglaubliches zu berichten:

Deus mīsit angelum[1] suum. Ille dīxit:

»Egō tē semper sequēbar et numquam mea cōnsilia audīre volēbās.

Tamen deī misericordia tibī nōn dē-erit.

Mē igitur sequere[2] et

quaecumque tibī mōnstrābō,
alles, was …

memoriā tenēbis,
im Gedächtnis/in Erinnerung

quia iterum ad corpus tuum redībis.«
in deinen Körper

Ergō dūxit animam Tnugdalī ad vallem saevissimam et tenebrōsam[3] et plēnam carbōnibus ārdentibus.
… voll glühender Kohlen.

Angelus[1] explicāvit: »In istam vallem venient homicīdae[4].

Illī miserī hīc cremābuntur.

Tum renovābuntur[5] et iterum atque iterum idem tormentum[6] patientur.«

Die nächste Station des Grauens ist ein gewaltiger See voll Untieren, die die Seelen der Toten verschlingen möchten. Über diesen See führte eine lange, schmale Brücke.

Angelus[1] dīxit: »Vidēs istum pontem.

Eī[7] clāvēs ferreae acūtissimae īn-fīxae sunt[7],

quae omnium trānseuntium pedēs laedent.
… aller, die hinübergehen

Et bēstiae convenient ad pontem, ut inde cibōs sūmant.

Haec erit poena fūrum[8].

Etiam tū istum pontem trānsīre dēbēbis,

et bovem indomitam[9] tēcum dūcēs,

quia bovem fūrātus es[10].«

Ergō anima cum dolōre maximō pontem trānsiit.
… unter sehr großem Schmerz …

Angelus[1]: »Memoriā tenēbis dolōrēs neque umquam alium fūrtum[11] faciēs.«

1 angelus, ī *m.*: Engel
2 sequere: *Imperativ zu* sequī
3 tenebrōsus, a, um: dunkel
4 homīcida, ae *m.*: Mörder
5 renovāre: erneuern
6 tormentum, ī *n.*: Qual; Folter
7 Eī … īnfīxae sunt: Sie ist beschlagen mit sehr spitzen Nägeln aus Eisen
8 fūr, fūris *m.*: Dieb
9 indomitus, a, um: ungezähmt
10 fūrātus es: du hast geraubt
11 fūrtum, ī *n.*: Diebstahl

22. Brandgefährlich

Im 4. Jahrhundert n. Chr. lebte in Rom der reiche, angesehene Christ Silvester. Er wird als Papst Silvester I. in die Geschichte eingehen. Eine Legende besagt, dass er den an Lepra erkrankten Kaiser Konstantin den Großen durch die Taufe geheilt haben soll und dann dessen engster Berater wurde. Kein Wunder, dass Konstantin ihn bei einer großen Bedrohung Roms um Rat fragt.

Eō enim tempore dracō ingēns prope Rōmam in foveā[1] vīxit.

Itaque nūntiī ad hunc vēnērunt dīcentēs: »Imperator, ille dracō plūs quam trecentōs[2] hominēs cottīdiē interficit igne suō.«

Cōnstantīnus dē hōc cum Silvestrō locūtus respondit,
unterhielt sich darüber … und …

sē id factūrum esse:
AcI: dass er dies …

»Egō per Chrīstī virtūtem faciam, ut ille dēsinat.«

Wenn es so weit kommt, wollen sich auch die Boten bekehren.

Ōrāntī autem Silvestrō Sānctus Spīritus[3] appāruit dīcēns:
Als … Silvester betete …

Cum ad dracōnem vēneris, hunc tāliter[4] appellēs:

›Dominus noster Iēsūs Chrīstus hūc veniet
iūdicātūrus vīvōs et mortuōs.

Tū ergō, Satana[5], exspectā hunc in hāc foveā[1], dum vēnerit.‹
bis er kommt.

Ōs autem illīus vinciēs fīlō[6]. Tum ad mē sānus veniēs et pānem, quem tibī parāverō, accipiēs.«

Gesagt, getan:

Silvester dracōnī prae-dicta verba dīxit
et ōs ipsīus resistentis et pūgnantis vīnxit
et rediēns invēnit duōs hominēs,
als er zurückkehrte/bei seiner Rückkehr
qui eum secūtī erant
ut vidērent,
sī ūsque ad dracōnem venīret.
ob …

Allerdings waren diese beiden schon halbtot, weil der Drache extrem stank.

Etiam eōs sēcum ex foveā[1] dūxit sānōs,
quī statim cum multitūdine ingentī conversī sunt
mit einer gewaltigen Menschenmenge
sīcque Rōmānōrum populus ā duōbus perīculīs solūtus est:
Ā religiōne daemonis[7] et venēnō dracōnis.

1 fovea, ae *f.*: Grube; Graben
2 trecentī, ae, a: dreihundert
3 Sānctus Spīritus: der Heilige Geist
4 tāliter: so
5 Satana: *Vokativ zu* Satanās, ae: Teufel
6 fīlum, ī *n.*: Faden
7 daemōn, onis *m.*: böser Geist; Teufel

23. Verwechslung in Epidamnus

Menaechmus und Sosicles sind Zwillinge, konnten aber nicht zusammen aufwachsen; denn noch im Kindesalter war Menaechmus entführt worden. Anschließend wurde der verbleibende Sohn Sosicles in Menaechmus umbenannt. Als Erwachsener begibt er sich zusammen mit seinem Sklaven Messenio auf die Suche nach seinem entführten Bruder.

Messēniō: Hic annus sextus est –
Das …
mare omne Graeciamque et omnēs ōrās Ītalicās sumus circumvectī.
Um … sind wir gefahren.
Sī acum[1] quaererēs, acum[1] invēnissēs iam diū.
Hominem inter vīvōs quaerimus *mortuum*.
Nam sī vīveret, eum iam diū invēnissēmus.

Menaechmus-Sosicles lässt sich nicht beirren und will herausfinden, ob sein Bruder nicht doch noch am Leben ist.

Da kommt Cylindrus, der Koch von Erotium, der Geliebten des »richtigen« Menaechmus, hinzu.

Cylindrus: Menaechme[2], salvē!
Men.-Sos.: Dī tē amant, quisquis es!
Cylindrus: Quisquis sum? Cylindrus egō sum. Nōn nōvistī nōmen meum?
Men.-Sos.: Egō tē nōn nōvī neque nōvisse adeō volō.
Cylindrus: Est[3] tibī Menaechmō nōmen.
Men.-Sos.: Vērum. Sed ubī nōvistī mē?
Cylindrus: Ubī tē nōverim? Amīcam habēs dominam meam Erōtium!
Als/Zur Freundin …
Men.-Sos.: *Ne, hab ich nicht, beim Herkules! Und dich kenne ich auch nicht. Vor diesem Tag war ich niemals zuvor in Epidamnus!*
Cylindrus: Negās? Īnsānus es! Nōn tū in illīs aedibus habitās?
Men.-Sos.: Dī illōs hominēs, quī illīc habitant, perdant[4]!
Cylindrus: Īnsānit hic quidem, quī ipse maledīcit[5] sibī.
Nisī īnsānīrēs, hoc nōn dīcerēs.
(Kopfschüttelnd verschwindet Cylindrus in Erotiums Haus.)

1 acus, ūs *f.*: Nadel
2 Menaechme: *Anredeform*
3 est tibī nōmen: du heißt
4 perdant: *Übersetzen Sie den Konjunktiv mit* »sollen«
5 maledīcere: verfluchen

24. Mein geliebter Menaechmus!

Kurz darauf kommt Erotium, die Geliebte des »echten« Menaechmus, aus dem Haus, vor dem noch immer Menaechmus-Sosicles und sein Sklave Messenio stehen.

Erōtium: Animule mī[1], quid hīc stās forīs? Veniās! Intrēs!

Omne parātum est, ut iussistī atque ut voluistī.

Nē morātus sīs!

Men.-Sos.: Quōcum haec mulier loquitur?
Mit wem …

Messēniō: Equidem tēcum.
Mit dir natürlich.

Men.-Sos.: Certē haec mulier aut īnsāna aut ēbria[2] est, Messēniō. Quid faciāmus?

Noch bevor die Sache geklärt werden kann, lädt Erotium die beiden kurzerhand zum Essen ein:

Erōtium: Sed, mī Menaechme[1], intrēs!

Eāmus intrō, ut cēnēmus! Aut cūr mē iussistī tibī parāre cēnam?

Men.-Sos.: Egō tē iussī parāre cēnam?

Erōtium: Certē, tibī et parasītō tuō[3].

Men.-Sos.: Cui[4] parasītō[3]? Crēdās hanc mulierem dēlīrāre!

Erōtium: Scīlicet, quī tēcum vēnit,

cum vestem mihī dētulistī quam ab uxōre tuā surripuistī.
als

Men.-Sos.: Quid est? Tibī vestem dedī quam uxōrī meae surripuī? Minimē! *Ich hatte auch noch nie eine Frau, und dein Haus habe ich noch nie zuvor betreten!*

Nesciō quem, mulier, alium hominem, nōn mē quaeris.
Irgendeinen anderen …

Erōtium: Nōn egō tē nōvī, Menaechmum, Moschī fīlium patris!?
Ich kenne dich nicht

Syrācūsīs nātus esse dīceris.
Man sagt, dass du in Syrakus geboren bist.

Men.-Sos.: Hercle! Haud falsa dīcis. Tē comiter.

Messēniō: Nē fēceris! Perīrēs, sī intrārēs!

Men.-Sos.: Taceās. Rēs bene geritur.
Die Sache läuft gut.

Assentābor[5] mulierī, quidquid dīcat, sī possum hospitium nancīscī.

1 animule mī/mī Menaechme: Mein Schatz/mein Menaechmus

2 ēbrius, a, um: besoffen

3 parasītus, ī *m.*: Schmarotzer

4 cui: welchem

5 assentārī: zustimmen *(Futur)*

Textvorerschließung

Wenn wir einen deutschen Text lesen, haben wir von Anfang an eine grobe Vorstellung davon, was uns erwartet: Wir merken gleich, ob es sich um ein Gedicht handelt, einen Zeitungsartikel oder eine E-Mail – und haben unterschiedliche inhaltliche Erwartungen an das, was kommt.

Auch bei einem lateinischen Text ist es sinnvoll, nicht gleich in die Übersetzung Satz für Satz hineinzustolpern, sondern sich erst den gesamten Text anzusehen und sich eine grobe Vorstellung vom Inhalt zu machen.

Üblicherweise helfen hierbei
- **formale Gliederungsmerkmale** (z. B. Überschriften, Einleitungstexte, Abbildungen)
- die Analyse der **Textart** (z. B. Brief, Rede, Roman, Gerichtsurteil, Kochrezept, Gebet)
- Bilden von **Wortfeldern** (unterschiedliche Ableitungen von einem gemeinsamen Grundwort, z. B. Liebe) und **Sachfeldern** (Zusammenstellen der Informationen unter gemeinsamen Oberbegriffen, z. B. Familie)
- logische Verbindungen der genannten Informationen durch **Konnektoren** (z. B. Konjunktionen, Subjunktionen, zeitliche oder räumliche Abfolgen durch Adverbien)
- Zuordnen der Information nach Hintergrund und Haupthandlung durch Erstellen eines Tempusprofils (z. B. Handlungsverlauf im Perfekt, weiter zurückliegende Ereignisse vorzeitig im Plusquamperfekt)
- konkrete Fragen an den Text z. B. nach den genannten Personen, Handlungen, Begründungen, Begleitumständen, Orten und Zeiten. Man kann sich hierbei an folgendem Hexameter orientieren:
  Quis? Quid? Ubi? Quibus auxiliis? Cur? Quomodo? Quando?

Damit gewinnt man einen Überblick über den Ort, die Zeit und die wichtigsten Personen und Handlungsabläufe. Die Erwartungshaltung, die man durch eine Textvorerschließung gewinnt, hilft dabei, der inneren Logik eines Textes zu folgen. Dadurch schützt man sich beim genaueren Übersetzen vor Widersprüchen, die sich ergeben könnten, wenn man einen Text nicht im Zusammenhang liest, sondern nur Satz für Satz.

Übersetzungsmethoden

Sobald die grobe Struktur des Textes klar ist und man ein erstes Textverständnis durch die Vorerschließung aufgebaut hat, erfolgt die Übersetzung – hier geht man in der Regel Satz für Satz vor. Dafür gibt es verschiedene Vorgehensweisen. Einige Vorschläge seien hier vorgestellt:

1. Wort für Wort

Wenn wir deutsche Texte lesen, verstehen wir die Inhalte in der Regel unmittelbar, ebenso hätte ein Römer lateinische Texte unmittelbar beim Lesen Wort für Wort verstanden.

Eine Übersetzung streng Wort für Wort funktioniert allerdings nur selten, weil Sprachen unterschiedlich sind: Sie unterscheiden sich häufig in der Reihenfolge der Wörter im Satz, teilweise weisen sie auch komplett unterschiedliche Konstruktionen auf.

2. Pendelmethode (oder auch 3-Schritt-Methode)

Die Pendelmethode versucht, die leicht unterschiedliche Satzstellung im Deutschen und Lateinischen auszugleichen:

1. Man übersetzt das erste Wort (oder den ersten Wortblock).
2. Dann pendelt man zum Prädikat.
3. Anschließend übersetzt man die restlichen Wörter der Reihe nach.

Gaius Plinius saepe amicos ad cenam invitat.

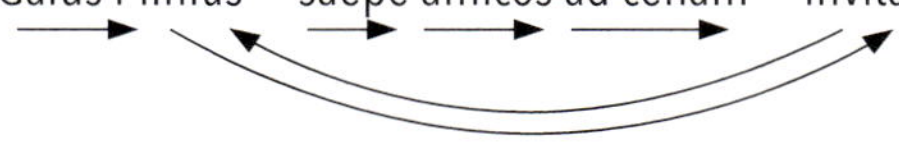

(1) Gaius Plinius
(2) lädt
(3) oft Freunde zum Abendessen ein.

Vorteil der Methode:
Die Methode lässt sich auch dann gut anwenden, wenn man nicht absolut sicher in der Formenlehre ist, solange man das Prädikat erkennt. Sie eignet sich für nahezu alle lateinischen Sätze in Prosa.

3. Konstruktionsmethode

1. Man ermittelt den Satzkern (Subjekt und Prädikat) im Hauptsatz und übersetzt diesen.

   Gaius Plinius saepe amicos ad cenam invitat.

   Satzkern:
   Gaius Plinius (Nominativ → Subjekt: wer?) invitat (Prädikat, 3. Pers. Sg. Präs.).
   Gaius Plinius lädt ein.

2. Dann ordnet man die übrigen Wörter des Hauptsatzes durch grammatikalische Analyse zu und übersetzt sie. Man kann z. B. die Satzglieder dabei farbig markieren.

   Gaius Plinius saepe amicos ad cenam invitat.

3. Ebenso verfährt man mit den Nebensätzen.

Vorteil der Methode:
Hilft besonders bei hervorragender Kenntnis der Formenlehre.

Die Methode eignet sich für:
Sätze, die große Schwierigkeiten bereiten, weil manche Formen mehrdeutig sind oder mehreren Stellen zugeordnet werden könnten.

4. Einrückverfahren

1. Zuerst liest man den lateinischen Satz durch und markiert die Nebensätze (die man an Subjunktionen wie z. B. *postquam, cum, ut* oder Relativpronomina erkennt).

   Aliquando, [cum] iam erant iuvenes, Romulum et Remum cupiditas cepit, [ut] in iis locis, [ubi] Faustulus eos invenerat, urbem conderent.

2. Anschließend rückt man die Nebensätze jeweils so ein, dass deutlich wird, von welchem übergeordneten Satz sie abhängig sind. Oft enden die Nebensätze an einem Komma und dann geht der übergeordnete Satz weiter.

   Aliquando,
       [cum] iam erant iuvenes,
   Romulum et Remum cupiditas cepit,
       [ut] in iis locis,
         [ubi] Faustulus eos invenerat,
       urbem conderent.

3. Nun übersetzt man gedanklich erst den Hauptsatz und fügt nach und nach die jeweiligen Nebensätze an den entsprechenden Stellen im Satz hinzu.

Vorteil der Methode:
Führt zu einer grafischen Darstellung der Satzstruktur und damit zu einem größeren Überblick bei längeren Sätzen. Auch Stilmittel wie z. B. viele parallel gebaute Nebensätze sind so besser zu erkennen.

Die Auswahl der jeweiligen Methode hängt stark vom Satz ab; daher sollte man möglichst flexibel sein und auch die Methoden kombinieren, um möglichst viele Informationen zu gewinnen, noch bevor man beginnt, die Übersetzung niederzuschreiben.

Wichtig: Überprüfen Sie nach dem Übersetzen, ob Ihre deutsche Wiedergabe inhaltlich sinnvoll ist!

a) Ist es ein sinnvoller deutscher Satz?
b) Passt der Satz inhaltlich-logisch zu meiner Vorerwartung (s. Vorerschließung) und zum Rest des Textes?

Wenn das nicht der Fall ist, überprüfen Sie unbedingt nochmals kritisch die ausgewählten Wortbedeutungen!

Interpretation von Texten

Nicht nur lateinische Texte werden in erster Linie als Mitteilungen verfasst, und man versteht Texte in fremden Sprachen umso besser, je stärker man mehrdeutige Vokabelangaben eingrenzen kann und je mehr Hintergrundwissen man hat. Jede Übersetzung ist auch eine Interpretation, weil die konkrete Bedeutung einer Vokabel stets von ihrem Kontext abhängt:

Cicero forum Romanum petebat, ut eo loco ab populo Romano peteret, ut homo novus consul crearetur.

Ciceroni semper gloria summa ac perfecta in eo constabat: si multitudo eum dilexit, si ei fidem habuit, si eum honore dignum habuit. (nach Cicero, de off. 2,31)

1. Klärung mehrdeutiger Vokabeln

petere kann u.a. »aufsuchen«, »bitten um« und »angreifen« bedeuten (s. Wortschatz 2). Da Cicero Römer ist, wird er nicht das *forum* angreifen, sondern aufsuchen, um dort etwas zu tun, z.B. Römer bitten, etwas für ihn zu tun.

2. Einordnung von Personen, Orten, Inhalten

Im Text wird eine konkrete Person genannt: Cicero; er ist *homo novus,* ein politischer Aufsteiger, der bisher noch nicht Konsul war und in dessen Familie zumindest seit sehr langer Zeit auch kein anderer Konsul geworden ist.

Als Ort wird das *forum Romanum* genannt, wo u.a. das römische Volk zusammenkam. Cicero kam zum *forum,* weil er zum Konsul gewählt werden wollte, also zum höchsten Beamten.

Im zweiten Satz geht es um ein wesentliches Ziel eines römischen Adligen, um *gloria,* um Ruhm und Anerkennung bei Zeitgenossen und Nachfahren, die man nach Ciceros Meinung auf verschiedenen Wegen erwerben konnte.

3. Darstellungsweise/Stilistik/Wortwahl

Das Imperfekt *petebat* deutet darauf hin, dass Cicero in seinem Wahlkampf häufig/wiederholt, vermutlich jeden Tag, zum *forum* kam, um immer wieder Menschen anzusprechen, damit sie ihn wählten. Ebenso zeigt die Imperfektform *constabat,* dass für Cicero *gloria* immer in drei Elementen, die nachfolgend noch beschrieben werden, bestand.

Die doppelte Verwendung von *petere* (Polyptoton) unterstreicht, dass Cicero sich aktiv für seine Wahl einsetzte, er also nicht davon ausgehen konnte, ohne intensiven Wahlkampf gewählt zu werden.

4. Interpretation

Der Text spiegelt das Selbstverständnis der römischen Führungsschicht: Wie alle Männer der Oberschicht strebte auch Cicero nach *gloria* (Ruhm), den man durch politisches oder militärisches Engagement erwerben konnte.

Er wusste, dass er für die Wahl in hohe Staatsämter hart arbeiten musste – gerade er als politischer Aufsteiger *(homo novus),* der keine berühmten Vorfahren hatte. Deshalb führte er einen gut organisierten, intensiven Wahlkampf: Er war in der Öffentlichkeit immerzu präsent *(forum petebat:* Imperfekt als Zeichen der Wiederholung), um die Bürger dazu zu bringen *(ut populo Romano peteret),* ihn zu wählen. Und diese Bürger fand er vor allem auf dem *forum Romanum,* dem durch Verwaltungsgebäude und Tempeln ausgezeichneten Zentrum für Politik und Religion.

Allerdings wollte er sich ihre Stimmen nicht durch Bestechungsgelder erkaufen (wie es häufig geschah und auch seine Gegenkandidaten oft taten), sondern ehrlich erarbeiten: Er warb um die Zuneigung *(dilexit)* und das Vertrauen *(fidem)* der Menge, sodass ihn die Leute für des Amtes würdig *(honore dignum)* erachteten.

Da Cicero diese Ausführungen in einer Schrift über Pflichten machte, die sich vermutlich eher an eine literarisch interessierte und kundige Elite richtete, und nicht vor potentiellen Wählern, ist davon auszugehen, dass sie tatsächlich seiner Einstellung entsprachen und nicht einer aktuellen Situation oder blankem Opportunismus geschuldet sind.

5. Stellungnahme

Auch heutige Politiker sind stolz, wenn die Bürger Vertrauen zu ihnen haben und ihnen politische Macht anvertrauen. Cicero war sich der Tatsache bewusst, dass er mit seinen Mitmenschen oft zusammenkommen musste, um ihr Vertrauen in sich und seine Pläne zu gewinnen. Damit dürfte er das Fehlen von herausragenden Vorfahren ausgeglichen haben.

Wörter und ihre Bedeutung
(s. auch G S. 47–50)

Simplex und Kompositum

Zahlreiche lateinische Wörter lassen sich aus der Verbindung eines Grundwortes (simplex) und einer Präposition bilden; man nennt eine solche Verbindung ein Kompositum. In der Regel lässt sich die Bedeutung von Komposita leicht erfassen, da sie inhaltlich den Bedeutungen der Grundwörter und der Präpositionen folgen:

esse »sein«	**ab**-esse »entfernt sein; fehlen«
	ad-esse »da(bei) sein«
	de-esse »fehlen«
	inter-esse »dazwischen sein; teilnehmen«
	prae-esse »vorne sein; leiten«
	sub-esse »unter etw. sein«

Auf diese Weise werden zahlreiche Verbformen gebildet; mit diesem Wissen kann man unbekannte Wörter leicht erschließen.

Allerdings tritt manchmal eine leichte Lautveränderung des Grundwortes ein, was das Erkennen etwas erschwert:

capere »nehmen«	**ac**-cipere (< ad-capere) »annehmen«

Die Angleichung an den folgenden Buchstaben *ac-c* nennt man Assimilation; die Veränderung des »a« in *capere* zu »i« Binnensilbenschwächung.

Präfixe und Suffixe

Weiterhin kann man die Bedeutung von Wörtern erschließen, wenn man die Formen analysiert, um zwischen Wortstamm und Elementen zu unterscheiden, die vor den Wortstamm gesetzt sind (Präfix) oder angehängt sind (Suffix).

Aus Substantiven lassen sich durch die Suffixe -**eus**/-**ius** bzw. -**alis**/-**bilis** **Adjektive** bilden:

aureum: Gold	aur**eus, a, um**: aus Gold bestehend, golden
amor: Liebe	ama**bilis, e**: lieblich

Aus Adjektiven lassen sich mit Hilfe der Suffixe -**(i)tudo,** -**(i)tas,** -**itia** Substantive bilden, die vor allem Zustände angeben:

magnus, a, um: groß	magn**itudo**: Größe
liber, a, um: frei	liber**tas**: Freiheit
tristis, e: traurig	trist**itia**: Traurigkeit

Berufliche Tätigkeiten erkennt man am angehängten -**tor**:

orare: reden	ora**tor**: der Redner
vincere: siegen	vic**tor**: der Sieger

Bei **Tätigkeiten** enden die Substantive oft auf -**tio** oder -**sio**:

movere: bewegen	mo**tio**: Bewegung
animadvertere: wahrnehmen	animadver**sio**: Wahrnehmung

Das Präfix in- dient häufig dazu, die Bedeutung umzukehren:

amicus: Freund, freundlich	**in**imicus: Feind, feindlich

Polyseme Wörter

Sicher ist Ihnen schon einmal aufgefallen, dass die gelernte Bedeutung aus dem Lernwortschatz nicht immer perfekt passt. Vielmehr muss man überlegen, was genau das Wort in einem bestimmten Zusammenhang meint. Wörter haben nicht einfach eine oder mehrere Bedeutungen, sondern eher eine Bedeutungswolke – also einen Bedeutungskern mit einem weit dehnbaren Umfeld. Diese Vielfalt lässt sich erst in einem konkreten Zusammenhang einengen.

In einem solchen Fall ist es hilfreich, sich vor allem den Kern des Wortes, das Konzept, zu merken: Wenn man diesen Kern begriffen hat, kann man selbst erschließen, was das Wort in einem bestimmten Zusammenhang heißen muss.

Beispiel: Das Verb *petere* hat etliche scheinbar sehr verschiedene Bedeutungen. Als Kernbedeutung hilft evtl. »streben nach, anpeilen«. Das ist natürlich keine brauchbare Endübersetzung, hilft aber, im jeweiligen Zusammenhang die passende deutsche Bedeutung zu finden.

»petere« als Rondogramm

Versuchen Sie einmal, in folgender Geschichte die passende Bedeutung von *petere* zu erschließen:

Die Stimmung in Rom ist schlecht, die Menschen haben große Angst.
Darum macht der Priester Folgendes:
Templum petit.
Dort will er den Göttern ein Opfer bringen:
Aram petit.
Dann betet er zu den Göttern:
Auxilium (Hilfe) petit.
Denn es stehen Feinde vor den Toren der Stadt Rom:
Romam petunt.

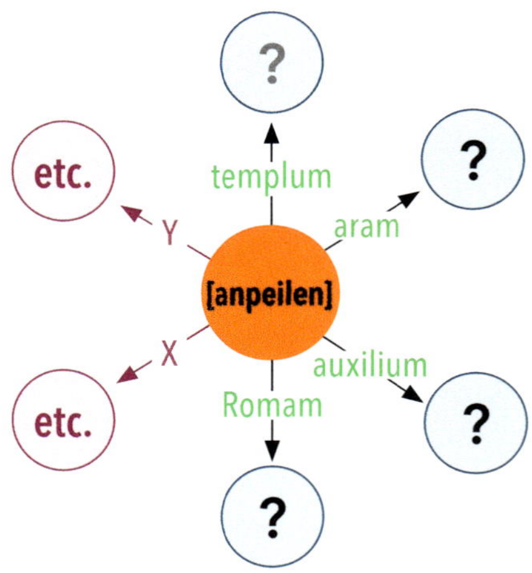

»res« als Rondogramm

Ausgangspunkt: die deutschen Wörter »Sache, Ding«. Diese sind weit »offene« Wörter, die eine sehr große Bedeutungswolke bezeichnen:

- materielle »Dinge«, die z. B. mir gehören: »Besitz«, »Vermögen« etc.
- nichtmaterielle »Dinge«, z. B. einer Person, ihre »Angelegenheiten«, ihre »Beschäftigungen«, ihre »Tätigkeit« etc.

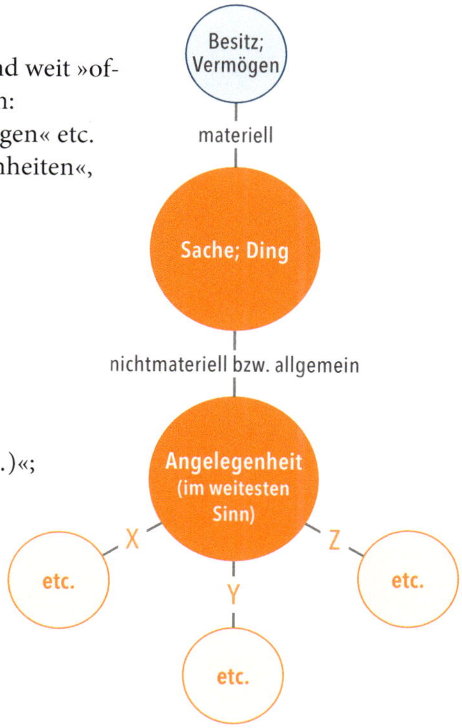

Genau dasselbe gilt für die lateinische Entsprechung »res«:

1. Der Optimist über die Weltlage: »Res bene se habet«; der Pessimist: »Res male se habet.«
2. Die Aufgabe der Historiker: Res gestas narrare.
3. Das Ziel des Bankers: Rem facere.
4. Politiker beginnen eine Rede gerne so: »Res ita se habet: (...)«; und am Ende: »Ex ea re fordere ich mehr Geld für ...«
5. Die Römer dachten: »Roma est caput rerum«; und ein Dichter schrieb gar: »Rerum pulcherrima, Roma.«

[Übersetzungen z. B.: 1 (Situation/Welt/Verhältnisse). 2 (Geschehnisse/Taten/Geschichte). 3 (Geld/Vermögen). 4 (Sache/Angelegenheit/Sachverhalt/Wahrheit) aus diesem Grund/deswegen. 5 (Hauptstadt der Welt//Die schönste <Stadt> der Welt, Rom/Das Allerschönste, Rom).]

Umgang mit dem Wörterbuch

Ein Wörterbuch kann eine große Hilfe sein, weil es Tausende von lateinischen Vokabeln auflistet. Es ist aber nur dann hilfreich, wenn man unter dem richtigen Stichwort nachschlägt und die Einträge richtig versteht. Dafür braucht man etwas Übung, weil Wörterbücher sehr viele Abkürzungen verwenden.

1. Nachschlagen

Das Wörterbuch listet die Vokabeln alphabetisch nach Infinitiv bzw. Nominativ auf. Also muss man zum Nachschlagen die Wörter auf ihre Grundformen zurückführen. Das ist nicht immer einfach und auch nicht immer eindeutig.

Beispielsatz:

Daphne wird auf der Flucht vor Apoll in einen Baum verwandelt; die Haare werden zu Laub, die Arme zu Ästen und ...

Mollia cinguntur tenuī praecordia librō.

mollia	*von* mollis *(Adjektiv)*
cinguntur	*von* cingere *(Verb)*
tenuī	*a) von* tenuis *(Adjektiv)?* *b) von* tenere *(Verb)?*
praecordia	*von* praecordia *(Substantiv n. Pl.)*
librō	*a) von* līber *(Adjektiv)?* *b) von* līberī *(Substantiv)?* *c) von* liber *(Substantiv)?*

Wie Sie sehen, gibt es für *tenui* und *libro* mehrere mögliche Stichwörter – Sie müssen sich also für eines entscheiden:

- Variante 1: Sie schlagen alle nach und wählen das Wort aus, das inhaltlich am besten zum Zusammenhang passt. Dafür müssen Sie aber den Inhalt des Textes schon sehr gut verstanden haben.
- Variante 2: Sie schließen aus, was sprachlich nicht passt – dazu sind genaues Beobachten und gute Grammatikkenntnisse natürlich hilfreich.
  tenui: Sie kennen bereits *tenere* und seine Stammformen *teneo, tenui.* Es könnte also eine Perfektform von *tenere* und damit das Prädikat des Satzes sein. Aber die Personalendung *-ntur* in *cinguntur* zeigt an, dass es schon ein anderes Prädikat gibt. Da keine Nebensatzeinleitung, kein *et* und kein Komma im Satz steht, ist es unwahrscheinlich, dass er zwei Prädikate hat. Also kommt *tenui* hier von *tenuis.*
  Bei *librō* ist das i kurz (es ist keine Länge eingezeichnet); also kann es nicht von *līber* oder *līberī* kommen.

2. Den Wörterbucheintrag verstehen

Die Einträge im Wörterbuch sind klar gegliedert: Neben dem Lemma stehen bei Verben die Stammformen, bei Substantiven Genitiv und Geschlecht. Dann folgen die verschiedenen Bedeutungen, gegliedert hier in 1., 2. und darunter noch einmal in Unterpunkte a) b) c).

cingere cingō, cīnxī, cīnctum *Verb*
1 gürten a) umgürten: ***ense latus cinxit*** Ov er gürtete das Schwert an seine Seite; ***cingitur armis*** Ve *medial* er rüstet sich mit Waffen **b) aufschürzen, hochbinden:** ***cinctae ad pectora vestes*** Ov an der Brust hochgeraffte Kleider **c) umwinden:** ***cingit tempora lauro*** Ve er umkränzte die Schläfen mit Lorbeer
2 *üt rings* **umgeben a) umschließen:** ***flumen paene totum oppidum cingit*** Cae der Fluss umfließt fast die ganze Stadt **b) umkreisen:** ***cycni cinxere polum*** Ve Schwäne kreisten am Himmel **c) umringen, begleiten:** ***equitatus latera cingebat*** Cae die Reiterei deckte die Flanken **d) umzingeln:** ***cum cingi urbem obsidione videret*** Ve als er sah, dass die Stadt belagert wurde

Das Wörterbuch nennt für *cingere* unter 1. die Grundbedeutung »gürten« und bei den genaueren Ausführungen a), b) und c) Beispiele aus überlieferten Texten; die Autoren werden mit Abkürzungen angegeben (z. B. Ov für Ovid). Alle Beispiele zeigen, dass hier jeweils tatsächlich ein Kleidungsstück angelegt wird. Ein Baum kann sich allerdings keine Kleidung anlegen.

Unter 2. folgt die übertragene *(üt)* Bedeutung »rings umgeben«. *Rings* ist kursiv gedruckt, weil es nicht notwendigerweise zur Übersetzung gehört.

Jede Übersetzung ist auch eine Interpretation. Deshalb muss man abwägen, welche Handlung zu einem Baum passen kann: umschließen, umkreisen, umringen oder umzingeln?

In diesem Fall entspricht die Bedeutung »umschließen« unserem Verständnis: Der Baum wird von zartem Bast umschlossen. Hätte jedoch ein militärischer Text Caesars vorgelegen, wäre vermutlich »umzingeln« angemessen gewesen.

Es lohnt sich auf jeden Fall, die Zitate zur Kenntnis zu nehmen. Manchmal zitieren die Wörterbücher genau die Textstelle, die Ihnen vorgelegt wird. Schlagen Sie doch mal unter *liber* nach!

Lernwortschatz zum Einstieg: Romkarte

	ecce	schau (mal)!	
	ubī	wo → als	
	est	er/sie/es ist	
	nunc	jetzt	
	videō	ich sehe	Video

Lektion 1

Wiederholung

	ubī	wo → als	
	vidēre	sehen	

Lernwortschatz

	saepe	oft	
	amīcus	der/ein Freund	
	ad *b. Akk. d. Richtung*	zu; nach bei; an	
	cēna	das/ein Abendessen	
5	invītāre	einladen	Engl.: invitation
	hodiē	heute	
	exspectāre	(er)warten	Engl.: to expect
	iam	schon	
	cūnctus	ganz (*Pl.:* alle)	
10	parāre parātus	vorbereiten vorbereitet	
	est (*Pl.* sunt)	er/sie/es ist (*Pl.:* sie sind)	
	vīnum	der/ein Wein	
	familia	die/eine Familie *(= alle im Haus lebenden Personen, inklusive Sklaven)*	
	dominus	der/ein (Haus)Herr	dominant
15	et	1. und 2. auch	
	diū	lange	
	dīcere	sagen; sprechen	
	quis? quid?	wer? was?	
	sed	aber; sondern	
20	nōn	nicht	
	venīre	kommen	Ad-vent
	tū (*Akk.:* tē)	du (*Akk.:* dich)	
	neque/nec neque … neque	und nicht weder … noch	

	habēre		haben; halten	
25	ut		wie → als	
	semper		immer	
	facere		tun; machen	
	apud *b. Akk. d. Richtung*		bei	
	alius		ein anderer	
30	cēnāre		zu Abend essen	→ cēna
	vōs (*Akk.*: vōs)		ihr (*Akk.*: euch)	
	nōs (*Akk.*: nōs)		wir (*Akk.*: uns)	
	dum		während; solange	
	ego (*Akk.*: mē)		ich (*Akk.*: mich)	Egoist
35	sī		wenn; falls	
	aut		oder	
	aut … aut		entweder … oder	
	dēbēre		1. müssen 2. schulden 3. verdanken	

Lektion 2

Wiederholung

amīcus	der/ein Freund
ad *b. Akk. der Richtung*	zu; nach; bei; an
cēna	das/ein Abendessen
cēnāre	zu Abend essen
exspectāre	(er)warten
habēre	haben; halten

Lernwortschatz

	etiam		auch	
	multī	ae, a	viele	Multi-Vitamin-Saft
	nam		denn	
	cum *b. Abl. d. Begleitung*		mit	
5	cum *(als Nebensatzeinleitung)*		1. wenn (zeitl.) 2. als; nachdem; weil; obwohl	
	hōra		die Stunde	Engl.: hour
	in *b. Akk. d. Richtung*		in *etw.* hinein *(wohin?)* nach; gegen; zu	
	in *b. Abl. d. Ortes*		in *etw.* *(wo?)* an; auf; bei	

	petere		[»anpeilen«] 1. aufsuchen; sich begeben 2. verlangen; (er-)bitten 3. angreifen	Hinweis zur Handhabung der Rondogramme s. S. 161

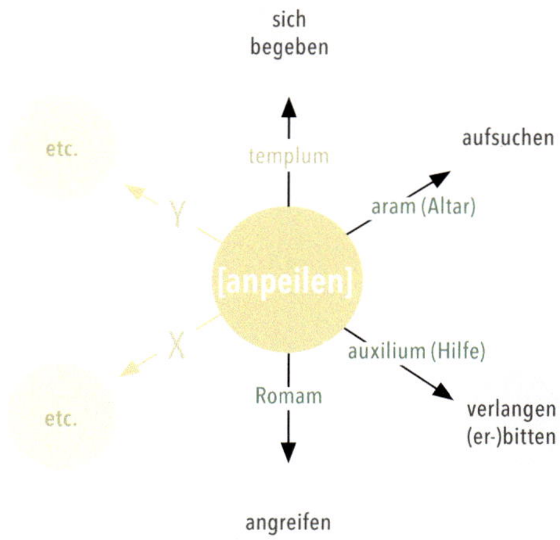

10	servus		der Sklave	
	audīre		hören	
	ad-esse		da sein; → *(mit Dativ)* helfen	
	meus	a, um	mein	
	tuus	a, um	dein	
15	labōrāre		1. sich bemühen; arbeiten 2. in Schwierigkeiten sein; leiden	Engl.: labour
	metuere		fürchten	
	sine *b. Abl. d. Trennung*		ohne	
	cūra		die Sorge	
	agere		»treiben« 1. tun; handeln 2. verhandeln	

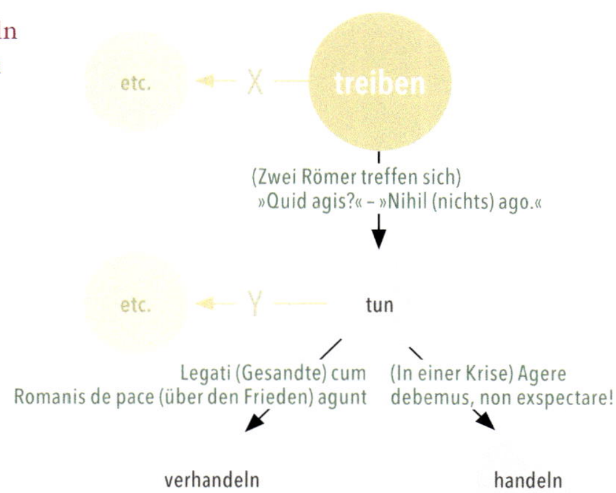

20	putāre		glauben; meinen für *etw.* halten	
	dē *b. Abl. d. Trennung*		von *etw.* herab; von *etw.* weg; über *etw.*	
	vīta		das Leben	
	puer		der Junge	
	līberī		die Kinder	
25	lūdere		spielen	
	fortūna		das Schicksal; das Glück	
	malus	a, um	schlecht	
	bonus	a, um	gut	Bonus-Punkte
	capere		»packen«: 1. erobern 2. nehmen 3. erhalten	
30	gladius		das Schwert	Gladiator
	occīdere		töten	
	perīculum		die Gefahr	
	sōlum		nur	
	ā/ab *b. Abl. d. Trennung*		von	
35	itaque		deshalb	
	vērus	a, um	wahr	
	vēra	*(n. Pl.)*	etwas Wahres; die Wahrheit	G S. 21, 5.5

Lektion 3

Wiederholung

multī	ae, a	viele
petere		[»anpeilen«] 1. aufsuchen; sich begeben 2. verlangen; (er-)bitten 3. angreifen
audīre		hören
cum *b. Abl. d. Begleitung*		mit
cum *(als Nebensatzeinleitung)*		1. wenn *(zeitl.)* 2. als; nachdem; weil; obwohl
alius		ein anderer
vidēre		sehen
habēre		haben; halten
ecce		schau (mal)

Lernwortschatz

Rōmānus	a, um	römisch *Subst.:* der Römer
placēre		gefallen

	undique		von allen Seiten; von überall her	
	varius	a, um	1. verschieden 2. bunt; vielfältig	variabel
5	vir	ī *m.*	der Mann	
	fēmina	ae *f.*	die Frau	
	sē		sich *bzw.* er/sie *(im AcI, vgl. L 8)*	
	exercēre		üben; trainieren	
	magnus	a, um	groß	
10	aqua	ae *f.*	das Wasser	Aquä-dukt
	salīre		springen	
	numquam		nie	
	tacēre		schweigen	
	clāmāre		rufen	
15	cōgere		zusammentreiben: 1. versammeln 2. zwingen	= cum + agere
	optimus	a, um	der beste; sehr gut	
	emere		kaufen	
	tibī		dir	G S. 54 Personalpronomina
	duo	duae, duo	zwei	
20	dare		geben	
	fīlius	ī *m.*	der Sohn	
	fīlia	ae *f.*	die Tochter	Filiale
	pulcher	ra, rum	schön	
	subitō		plötzlich	
25	toga	ae *f.*	die Toga	
	tenēre		halten; haben	
	animus	ī *m.*	[das tätige Innenleben:] der Geist; der Sinn; die Gesinnung; das Herz; der Mut	

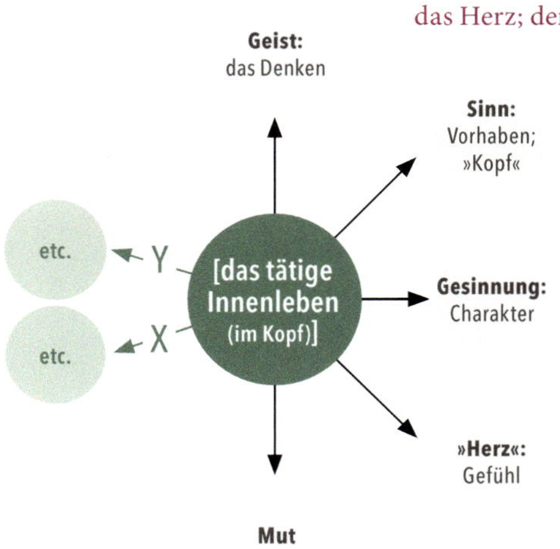

	studium	ī *n.*	der Eifer; das Interesse; die Beschäftigung	Studium
	philosophus	ī *m.*	der Philosoph	
30	silentium	ī *n.*	die Stille; das Schweigen	Engl.: silence
	necessārius	a, um	1. notwendig 2. nahestehend; verwandt	Engl.: necessary

Lektion 4

Wiederholung

multī	ae, a	viele
ad-esse		da sein; helfen
exspectāre		(er)warten
clāmāre		rufen
occīdere		töten

Lernwortschatz

	homō	hominis *m.*	der Mensch; der Mann	Homo sapiens
	hūmānus	a, um	menschlich; gebildet	
	senex	senis *m.*	*Subst.:* der alte Mann *Adj.:* alt	senil
	iuvenis	iuvenis *m./f.*	*Subst.:* der junge Mann/die junge Frau *Adj.:* jung	
	spectāre		betrachten; anschauen	
5	oculus	ī *m.*	das Auge	
	ingēns	ingentis	riesig	
	vōx	vōcis *f.*	die Stimme	
	populus	ī *m.*	das Volk	Engl.: people
	cūr?		warum?	
10	currere		laufen; eilen	Kurier
	ferrum	ī *n.*	das Eisen → die Waffe; das Schwert	
	vulnus	vulneris *n.*	die Wunde	
	(ef-)fugere	*(+ Akk.)*	fliehen (vor)	
	occĭdere		sterben	
15	mors	mortis *f.*	der Tod	
	mortuus	a, um	tot	
	timēre		fürchten	
	pūgna	ae *f.*	der Kampf; die Schlacht	
	ācer	ācris, ācre	scharf; heftig	
	ūnus	a, um	ein (einziger); allein	
20	cadere		fallen	→ occĭdere
	nōn iam		nicht mehr	

	movēre		1. bewegen 2. beeindrucken	Engl.: to move
	nōmen	nōminis *n.*	der Name	
	victor	victōris *m.*	der Sieger	
25	caedēs	caedis *f.*	der Mord; das Blutbad	→ occīdere
	tegere		bedecken; schützen	
	posse		können	G S. 59
	pellere		1. stoßen; schlagen 2. vertreiben	
	re-pellere		zurückstoßen	
	tōtus	a, um	ganz	total
30	corpus	corporis *n.*	der Körper	
	ars	artis *f.*	1. das Können; die Geschicklichkeit 2. die Kunst	Engl.: art
	omnis omnēs	is, e	jeder; ganz alle	Omnibus
	mora	ae *f.*	der Aufschub; die Verzögerung	

Lektion 5

Wiederholung und Stammformen bekannter Verben

Rōmānus	ī *m.*	der Römer
venīre	veniō, vēnī, ventum	kommen
dē *b. Abl. d. Trennung*		von *etw.* herab; von *etw.* weg; über *etw.*
dēbēre		1. müssen 2. schulden 3. verdanken
aut … aut		entweder … oder
aqua	ae *f.*	das Wasser
studium	ī *n.*	der Eifer; das Interesse; die Beschäftigung
posse	possum, potuī	können
vidēre	videō, vīdī, vīsum	sehen
movēre	moveō, mōvī, mōtum	1. bewegen 2. beeindrucken
esse	sum, fuī	sein
ad-esse	ad-sum, ad-fuī	da sein; helfen
cum *(als Nebensatzeinleitung)*		1. wenn *(zeitl.)* 2. als; nachdem; weil; obwohl
petere	petō, petīvī, petītum	[»anpeilen«] 1. aufsuchen; sich begeben 2. verlangen; (er-)bitten 3. angreifen
facere	faciō, fēcī, factum	tun; machen
dīcere	dīcō, dīxī, dictum	sagen; sprechen

Lernwortschatz

	barbarus	a, um	ausländisch → unzivilisiert *Subst.*: die Barbaren *(= Nicht-Römer)*	
	cōnsilium	ī *n.*	die Versammlung, der Rat 1. die Beratung 2. der Plan 3. der Beschluss; der Rat	

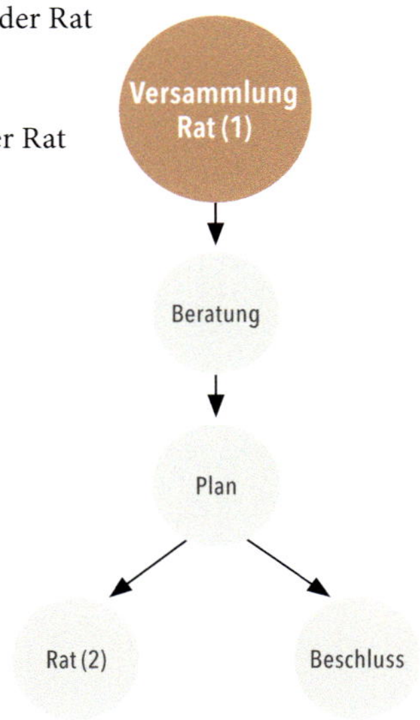

	cōgnōscere	cōgnōscō, cōgnōvī, cōgnitum	kennenlernen; erkennen	
	prae	*Präp. b. Abl.*	vor	
5	mittere	mittō, mīsī, missum	schicken	Mission
	reliquus	a, um	übrig	
	cōpia	ae *f.*	1. die Menge; der Vorrat 2. die Möglichkeit 3. *Pl.*: die Truppen	
	noster	tra, trum	unser *Subst.*: der Unsrige	
	ē, ex	*b. Abl. d. Trennung*	aus *etw.* heraus; von *etw.* her	Engl.: exit
10	nāvis	nāvis *f.*	das Schiff	
	mīles	mīlitis *m.*	der Soldat	Militär
	gravis	is, e	schwer → gewichtig; ernst	gravierend
	arma	armōrum *n. Pl.*	die Waffen	Armee
	flūctus	ūs *m.*	die Welle	
15	hostis	hostis *m.*	der Feind	
	pūgnāre		kämpfen	→ pugna
	tēlum	ī *n.*	der Wurfspieß	
	equus	ī *m.*	das Pferd	
	incitāre		1. erregen 2. antreiben	
20	terrēre		*(jdn.)* erschrecken	Terror

	latus	lateris *n.*	1. die Seite 2. die Flanke	
	aperīre	aperiō, aperuī, apertum	öffnen; aufdecken	
	iubēre	iubeō, iussī, iussum	befehlen	
	atque/ac		und	
25	ūsus	ūs *m.*	der Gebrauch → der Nutzen → die Erfahrung	
	dubitāre		1. zögern 2. (be-)zweifeln	Engl.: to doubt
	mare	maris *n.*	das Meer	
	ferre	ferō, tulī, lātum	1. tragen 2. ertragen 3. berichten	G S. 59
	deus	ī *m.* (*Nom. Pl. meist* dī; *Dat./Abl. Pl.* dīs)	der Gott	
30	vocāre		rufen; nennen	
	nōbīs	*(Dat./Abl.)*	uns	G S. 54 Personalpronomina
	auxilium	ī *n.*	die Hilfe	
	tum		dann; darauf	
	nisī		wenn nicht; außer	
35	trādere	trādō, trādidī, trāditum	1. übergeben 2. überliefern	Tradition
	incipere	incipiō, coepī, coeptum	anfangen	

Lektion 6

Wiederholung und Stammformen bekannter Verben

neque … neque		weder … noch
nāvis	nāvis *f.*	das Schiff
dēsilīre (dē-salīre)		herab-springen
hostis	is *m.*	der Feind
ubī		wo → als
equus	ī *m.*	das Pferd
incitāre		1. erregen 2. antreiben
dare	dō, dedī, datum	geben
alius		ein anderer
auxilium	ī *n.*	die Hilfe
mittere	mittō, mīsī, missum	schicken
capere	capiō, cēpī, captum	»packen«: 1. erobern 2. nehmen 3. erhalten

Lernwortschatz

	tamen		trotzdem	
	quod		weil	
	ōrdō	ōrdinis *m.*	die Reihe; → die Ordnung → der (soziale) Stand	
	servāre		retten; bewahren	konservativ
5	sīgnum	ī *n.*	das Zeichen → das Feldzeichen → die Statue	Signal
	lītus	lītoris *n.*	die Küste; der Strand	
	suus	a, um	sein; ihr	
	vērō		aber	
	singulus	a, um	einzeln	
10	cōnspicere	-spiciō, -spexī, -spectum	erblicken	
	paucī	ae, a	wenige	
	circum	*b. Akk. d. Richtung*	um *etw.* herum	
	iactāre		werfen	
	complēre	-pleō, -plēvī, -plētum	anfüllen; erfüllen	
15	simulac/simulatque		sobald	
	cōnsistere	-sistō, -stitī	sich aufstellen; stehen bleiben	
	impetus	ūs *m.*	der Angriff; der Schwung	
	fuga	ae *f.*	die Flucht	→ fugere
	eques	equitis *m.*	der Reiter	→ equus
20	cursus	ūs *m.*	der Kurs	→ currere
	īnsula	ae *f.*	die Insel	
	-que	*(angehängt)*	und	
	dē-esse	dē-sum, dē-fuī *(+ Dat.)*	fehlen; nicht da sein; *(jdn.)* im Stich lassen	
	proelium	ī *n.*	die Schlacht	
25	vincere	vincō, vīcī, victum	(be-)siegen	Engl.: victory
	sē re-cipere	re-cipiō, -cēpī, -ceptum	sich zurück-ziehen	
	statim		auf der Stelle; sofort	
	lēgātus	ī *m.*	der Gesandte; der Offizier	
	pāx	pācis *f.*	der Frieden	

Lektion 7

Wiederholung und Stammformen bekannter Verben

ubī		wo → als
iubēre	iubeō, iussī, iussum	befehlen
sīgnum	ī *n.*	das Zeichen → das Feldzeichen → die Statue
nisī		wenn nicht
trādere	trādō, trādidī, trāditum	1. übergeben 2. überliefern
cum *(als Nebensatzeinleitung)*		1. wenn *(zeitl.)* 2. als; nachdem; weil; obwohl
populus	ī *m.*	das Volk
iactāre		werfen
omnēs		alle
-que	*(angehängt)*	und
cōgere	cōgō, coēgī, coāctum	zusammentreiben: 1. versammeln 2. zwingen
deus	ī *m.*	der Gott
metuere	metuō, metuī, –	fürchten
occīdere	occīdo, occīdī, –	sterben

Lernwortschatz

	oppidum	ī *n.*	die (befestigte) Siedlung; die Stadt	
	auferre	au-ferō, abs-tulī, ab-lātum	wegtragen; rauben	
	respondēre	respondeō, respondī, respōnsum	antworten	Engl.: response
	mihī	*(Dat.)*	mir	G S. 54 Personalpronomina
5	religiō	religiōnis *f.*	die (religiöse) Ehrfurcht	
	prohibēre		abhalten; hindern	
	senātus	ūs *m.*	der Senat	
	permittere	-mittō, -mīsī, -missum	erlauben	Engl.: permission
	poena	ae *f.*	die Strafe	
10	nārrāre		erzählen	
	vīvus	a, um	lebend; lebendig	
	relinquere	relinquō, relīquī, relictum	zurücklassen; verlassen	Reliquie
	negāre		sagen, dass … nicht; verneinen	
	statua	ae *f.*	die Statue	
15	sedēre	sedeō, sēdī, sessum	sitzen	
	praeceps	praecipitis	kopfüber; steil	
	forum	ī *n.*	das Forum *(zentraler Platz)*; der Markt	
	nūdus	a, um	nackt	

	cōnstituere	cōn-stituō, -stituī, -stitūtum	1. aufstellen 2. festsetzen; beschließen	
20	vincīre	vinciō, vinxī, vinctum	fesseln; binden	
	mēns	mentis *f.*	der Sinn; der Verstand	mental
	necesse est		es ist nötig; man muss	
	fīnis	is *m.*	1. das Ende; die Grenze (*im Pl.* das Gebiet) 2. das Ziel	Finale
	iniūria	ae *f.*	das Unrecht	
25	crūdēlitās	ātis *f.*	die Grausamkeit	
	clāmor	clāmōris *m.*	das Geschrei; der Lärm	→ clāmāre
	prōmittere	prō-mittō, -mīsī, -missum	versprechen	
	immortālis	is, e	unsterblich	→ mors
	oportet		es gehört sich	
30	ita		so	
	vix		kaum	

Lektion 8

Wiederholung

(ef)fugere	fugiō, fūgī	fliehen (vor)
nārrāre		erzählen
incipere	incipiō, coepī, coeptum	anfangen
cōnsilium	ī *n.*	die Versammlung, der Rat 1. die Beratung 2. der Plan 3. der Beschluss; der Rat
capere	capiō, cēpī, captum	»packen«: 1. erobern 2. nehmen 3. erhalten
Rōmānus		römisch *Subst.:* der Römer
aperīre	aperiō, aperuī, apertum	öffnen; aufdecken
agere	agō, ēgī, āctum	»treiben«: 1. tun; handeln 2. verhandeln
homō	hominis *m.*	der Mensch; der Mann
ferre	ferō, tulī, lātum	1. tragen 2. ertragen 3. berichten
parāre		vorbereiten

Lernwortschatz

clam		heimlich
prope	*b. Akk. d. Richtung*	in der Nähe (von)
quasi		gleichsam; wie wenn

	lūx	lūcis *f.*	das Licht	
5	lībertās	ātis *f.*	die Freiheit	Engl.: liberty
	vīvere	vīvō, vīxī	leben	→ vīvus, vīta
	re-vīvere		wieder aufleben	
	iter	itineris *n.*	der Weg; der Marsch; die Reise	→ īre
	facinus	facinoris *n.*	die Tat; das Verbrechen	→ facere
	īre	eō, iī, itum	gehen	G S. 59
	in-īre		hineingehen; anfangen	
10	is, ea, id		der; dieser; er	
	trahere	trahō, trāxī, tractum	ziehen	Traktor
	re-trahere		zurückziehen	
	magistrātus	ūs *m.*	der Beamte	
	dūcere	dūcō, dūxī, ductum	1. führen 2. meinen; für *etw.* halten	
	re-ferre	referō, rettulī, relātum	1. (zurück)bringen 2. berichten	
15	cīvis	cīvis *m.*	der Bürger	zivil
	grātia	ae *f.*	*Positives Verhältnis zwischen Menschen:* 1. die Ausstrahlung 2. die Beliebtheit; die Sympathie 3. die Gefälligkeit 4. der Dank	

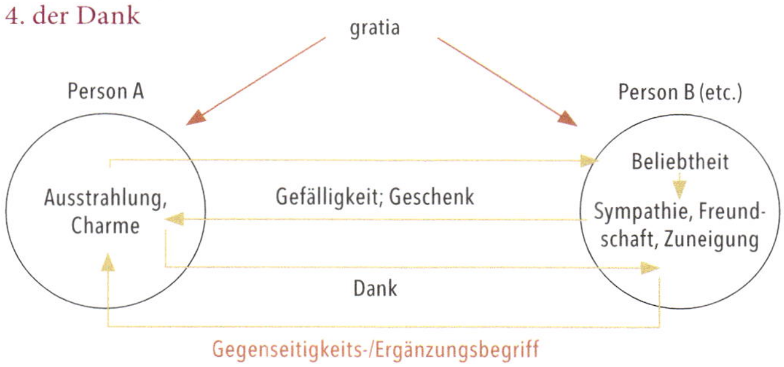

	grātiās agere		danken	
	dīligentia	ae *f.*	die Sorgfalt	
	laudāre		loben	
	īrātus	a, um	zornig	
20	ārdēre	ārdeō, ārsī, –	brennen; glühen	
	medius	a, um	der mittlere	
	miser	era, erum	bedauernswert; unglücklich (*Subst.*: der Arme)	miserabel
	ad-ferre	afferō, attulī, allātum	herbei-holen	
	frūstrā		vergeblich	
25	caedere	caedō, cecīdī, caesum	(ab-)schlagen; totschlagen	→ occīdere
	iūdex	iūdicis *m.*	der Richter	Engl.: judge
	nūllus	a, um	kein; keiner	

Lektion 9

Wiederholung und Stammformen bekannter Verben

fīlius	ī *m.*	der Sohn
pellere	pellō, pepulī, pulsum	1. stoßen; schlagen 2. vertreiben
mora	ae *f.*	der Aufschub; die Verzögerung
petere	petō, petīvī, petītum	[»anpeilen«] aufsuchen; sich begeben verlangen; (er-)bitten angreifen
dīcere	dīcō, dīxī, dictum	sagen; sprechen; nennen
lītus	lītoris *n.*	die Küste; der Strand
agere	agō, ēgī, āctum	»treiben«: 1. tun; handeln 2. verhandeln
iubēre	iubeō, iussī, iussum	befehlen
tenēre		halten; haben
placēre		gefallen
dare	dō, dedī, datum	geben

Lernwortschatz

	inquit		sagt(e) er, sie, es	
	celer	celeris, celere	schnell	
	terra	ae *f.*	die Erde; das Land	Terrarium
	quī	quae, quod	der, die, das; welcher, welche, welches	
5	ibī		dort	
	bōs	bovis *m./f.*	das Rind	
	rēx	rēgis *m.*	der König	regieren
	pater	patris *m.*	der Vater	
	mōns	montis *m.*	der Berg	Engl.: mountain
10	virgō	virginis *f.*	die (junge) Frau	
	bene	*(Adv.)*	gut	
	convenīre	-veniō, -vēnī, -ventum	»zusammenkommen«: 1. *jmdn.* treffen 2. sich einigen	
	amor	amōris *m.*	die Liebe	
	pōnere	pōnō, posuī, positum	stellen; legen	Position
	dē-pōnere	-pōnō, -posuī, -positum	ab-/weglegen	
15	orbis	is *m.*	der Kreis	
	orbis terrārum		der Erdkreis	
	dexter	dextra, dextrum	rechts; glücklich	
	dextra	ae *f.*	die rechte Hand	
	ignis	is *m.*	das Feuer	
	inter	*b. Akk. d. Richtung*	zwischen; unter; während	
	miscēre	misceō, miscuī, mixtum	mischen	

20	herba	ae *f.*	das Gras	
	gaudēre	*mit Abl. d. Mittels → Grundes*	sich (über *etw.*) freuen	
	stāre	stō, stetī, statum	stehen	
	color	colōris *m.*	die Farbe	Engl.: colour
	fortis	is, e	stark; tapfer	
25	puella	ae *f.*	das Mädchen	
	manus	ūs *f.*	1. die Hand 2. die Gruppe	manuell
	modo		1. nur 2. gerade eben (noch)	
	modo … modo		bald … bald; mal … mal	
	audēre		wagen	
	pēs	pedis *m.*	der Fuß	Pedal
30	unda	ae *f.*	die Welle	
	ab-īre		weg-gehen	

Lektion 10

Wiederholung

gravis	is, e	schwer; → gewichtig; ernst
terra	ae *f.*	die Erde; das Land
aperīre	aperiō, aperuī, apertum	öffnen; aufdecken
īre	eō, iī, itum	gehen
animus	ī *m.*	[das tätige Innenleben:] der Geist; der Sinn; die Gesinnung; das Herz; der Mut
mittere	mittō, mīsī, missum	schicken
ars	artis *f.*	1. das Können; die Geschicklichkeit 2. die Kunst
pōnere	pōnō, posuī, positum	stellen; legen
ōrdō	ōrdinis *m.*	die Reihe; → die Ordnung → der (soziale) Stand
incipere	incipiō, coepī, coeptum	anfangen
prope	*b. Akk. d. Richtung*	in der Nähe (von); nah

Lernwortschatz

longus	a, um	lang	
tangere	tangō, tetigī, tāctum	berühren	Tangente
claudere	claudō, clausī, clausum	(ver-)schließen	

	caelum	ī *m.*	der Himmel	
5	certus	a, um	sicher	Engl.: certain
	via	ae *f.*	der Weg	
	licet		es ist erlaubt	
	īgnōtus	a, um	unbekannt	
	novus	a, um	neu	
10	minimus	a, um	der kleinste; sehr klein	
	post	*b. Akk. d. Richtung*	nach	
	brevis	is, e	kurz	
	ultimus	a, um	der letzte	
	quia		weil	
15	īgnōrāre		nicht wissen; nicht kennen	ignorant
	facilis	is, e	leicht	→ facere (»machbar«)
	aura	ae *f.*	die Luft; der Luftzug	
	mollis	is, e	weich	
	opus	operis *n.*	die Arbeit; das Werk	
20	postquam		nachdem	
	cārus	a, um	teuer	
	monēre		(er-)mahnen	
	altus	a, um	hoch; tief	
	sōl	sōlis *m.*	die Sonne	Solarium
25	incendere	incendō, incendī, incēnsum	anzünden	
	dēserere	dēsero, dēseruī, dēsertum	verlassen	Deserteur
	dux	ducis *m.*	der Anführer	→ dūcere
	quam + *Komp.*		als; wie	
	fēlīx īnfēlīx		glücklich unglücklich	
30	aspicere	aspiciō, aspexī, aspectum	erblicken	
	condere	condō, condidī, conditum	1. gründen; erbauen 2. verstecken; begraben	

Lektion 11

Wiederholung

dux	ducis *m.*	der Anführer
ingēns		riesig
mīles	mīlitis *m.*	der Soldat
ab-īre	ab-eō, -iī, -itum	weggehen
lītus	lītoris *n.*	die Küste; der Strand

relinquere	relinquō, relīquī, relictum	zurücklassen; verlassen
hostis	hostis *m.*	der Feind
dēserere	dēserō, dēseruī, dēsertum	verlassen
trahere	trahō, trāxī, tractum	ziehen
cum *(als Nebensatzeinleitung)*		1. wenn *(zeitl.)* 2. als; nachdem; weil; obwohl
caedere	caedō, cecīdī, caesum	(ab-)schlagen; totschlagen

Lernwortschatz

	dīvīnus	a, um	göttlich	→ deus
	aedificāre		bauen	
	vōtum	ī *n.*	der Wunsch; das Gebet; das Gelübde	
	prō	*b. Abl. d. Trennung*	für	*eigentlich* »von etw. weg nach vorne«
5	red-īre	-eō, -iī, -itum	zurückgehen	
	crēdere	crēdō, crēdidī, crēditum	glauben	Kredit
	ventus	ī *m.*	der Wind	Ventilator
	ut		1. wie → als 2. dass; damit; sodass	
	nē		dass nicht; damit nicht	
10	trīstitia	ae *f.*	die Traurigkeit	trist
	solvere	solvō, solvī, solūtum	lösen; bezahlen	
	porta	ae *f.*	das Tor	Portal
	iuvāre	iuvō, iūvī, iūtum	1. unterstützen; helfen 2. erfreuen	
	castra	ōrum *n. Pl.*	das Lager	
15	dōnum	ī *n.*	das Geschenk	
	prīmus	a, um	der erste; der wichtigste	
	poscere	poscō, poposcī, –	fordern	
	urbs	urbis *f.*	die Stadt (*oft:* Rom)	
	sapiēns		weise	
20	tantus	a, um	so groß; so viel	
	moenia	moenium *n. Pl.*	die Mauer	
	nox	noctis *f.*	die Nacht	
	socius	ī *m.*	der Bündnispartner; der Verbündete; der Kamerad	
	somnus	ī *m.*	der Schlaf	
25	invādere	invādō, invāsī, invāsum	eindringen	

	ante		1. *(b. Akk. d. Richtung)* vor 2. *Adv.*: vorher	
	suādēre	suādeō, suāsī, suāsum	raten	
	per	*b. Akk. d. Richtung*	1. durch; über (… hinaus) 2. während	
	campus	ī *m.*	das Feld	Camping
30	respicere	-spiciō, -spexī, -spectum	zurückschauen	
	uxor	uxōris *f.*	die Ehefrau	

Lektion 12

Wiederholung

cōnsilium	ī *n.*	die Versammlung, der Rat 1. die Beratung 2. der Plan 3. der Beschluss; der Rat
animus	ī *m.*	[das tätige Innenleben:] der Geist; der Sinn; die Gesinnung; das Herz; der Mut
incendere	incendō, incendī, incēnsum	anzünden
-que	*(angehängt)*	und
tegere	tegō, tēxī, tēctum	bedecken; schützen
tacēre		schweigen
dextra	ae *f.*	die rechte Hand
tenēre		haben; halten
condere	condō, condidī, conditum	1. gründen; erbauen 2. verstecken; begraben
cōgere	cōgō, coēgī, coāctum	zusammentreiben: 1. versammeln 2. zwingen

Lernwortschatz

	fallere	fallō, fefellī	täuschen	falsch
	sentīre	sentiō, sēnsī, sēnsum	1. fühlen; merken 2. meinen	sensibel
	īra	ae *f.*	der Zorn	→ īrātus
	tandem		endlich	
5	-ne		*Fragepartikel*	
	temptāre		betasten: 1. versuchen 2. angreifen	Engl.: attempt
	scelus	sceleris *n.*	Verbrechen	
	(dē-)cēdere	cēdō, cessī, cessum	(weg-)gehen; weichen	
	lacrima	ae *f.*	die Träne	
10	umquam		jemals	

amāre		lieben	→ amor
rogāre		1. fragen 2. bitten	
manēre	maneō, mānsī, –	bleiben	Engl.: to re-main
imperāre		befehlen; herrschen (über)	
propter	*b. Akk. d. Richtung*	wegen	
pudor	pudōris *m.*	die Scham; das Ehrgefühl	
āmittere	-mittō, -mīsī, -missum	verlieren	
ōdisse		hassen	
ubīque		überall	
nē … quidem		nicht einmal	
memoria	ae *f.*	das Gedächtnis; die Erinnerung	
pius	a, um	»respektvoll«: fromm; pflichtbewusst	
lūmen	lūminis *n.*	1. das Licht 2. das Auge	
quantus	a, um	wie groß; wie viel	
patria	ae *f.*	die Heimat	→ pater
dēsinere	dēsinō, dēsiī, dēsitum	aufhören	
fātum	ī *n.*	der Götterspruch; das Schicksal	fatal

Lektion 13

Wiederholung

urbs	urbis *f.*	die Stadt (*oft:* Rom)
ita		so
putāre		glauben; meinen 2. für *etw.* halten
pōnere	pōnō, posuī, positum	stellen; legen
cōnsistere	-sistō, -stitī	sich aufstellen; stehen bleiben
mōns	montis *m.*	der Berg
ferre	ferō, tulī, lātum	1. tragen 2. ertragen 3. berichten
dare	dō, dedī, datum	geben
cadere	cadō, cecidī, cāsum	fallen
salīre		springen

Lernwortschatz

orīgō	orīginis *f.*	der Ursprung	
maximus	a, um	1. der größte 2. sehr groß; sehr bedeutend	maximal
imperium	ī *n.*	1. der Befehl → 2. die Herrschaft → 3. das Reich	→ imperāre

	prīncipium	ī *n.*	der Anfang; die Grundlage	
5	ops	opis *f.*	die Kraft; die Hilfe *Pl.:* die Macht; die Streitkräfte; der Reichtum	
	sīve sīve … sīve		oder sei es dass … oder dass	
	auctor	auctōris *m.*	1. der Urheber; der Veranlasser 2. der Stammvater	Autor
	culpa	ae *f.*	die Schuld	
	honestus	a, um	ehrenhaft; angesehen	Engl.: honest
10	fluere	fluō, flūxī	fließen	
	fāma	ae *f.*	der (gute/schlechte) Ruf; das Gerücht	Engl.: famous
	locus	ī *m.*	der Ort	Lokal-Reporter
	sitīre		Durst haben	
	flēre	fleō, flēvī, flētum	(be)weinen	
15	alere	alō, aluī, altum	ernähren	
	invenīre	-veniō, -vēnī, -ventum	(er)finden	Engl.: invention
	aliquando		irgendwann	
	cupiditās	cupiditātis *f.*	die Begierde; die Leidenschaft	
	autem		aber	
20	certāmen	certāminis *n.*	der Kampf; der Wettstreit	
	frāter	frātris *m.*	der Bruder	
	numerus	ī *m.*	die Zahl	
	nōtus	a, um	bekannt	
	mūrus	ī *m.*	die Mauer	
25	trāns	*b. Akk. d. Richtung*	über *etw.* hinüber → jenseits *einer Sache*	
	interficere	-ficiō, -fēcī, -fectum	töten	
	igitur		also; folglich	
	appellāre		nennen	
	sōlus	a, um	allein; einzig	Gitarren-Solo

Lektion 14

Wiederholung

omnēs		alle
nisī		wenn nicht; außer
incitāre		1. erregen 2. antreiben
ārdēre	ārdeō, ārsī, –	brennen; glühen
ops	opis *f.*	die Kraft; die Hilfe *Pl.: die* Macht; die Streitkräfte; der Reichtum

mors	mortis *f.*	der Tod
mortuus	a, um	tot
animus	ī *m.*	[das tätige Innenleben:] der Geist; der Sinn; die Gesinnung; das Herz; der Mut
malus	a, um	schlecht
malum	ī *n.*	das Schlechte; das Übel
uxor	uxōris *f.*	die Ehefrau
sedēre	sedeō, sēdī, sessum	sitzen

Lernwortschatz

	recipere	-cipiō, -cēpī, -ceptum	zurücknehmen; empfangen	Engl.: to receive
	sē recipere		sich zurückziehen	
	praestāre	-stō, -stitī, -stitum	1. *mit Dat. (und Abl. des Mittels): jdm.* voranstehen → *jdn.* übertreffen (an) 2. *mit Akk.: etw.* geben; *etw.* leisten	
	nēmō	nēminis	niemand	
	fōrma	ae *f.*	die Form; die Gestalt; die Schönheit	
5	virtūs	virtūtis *f.*	*alles, was einen echten* vir *auszeichnet:* die Tapferkeit; die Tüchtigkeit; die Tugend; die Vortrefflichkeit	

	vertere	vertō, vertī, versum	drehen; wenden	
	ā-vertere		abwenden	
	mox		bald	
	libīdō	libīdinis *f.*	die Lust; die Begierde	
	vīs	*(Akk.* vim; *Abl.* vī; *Pl.* vīrēs*)*	1. die Kraft 2. die Gewalt *Pl. auch:* Streitkräfte	≠ vir!
10	dormīre		schlafen	

	mulier	mulieris *f.*	die Frau	
	premere	premō, pressī, pressum	drücken, drängen, »pressen«	
	ōrāre		bitten	
	prex	precis *f.*	die Bitte; das Gebet	
15	ratiō	ratiōnis *f.*	die Überlegung: → 1. die Vernunft → 2. die Methode; die Art und Weise → 3. der Grund	rational

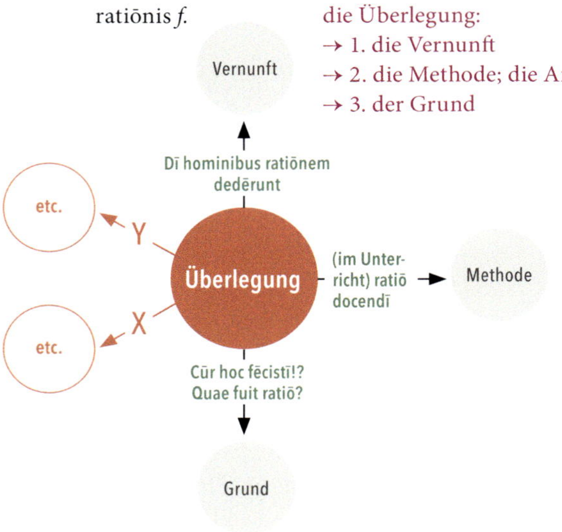

	studēre	*(+ Dat.)*	sich bemühen *(um)*	→ studium
	addere	-dō, -didī, -ditum	hinzufügen	
	terror	terrōris *m.*	der Schrecken	→ terrēre
	maestus	a, um	traurig	
20	nūntius	ī *m.*	der Bote; die Nachricht	
	marītus	ī *m.*	der Ehemann	
	interrogāre		fragen	
	accidere	accidō, accidī, –	sich ereignen; geschehen	
	vestīgium	ī *n.*	die Spur	
25	aliēnus	a, um	fremd	
	cēterī	ae, a	die anderen; die übrigen *(adj.)*; die Übrigen *(subst.)*	
	cēterum		im Übrigen	
	tantum		1. nur 2. so sehr; so viel	
	haud		nicht	
	sub		*1. b. Akk. d. Richtung:* unter *etw. (wohin?)* *2. b. Abl. d. Ortes:* unter *etw. (wo?)*	
30	ipse	ipsa, ipsum (*Gen.* ipsīus)	1. selbst 2. *betonend:* persönlich; eben; genau; gerade	
	vestis	vestis *f.*	die Kleidung	

Lektion 15

Wiederholung

rogāre		fragen
putāre		glauben; meinen; für *etw.* halten
ūsus	ūs *m.*	der Gebrauch; → der Nutzen; → die Erfahrung
quī	quae, quod	der, die, das; welcher, welche, welches
vincere	vincō, vīcī, victum	(be-)siegen
cum *(als Nebensatzeinleitung)*		1. wenn 2. als; nachdem; weil; obwohl
esse	sum, fuī	sein; vorhanden sein (»es gibt«)
vocāre		rufen; nennen
appellāre		nennen
dīcere	dīcō, dīxī, dictum	sagen; sprechen; *auch:* nennen

Lernwortschatz

	explicāre		erörtern; erklären	
	cīvitās	cīvitātis *f.*	1. die Bürgerschaft → 2. die Stadt → 3. der Staat	→ cīvis
	aequus	a, um	gleich; → gerecht	
	rēs	reī *f.*	1. die Sache; das Ding 2. die Angelegenheit	

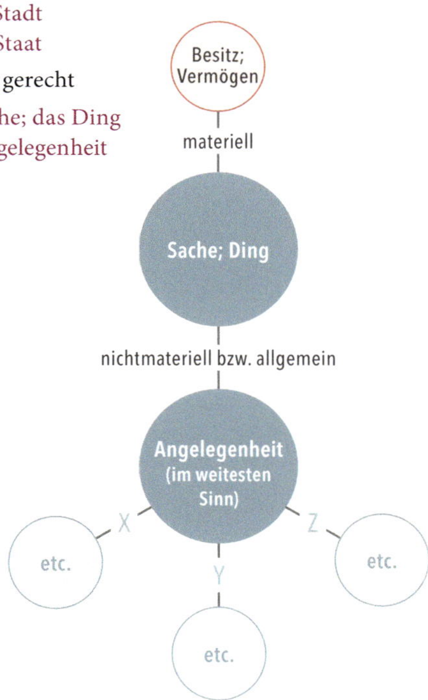

5	pūblicus	a, um	öffentlich; staatlich	
	rēs pūblica	reī pūblicae *f.*	der Staat; die Politik	Republik
	prīnceps	prīncipis *m.*	der erste; der vornehmste *Subst.:* der Anführer; → der Kaiser	
	disserere		erörtern	
	genus	generis *n.*	die Abstammung; → die Art; das Geschlecht	

	probāre		1. prüfen → 2. gut finden; billigen → 3. beweisen	
10	trēs	trēs, tria	drei	
	summa	ae *f.*	der Vorrang; → die Hauptsache → die Gesamtheit	Summe
	regere	regō, rēxī, rēctum	lenken; leiten; beherrschen	regieren
	vitium	ī *n.*	der Fehler; die schlechte Eigenschaft	
	convertere	-vertō, -vertī, -versum	umwenden	
15	tālis		so; solch ein	
	quālis		wie; von welcher Art	
	nātūra	ae *f.*	die Natur; die Beschaffenheit	
	voluntās	voluntātis *f.*	der Wille	
	iūstus iniūstus	a, um a, um	gerecht ungerecht	Justiz
20	perīre	-eō, -iī, -itum	zugrunde gehen; untergehen	
	clārus	a, um	1. hell; strahlend → 2. berühmt	
	nimius	a, um	sehr/zu groß	
	ūllus	a, um	irgendein	
	lēx	lēgis *f.*	das Gesetz	legal

Lektion 16

Wiederholung

agere	agō, ēgī, āctum	»treiben«: 1. tun; handeln 2. verhandeln
facere	faciō, fēcī, factum	tun; machen
bonus bonum	a, um ī *n.*	gut das Gute
stāre	stō, stetī, statum	stehen
dūcere	dūcō, dūxī, ductum	1. führen 2. meinen; für *etw.* halten
monēre		(er)mahnen
occīdere	occīdō, occīdī, occīsum	töten
corpus	corporis *n.*	der Körper
cōnsistere	-sistō, -stitī	sich aufstellen; stehen bleiben

Lernwortschatz

foedus	foederis *n.*	der Vertrag
ingenium	ī *n.*	1. die Begabung 2. der Charakter

	cupere	cupiō, cupīvī, cupītum	wünschen; wollen	
	ōrātiō	ōrātiōnis *f.*	die Rede	
5	efficere	-ficiō, -fēcī, -fectum	hervorbringen; bewirken	
	sīc		so	
	accipere	-cipiō, -cēpī, -ceptum	1. annehmen; bekommen 2. erfahren	
	annus	ī *m.*	das Jahr	
	alter	altera, alterum	der andere; der zweite	
10	praeferre	-ferō, -tulī, -lātum	vorziehen	
	pars	partis *f.*	der Teil; die Seite	Partei
	plēbs	plēbis *f.*	das Volk; der Pöbel	
	dēicere	-iciō, -iēcī, -iectum	(herab)werfen	
	initium	ī *n.*	der Eingang; der Anfang	
15	cīvīlis	cīvīlis, cīvīle	bürgerlich; zivil	→ cīvis
	sanguis	sanguinis *m.*	das Blut	
	inde		1. von dort → 2. seitdem; daraufhin → 3. daher; deshalb	
	iūs	iūris *n.*	das Recht	
	bellum	ī *n.*	der Krieg	
20	causa	ae *f.*	»das Motiv; der Beweggrund« → 1. der Grund; die Ursache → 2. (juristisch:) die Schuld; der Fall; der Prozess → 3. (allgemein:) der Sachverhalt; die Sache	

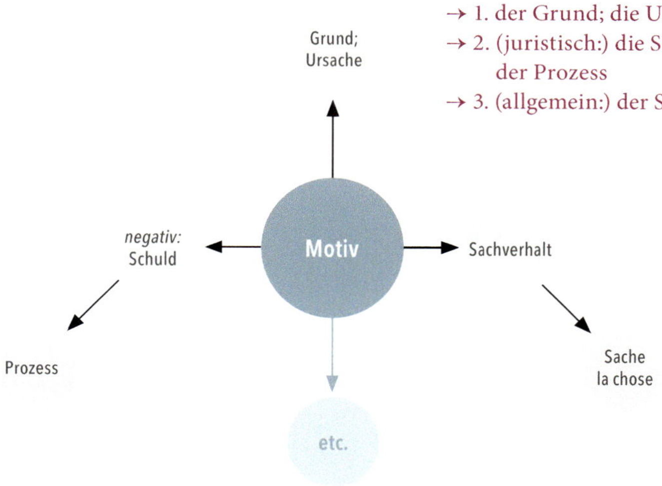

	mīrus	a, um	1. merkwürdig; erstaunlich 2. wunderbar	
	enim		denn; nämlich	
	exemplum	ī *n.*	das Beispiel; das Vorbild	Engl.: example
	unde		woher	

Lektion 17

Wiederholung

vidēre	videō, vīdī, vīsum	sehen
dare	dō, dedī, datum	geben
arma	armōrum *n. Pl.*	die Waffen
tālis		so; solch ein
incitāre		1. erregen 2. antreiben
tēlum	ī *n.*	der Wurfspieß
pellere	pellō, pepulī, pulsum	1. stoßen; schlagen 2. vertreiben
claudere	claudō, clausī, clausum	(ver-)schließen
circum		um *etw.* herum
fōrma	ae *f.*	die Form; die Gestalt; die Schönheit

Lernwortschatz

	sors	sortis *f.*	das Schicksal; das Orakel	
	superbus	a, um	hochmütig; stolz	
	decet		es gehört sich	
	satis		genug	
5	vel		oder	
	verbum	ī *n.*	das Wort	
	superāre		überwinden: besiegen; übertreffen	
	animal	animālis *n.*	das Lebewesen; das Tier	Engl.: animal
	minor	minor, minus	kleiner; geringer	
10	glōria	ae *f.*	der Ruhm; die Ehre	Engl.: glory
	aureus	a, um	golden; aus Gold	
	fīgere	fīgō, fīxī, fīxum	befestigen, durchbohren	
	at		aber	
	laedere	laedō, laesī, laesum	verletzen; beleidigen	lädiert
15	collum	ī *n.*	der Hals	
	āit		er, sie, es sagt(e)	
	perpetuus	a, um	ununterbrochen, beständig	
	silva	ae *f.*	der Wald	
	obstāre	-stō, -stitī	entgegenstehen, hindern	
20	pectus	pectoris *n.*	1. die Brust → 2. das Herz → 3. die Seele	
	similis	similis, simile	*jdm./einer Sache* ähnlich	
	sīdus	sīderis *n.*	der Stern	
	digitus	ī *m.*	der Finger	
	bracchium	ī *n.*	der Arm	
25	latēre		versteckt sein	latent
	melior	melior, melius	besser	

Lektion 18

Wiederholung

celer	celeris, celere	schnell
aura	ae *f.*	die Luft; der Luftzug
vocāre		rufen; nennen
cōnsistere	-sistō, -stitī	sich aufstellen; stehen bleiben
manēre	maneō, mānsī, –	bleiben
cadere	cadō, cecidī, cāsum	fallen
ventus	ī *m.*	der Wind
corpus	corporis *n.*	der Körper
vīs	(*Akk.* vim; *Abl.* vī; *Pl.* vīrēs)	1. Kraft 2. Gewalt *Pl. auch:* Streitkräfte

Lernwortschatz

	ille	illa, illud	jener, jene, jenes	
	hic	haec, hoc	dieser, diese, dieses	
	precārī		bitten	→ prex
	sequī	sequor, secūtus sum (+ *Akk.*)	*jdm.* folgen	Kon-sequenz
5	asper	aspera, asperum	schroff; rau; → streng	
	quaerere quaerere ex	quaerō, quaesīvī, quaesītum	suchen → *jdn.* fragen	
	scīre nescīre	sciō, scīvī, scītum	wissen nicht wissen	Engl.: science
	ideō		deshalb	
	plūrimī	ae, a	die meisten; sehr viele	
10	loquī	loquor, locūtus sum	sprechen; sagen	
	capillus	ī *m.*	das Haar	
	augēre	augeō, auxī, auctum	vergrößern	
	sustinēre		aushalten	
	perdere	perdō, perdidī, perditum	vernichten; verschwenden	
15	canis	canis *m.*	der Hund	
	praeda	ae *f.*	die Beute	
	salūs	salūtis *f.*	1. das Wohlergehen 2. die Rettung	
	spēs	speī *f.*	die Hoffnung	
	timor	timōris *m.*	die Furcht	→ timēre
20	sūmere	-sūmō, -sūmpsī, -sūmptum	nehmen	
	absumere		»wegnehmen«: → 1. verbrauchen → 2. vernichten	

	intuērī	intueor, intuitus sum	betrachten	
	morī	morior, mortuus sum	sterben	→ mors
	nimis	*(Adv.)*	zu sehr; sehr	
	occupāre		besetzen; überfallen	
25	crēscere	crēscō, crēvī, crētum	wachsen	
	arbor	arboris *f.*	der Baum	
	quoque	*(nachgestellt)*	auch	
	complectī	complector, complexus sum	umarmen	
	quoniam		weil	
30	coniū(n)x	coniugis *m./f.*	der Gatte/die Gattin	

Lektion 19

Wiederholung

urbs	urbis *f.*	die Stadt (*oft:* Rom)
īgnis	īgnis *m.*	das Feuer
accidere	accidō, accidī, –	sich ereignen; geschehen
alere	alō, aluī, altum	ernähren
capere	capiō, cēpī, captum	»packen«: 1. erobern 2. nehmen 3. erhalten
iter	itineris *n.*	der Weg; der Marsch; die Reise
cōnsilium	ī *n.*	die Versammlung, der Rat 1. die Beratung 2. der Plan 3. der Beschluss; der Rat
iuvāre	iuvō, iūvī, iūtum	1. unterstützen; helfen 2. erfreuen
fāma	ae *f.*	der (gute/schlechte) Ruf; das Gerücht
iubēre	iubeō, iussī, iussum	befehlen
crēdere	crēdō, crēdidī, crēditum	glauben

Lernwortschatz

	forte		zufällig	
	an		oder	
	dolus	ī *m.*	die List	
	incendium	ī *n.*	der Brand	→ incendere
5	orīrī	orior, ortus sum	entstehen	
	proximus	a, um	der nächste	→ prope
	populārī		verwüsten	

	vetus	(*Gen.* veteris)	alt	Veteran
	tempus	temporis *n.*	die Zeit	
10	gradī re-gredī	gradior, gressus sum	gehen zurückgehen	
	domus	ūs *f.*	das Haus	
	pretium	ī *n.*	der Preis	
	frūmentum	ī *n.*	das Getreide	
	quīn		dass (nicht)	
15	canere	canō, cecinī, cantātum	(be-)singen; singen (über)	
	vidērī	videor, vīsus sum	erscheinen → scheinen	
	ūtī	ūtor, ūsus sum *+ Abl. d. Mittels*	*etw.* benutzen; *etw.* haben	→ ūsus
	causā	*+ nd-Form im Gen. (nachgestellt)*	wegen; um *etw.* zu tun	
	accūsāre		anklagen	
20	prīmum		zuerst; zum ersten Mal	
	quīdam	quaedam, quoddam	jemand; ein gewisser *Pl.:* manche	
	fatērī	fateor, fassus sum	bekennen; gestehen	
	deinde		dann; darauf	
	indicium	ī *n.*	die Anzeige → das Kennzeichen	Indiz
25	multitūdō	multitūdinis *f.*	die Menge	→ multī
	odium	ī *n.*	der Hass	→ odisse
	ūrere	ūrō, ussī, ustum	verbrennen	

Lektion 20

Wiederholung

mittere	mittō, mīsī, missum	schicken
imperium	ī *n.*	1. der Befehl 2. die Herrschaft 3. das Reich
poscere	poscō, poposcī, –	fordern
negāre		sagen, dass … nicht; verneinen
vertere	vertō, vertī, versum	drehen; wenden
loquī	loquor, locūtus sum	sprechen; sagen
morī	morior, mortuus sum	sterben
tenēre		halten; haben
flēre	fleō, flēvī, flētum	(be)weinen
occīdere	occīdō, occīdī, occīsum	töten
occĭdere	occĭdō, occĭdī, –	sterben
uxor	uxōris *f.*	die Ehefrau
nē		dass nicht; damit nicht

Lernwortschatz

Nr.	Latein	Formen	Deutsch	Hinweis
	nūntiāre		melden	→ nūntius
	in-territus	a, um	un-erschrocken	→ terrēre
	ferē		fast; etwa; ungefähr	
	etiamsī		auch wenn	
5	vōbīs	*(Dat.)*	euch	G S. 54 Personalpronomina
	imāgō	imāginis *f.*	das Bild	Engl.: image
	praeceptum	ī *n.*	die Vorschrift; → die Lehre	
	sapientia	ae *f.*	1. die Weisheit; → 2. die Philosophie	→ sapiēns
	tot		so viel(e)	
10	māter	mātris *f.*	die Mutter	
	temperāre	*(+ Dat.)*	mäßigen	
	dolor	dolōris *m.*	der Schmerz	
	īdem	eadem, idem	derselbe	
	ictus	ūs *m.*	der Schlag; der Stoß	
15	saevus	a, um	schrecklich	
	frangere	frangō, frēgī, frāctum	zerbrechen (= *etw.* kaputt machen)	
	venēnum	ī *n.*	das Gift	
	bibere	bibō, bibī, –	trinken	
	postrēmō		zuletzt	

Lektion 21

Wiederholung

sequī	sequor, secūtus sum *(+ Akk.)*	*jdm.* folgen
cōnsilium	ī *n.*	die Versammlung, der Rat 1. die Beratung 2. der Plan 3. der Beschluss; der Rat
memoria	ae *f.*	das Gedächtnis; die Erinnerung
red-īre	-eō,-iī, -itum	zurückgehen
miser	ra, rum	bedauernswert; unglücklich
ingēns		riesig
pēs	pedis *m.*	der Fuß
laedere	laedō, laesī, laesum	verletzen; beleidigen
poena	ae *f.*	die Strafe
bōs	bovis *m./f.*	das Rind

Lernwortschatz

	quīcumque		wer auch immer; jeder, der
	quōcumque		wohin auch immer
	velle	volō, voluī, –	wollen
	misericordia	ae *f.*	das Mitleid; die Barmherzigkeit
	mōnstrāre		zeigen
5	iterum		wiederum; noch einmal
	iterum atque iterum		immer wieder
	ergō		also
	anima	ae *f.*	1. der Atem → 2. die Seele → 3. das Leben
	vallis	vallis *f.*	das Tal
	plēnus	a, um *(+ Gen.)*	voll (von *etw.*)
10	iste	ista, istud (*Gen.* istīus)	dieser (da)
	hīc		hier
	cremāre		verbrennen
	patī	patior, passus sum	(er)leiden; ertragen
	in-esse		sich in *etw.* befinden; innewohnen
15	bēstia	ae *f.*	das Tier; das Raubtier
	pōns	pontis *m.*	die Brücke
	angustus	a, um	eng
	trāns-īre	-eō, -iī, -itum	hinübergehen; überqueren
	cibus	ī *m.*	die Nahrung; die Speise; das Futter

G S. 59

Lektion 22

Wiederholung

tempus	temporis *n.*	die Zeit
enim	*(nachgestellt)*	denn; nämlich
vīvere	vīvō, vīxī	leben
nūntius	ī *m.*	der Bote; die Nachricht
hic	haec, hoc	dieser
ōrāre		bitten
vincīre	vinciō, vinxī, vinctum	fesseln; binden
quam	+ *Komp.*	als
interficere	-ficiō, -fēcī, -fectum	töten
loquī	loquor, locūtus sum	sprechen; sagen

Lernwortschatz

	dracō	ōnis *m.*	die Schlange; der Drache
	aliquot	*indekl. Adj.*	einige
	diēs	diēī *m.*	der Tag
	imperātor	ōris *m.*	der Feldherr; → der Herrscher; → der Kaiser
5	plūs		mehr
	cottīdiē		täglich
	appārēre	appāreō, appāruī	erscheinen; sich zeigen
	hūc		hierhin
	iudicāre		(be-/ver-)urteilen
10	ōs	ōris *n.*	der Mund; das Maul; das Gesicht
	sānus	a, um	gesund; → vernünftig
	pānis	is *m.*	das Brot
	resistere	resistō, restitī, –	sich widersetzen; stehen bleiben
	ūsque ad	*b. Akk.*	bis zu
15	paene		beinahe; fast
	sēcum		mit sich

Lektion 23

Wiederholung

annus	ī *m.*	das Jahr
mare	maris *n.*	das Meer
quaerere	quaerō, quaesīvī, quaesītum	suchen
invenīre	-veniō, -vēnī, -ventum	(er)finden
vīvus	a, um	lebend; lebendig
mortuus	a, um	tot
scīre	sciō, scīvī, scītum	wissen
negāre		sagen, dass nicht; verneinen
perdere	perdō, perdidī, perditum	vernichten; verschwenden

Lernwortschatz

	sextus	a, um	der sechste
	ōra	ae *f.*	die Küste
	vehere vehī	vehō, vēxī, vectum vehor, vectus sum	führen; *etw.* fahren fahren *(intrans.)*
	aliquis	(*Gen.* alicuius)	irgendjemand
5	certiōrem facere		informieren
	parum		(zu) wenig

	pecūnia	ae *f.*	das Geld	
	revertī	revertor, revertī, reversum	zurückkehren	
	salvē!		sei gegrüßt!	
10	quisquis		wer auch immer; jeder, der	
	nōscere nōvisse	nōscō, nōvī, nōtum	kennenlernen *(kennengelernt haben)* kennen	
	adeō		so sehr	
	velle	volō, voluī, –	wollen	G S. 59
	amīca	ae *f.*	die Freundin	→ amīcus
15	domina	ae *f.*	die Herrin	→ dominus
	hercle!		beim Herkules!	
	īnsānus īnsānīre	a, um	unvernünftig; verrückt spinnen	
	aedēs	aedis *f.*	der Raum: 1. der Tempel 2. *(im Plural:)* das Wohnhaus	
	habitāre		(be)wohnen	
20	illīc		dort	
	quidem		allerdings	

Lektion 24

Wiederholung

parāre		vorbereiten
iubēre	iubeō, iussī, iussum	befehlen
loquī	loquor, locūtus sum	sprechen; sagen
cēnāre		zu Abend essen
crēdere	crēdō, crēdidī, crēditum	glauben
vestis	vestis *f.*	die Kleidung
uxor	uxōris *f.*	die Ehefrau
perīre	-eō, -iī, -itum	zugrunde gehen; untergehen
tacēre		schweigen

Lernwortschatz

	forīs	draußen	
	intrāre	eintreten; betreten	Engl.: to enter
	morārī	sich aufhalten	
	intrō	hinein	
5	quī?	welcher?	
	dēlīrāre	spinnen	

	scīlicet		selbstverständlich; natürlich
	dēferre	-ferō, -tulī, -lātum	1. wegtragen → 2. überbringen → 3. melden
	rapere	rapiō, rapuī, raptum	rauben; (weg)reißen
	surripere	-ripiō, -ripuī, -reptum	rauben
10	minimē		keinesfalls
	nāscī	nāscor, nātus sum	geboren werden; entstehen
	nescioquī		irgendein
	falsus	a, um	falsch
	comitārī		begleiten
15	gerere	gerō, gessī, gestum	tragen; führen; ausführen
	hospitium	ī *n.*	die Gastfreundschaft
	nancīscī	nancīscor, nactus sum	1. erreichen 2. bekommen

Alphabetisches Verzeichnis der Orte und Eigennamen

Aeneas: Trojanischer Held, Sohn der Göttin Venus, Stammvater der Römer
Agricola: Röm. Feldherr in → Britannia, Schwiegervater des → Tacitus
Agrippina (die Jüngere): 15–59 n. Chr., Frau des → Claudius, Mutter → Neros
Apoll: Gott des Lichts, der Weissagung und der Künste
Athen: Bedeutendste griechische Stadt auf der Peloponnes
Augustus: 63 v. Chr.–14 n. Chr., erster römischer Kaiser
Baiae: Beliebter Bade- und Erholungsort bei Neapel
Britannia : Um 49 unter → Claudius eingerichtete Provinz, die weitgehend mit England identisch ist
Caesar, Gaius Iulius: 100–44 v. Chr., römischer Staatsmann, Feldherr und Schriftsteller, Adoptivvater des → Augustus
Caligula: 12–41, röm. Kaiser 37–41, Urenkel des → Augustus
Catilina: Verschwörer während des Konsulats von → Cicero
Cicero: 106–43, römischer Jurist, Politiker und Schriftsteller, nach Niederschlagung der Verschwörung → Catilinas zum *pater patriae* erklärt
Claudius : Röm. Kaiser 41–54, Adoptivvater → Neros
Cupido/Amor: Röm. Liebesgott
Daedalus: Hochbegabter Erfinder, Vater des → Ikarus
Danai: Andere Bezeichnung für die Einwohner Griechenlands
Daphne: Nymphe
Dido: Sagenhafte Gründerin von Karthago
Domitian: Röm. Kaiser 81–96
Gallia: Linksrheinisches Gebiet der Kelten, entspricht ungefähr dem heutigen Frankreich und Belgien
Hannibal: 247–183, Karthagischer Feldherr
Hektor: Trojanischer Held, unterlag Achilles im Duell
Homer: Griechischer Dichter der Ilias und der Odyssee
Horatius Cocles: Sagenhafter Held der römischen Frühzeit
Ikarus: Sohn des → Daedalus, kam beim Fluchtversuch aus Kreta ums Leben
Karthago: Handelsmetropole im heutigen Tunesien, 146 von den Römern zerstört, unter → Augustus neu gegründet
Konstantin d. Gr.: Röm. Kaiser 306–337, garantierte 313 Religionsfreiheit und beendete damit die Verfolgung von Christen
Kreta: Größte griechische Insel, röm. Provinz seit 67 v. Chr.
Laocoon: Trojanischer Priester
Livius: T. Livius, 59 v. Chr.–17 n. Chr., römischer Historiker
Lucilius: Vermutlich fiktiver Briefpartner → Senecas
Lucretia: Musterbeispiel einer schönen und tugendhaften Ehefrau der römischen Frühzeit
Messina: Hafenstadt auf Sizilien
Minotauros: Mischwesen aus Mensch und Stier, eingeschlossen im Labyrinth, das → Daedalus erbaute
Minos: Sagenhafter König auf → Kreta
Mycenae: Bedeutender griechischer Stadtstaat der Bronzezeit
Nero: Röm. Kaiser 54–68, Schüler → Senecas
Odysseus: Sagenhafter und listiger Held des Trojanischen Krieges
Orpheus: Legendärer Sänger
Ovid: Publius Ovidius Naso, 43 v. Chr.–17 n. Chr., römischer Dichter, von → Augustus aus Rom verbannt
Plinius der Jüngere: C. Plinius Secundus, 61–113, Römischer Politiker und Schriftsteller
Plutarch: 45–120, griech. Schriftsteller
Pompeius: Cn. Pompeius Magnus, 106–48 Schwiegersohn → Caesars, hochbegabter Feldherr
Rhea Silvia: Sagenhafte Mutter von → Romulus und Remus
Romulus und Remus: Söhne des Kriegsgottes Mars und der → Rhea Silvia
Scipio: P. Cornelius Scipio Aemilianus Africanus Maior, 235–183, Sieger über → Hannibal 202
Seneca: 4 v. Chr.–65 n. Chr., Römischer Philosoph und Schriftsteller, Lehrer → Neros
Sicilia : Nach dem 1. Punischen Krieg gegen → Karthago 241 v. Chr. als erste römische Provinz eingerichtet
Sulla: L. Cornelius Sulla Felix, 139–78, röm. Diktator 82–79
Tacitus: Röm. Historiker, 58–120, Schwiegersohn des → Agricola
Tarquinius Superbus: Sagenhafter letzter König von Rom
Teucria/Teucri: Andere Bezeichnung für die Trojaner
Tiberius Gracchus: 162–133 v. Chr., röm. Politiker
Trajan: M. Ulpius Traianus, Röm. Kaiser 98–117, unter dem das Röm. Reich zu seiner größten Ausdehnung gelangte
Vergil: P. Vergilius Maro, 70–19 v. Chr., röm. Dichter, schrieb das Nationalepos Aeneis
Verres: Gaius Verres, Statthalter Siziliens 73–71 v. Chr., von → Cicero angeklagt

Alphabetischer Wortschatz

A

ā/ab *b. Abl. d. Trennung* 2	von
abbās, ātis *m.*	der Abt
abbātia, ae *f.*	die Abtei
abicere, -iciō, -iēcī, -iectum	weg-, hinwerfen; ablegen
abiēcī	→ abicere
abiectum	→ abicere
ablātum	→ auferre
abstulī	→ auferre
absumere, -sūmō, -sūmpsī, -sūmptum 18	»wegnehmen«: → 1. verbrauchen → 2. vernichten
absūmpsī	→ absumere
absūmptum	→ absumere
accēpī	→ accipere
acceptum	→ accipere
accidere, accidō, accidī, – 14	sich ereignen; geschehen
accipere, -cipiō, -cēpī, -ceptum 16	1. annehmen; bekommen 2. erfahren
ācer, ācris, ācre 4	scharf; heftig
accūsāre 19	anklagen
āctum	→ agere
ad + *Akk.* 1	zu; nach; bei; an
addere, -dō, -didī, -ditum 14	hinzufügen
addidī	→ addere
additum	→ addere
adeō 23	so sehr
ad-esse, ad-sum, affuī 2	da sein; → *(mit Dativ)* helfen
adiī	→ adīre
adīre, -eō, -iī, -itum	herangehen; aufsuchen; angreifen
aditum	→ adīre
adiūtum	→ adiuvāre
adiuvāre, -iuvō, -iūvī, -iūtum + *Akk.*	unterstützen; helfen
administrāre	leiten; verwalten
aedēs, aedis *f.* 23	der Raum: 1. der Tempel 2. *(im Plural:)* das Wohnhaus
aedificāre 11	bauen
aegrōtus, a, um	krank
aequus, a, um 15	gleich; → gerecht
āēr, āeris m.	die Luft
aeternitās, ātis *f.*	die Ewigkeit
affuī	→ adesse
ager, agri *m.*	der Acker, das Feld
agere, agō, ēgī, āctum 2	»treiben«: 1. tun; handeln 2. verhandeln

āit 17	er, sie, es sagt(e)
alere, alō, aluī, altum 13	ernähren
aliēnus, a, um 14	fremd
aliquando 13	irgendwann
aliquī (*Gen.* alicuius) 23	irgendein
aliquot 22	einige
alius 1	ein anderer
alter, altera, alterum 16	der andere; der zweite
altum	→ alere
altus, a, um 10	hoch; tief
aluī	→ alere
amāre 12	lieben
ambulāre	spazieren gehen
amīca, ae *f.* 23	die Freundin
amīcus 1	der/ein Freund
āmīsī	→ āmittere
āmissum	→ āmittere
āmittere, -mittō, -mīsī, -missum 12	verlieren
amor, ōris m. 9	die Liebe
amplus, a, um	weit; geräumig
an 19	oder
ancilla, ae *f.*	die Magd
angustus, a, um 21	eng
anima, ae *f.* 21	1. der Atem → 2. die Seele → 3. das Leben
animal, ālis *n.* 17	das Lebewesen; das Tier
animus, ī *m.* 3	[das tätige Innenleben:] der Geist; der Sinn; die Gesinnung; das Herz; der Mut
annus, ī *m.* 16	das Jahr
ante 11	1. *(b. Akk. d. Richtung)* vor 2. *Adv.*: vorher
antīquus, a, um	alt
antrum, ī *n.*	die Höhle
aperīre, aperiō, aperuī, apertum 5	öffnen; aufdecken
apertum	→ aperīre
aperuī	→ aperīre
appārēre 22	erscheinen; sich zeigen
appellāre 13	nennen
appetere, -petō, -petīvī, -petītum	1. hinstreben: a) hingehen b) losgehen auf; angreifen 2. begehren; verlangen
appetītum	→ appetere
appetīvī	→ appetere

apportāre	herbeitragen
apud + *Akk.* 1	bei
aqua, ae *f.* 3	das Wasser
āra, ae *f.*	der Altar
arbor, oris *f.* 18	der Baum
ārdēre, ārdeō, ārsī, – 8	brennen; glühen
arma, ōrum *n. Pl.* 5	die Waffen
ars, artis *f.* 4	1. das Können; die Geschicklichkeit 2. die Kunst
ārsī	→ ārdēre
artifex, ficis	der Künstler
arx, arcis	die Burg
ascendere, -scendō, -scendī, -scēnsum	besteigen; hinaufsteigen
ascēnsum	→ ascendere
aspectum	→ aspicere
asper, aspera, asperum 18	schroff; rau; → streng
aspexī	→ aspicere
aspicere, aspiciō, aspexī, aspectum 10	erblicken
at 17	aber
atque/ac 5	und
auctor, ōris *m.* 13	1. der Urheber; der Veranlasser 2. der Stammvater
auctum	→ augēre
audēre, audeō, ausus sum 9	wagen
audīre 2	hören
auferre, au-ferō, abs-tulī, ab-lātum 7	wegtragen; rauben
augēre, augeō, auxī, auctum 18	vergrößern
aureus, a, um 17	golden; aus Gold
aura, ae *f.* 10	die Luft; der Luftzug
auris, is *f.*	das Ohr
ausus sum	→ audēre
aut 1	oder
aut … aut 1	entweder … oder
autem 13	aber
auxī	→ augēre
auxilium, ī *n.* 5	die Hilfe
āvertere, -vertō, -vertī, -versum	abwenden
avidus, a, um	begierig
avis, is *f.*	der Vogel

B

barbarus, a, um 5	ausländisch → unzivilisiert *Subst.*: die Barbaren *(= Nicht-Römer)*
bellum, ī *n.* 16	der Krieg
bene 9	gut
bēstia, ae *f.* 21	das Tier; das Raubtier
bibere, bibō, bibī, – 20	trinken
bonus, a, um 2	gut
bonum, ī *n.*	das Gut; der Besitz
bōs, bovis *m./f.* 9	das Rind
bracchium, ī *n.* 17	der Arm
brevis, is, e 10	kurz

C

cadere, cadō, cecidī, cāsum 4	fallen
caedere, caedō, cecīdī, caesum 8	(ab-)schlagen; totschlagen
caedēs, caedis *m.* 4	der Mord; das Blutbad
caelum, ī *m.* 10	der Himmel
caesum	→ caedere
calamitās, ātis *f.*	1. der Schaden; der Verlust 2. das Verderben; das Unheil 3. die Niederlage
calidus, a, um	warm; heiß
campus, ī *m.* 11	das Feld
canere, canō, cecinī, cantātum 19	(be-)singen; singen (über)
canis, is *m.* 18	der Hund
cantāre	ein Instrument spielen/blasen; singen; eine Zaubrformel sprechen; verzaubern
cantātum	→ canere/cantāre
capere, capiō, cēpī, captum 2	»packen«: 1. erobern 2. nehmen 3. erhalten
capillus, ī *m.* 18	das Haar
captum	→ capere
carmen, inis *n.*	1. das Gedicht; das Lied 2. der Spruch: der Orakelspruch; der Zauberspruch
cārus, a, um 10	teuer
castra, ōrum *n. Pl.* 11	das Lager
cāsum	→ cadere
cāsus, ūs *m.*	der Fall; der Unfall; der Vorfall
causa, ae *f.* 16	»das Motiv; der Beweggrund« → 1. der Grund; die Ursache → 2. (juristisch:) die Schuld; der Fall; der Prozess → 3. (allgemein:) der Sachverhalt; die Sache
causā + *nd-Form im Gen.* 19	wegen; um *etw.* zu tun
cecidī	→ cadere
cecīdī	→ caedere
cecinī	→ canere
cēdere, cēdō, cessī, cessum 12	gehen; weichen; nachgeben
cēlāre	verheimlichen; verstecken
celer, celeris, celere 9	schnell
cēna 1	das/ein Abendessen
cēnāre 1	zu Abend essen
cēpī	→ capere
certāmen, certāminis *n.* 13	der Kampf; der Wettstreit

certiōrem facere 23	informieren
certus, a, um 10	sicher
cessī	→ cēdere
cessum	→ cēdere
cēterī, ae, a 14	die anderen; die übrigen *(adj.)*; die Übrigen *(subst.)*
cēterum 14	im Übrigen
cibus, ī *m.* 21	die Nahrung; die Speise; das Futter
circum *b. Akk. d. Richtung* 6	um *etw.* herum
cīvīlis, is, e 16	bürgerlich; zivil
cīvis, is *m.* 8	der Bürger
cīvitās, ātis *f.* 15	1. die Bürgerschaft → 2. die Stadt → 3. der Staat
clam 8	heimlich
clāmāre 3	rufen
clāmor, ōris *m.* 7	das Geschrei; der Lärm
clārus, a, um 15	1. hell; strahlend → 2. berühmt
claudere, claudō, clausī, clausum 10	(ver-)schließen
clausī	→ claudere
clausum	→ claudere
clementia, ae *f.*	die Milde
coāctum	→ cōgere
coēgī	→ cōgere
coepī	→ incipere
coeptum	→ incipere
cōgere, cōgō, coēgī, coāctum 3	zusammentreiben: 1. versammeln 2. zwingen
cōgnitum	→ cōgnōscere
cōgnōscere, cōgnōscō, cōgnōvī, cōgnitum 5	kennenlernen; erkennen
cōgnōvī	→ cōgnōscere
collātum	→ cōnferre
collēctum	→ colligere
collēga, ae *m.*	der Kollege
collēgī	→ colligere
colligere, -ligō, -lēgī, -lēctum	auflesen; sammeln
collocūtus sum	→ colloquī
colloquī, -loquor, -locūtus sum	sich unterhalten
collum, ī *n.* 17	der Hals
color, ōris *m.* 9	die Farbe
comes, itis *m.*	der Begleiter; *Pl.*: das Gefolge
comitārī 24	begleiten
commīsī	→ committere
commissum	→ committere
committere, -mittō, -mīsī, -missum	1. zusammenbringen: a) verbinden b) kämpfen lassen c) überlassen; anvertrauen 2. zustande bringen; begehen

commōtum	→ commovēre
commovēre, -moveō, -mōvī, -mōtum	bewegen; erregen; aufregen; beeindrucken; empören; veranlassen
commōvī	→ commovēre
complectī, complector, complexus sum 18	umarmen
complēre 6	anfüllen; erfüllen
complexus sum	→ complectī
condere, condō, condidī, conditum 10	1. gründen; erbauen 2. verstecken; begraben
condidī	→ condere
conditum	→ condere
cōnferre, -ferō, -tulī, collātum	1. zusammentragen 2. miteinander kämpfen 3. Vergleichen 4. hintragen; *reflexiv:* aufsuchen; sich begeben
coniū(n)x, coniugis *m./f.* 18	der Gatte/die Gattin
coniūrātiō, ōnis *f.*	die Verschwörung
cōnscrībere, -scrībō, -scrīpsī, -scrīptum	aufschreiben
cōnscrīpsī	→ cōnscrībere
cōnscrīptum	→ cōnscrībere
cōnsilium, ī *n.* 5	die Versammlung, der Rat 1. die Beratung 2. der Plan 3. der Beschluss; der Rat
cōnsistere, -sistō, -stitī 6	sich aufstellen; stehen bleiben
cōnspicere 6	erblicken
cōnstat + *AcI*	es steht fest
cōnstitī	→ cōnsistere
cōnstituere, cōn-stituō, -stituī, -stitūtum 7	1. aufstellen 2. festsetzen; beschließen
cōnstituī	→ cōnstituere
cōnstitūtum	→ cōnstituere
cōnstruere, -struō, -strūxī, -strūctum	1. aufschichten; aufhäufen 2. bauen
contemnere, -temnō, -tempsī, -temptum	1. verachten; geringschätzen; missachten 2. verspotten
contempsī	→ contemnere
contemptum	→ contemnere
contentus, a, um	zufrieden
contiguus, a, um	angrenzend; benachbart; berührend
cōntulī	→ cōnferre
cōnūbium, ī *n.*	1. die Ehe 2. der Geschlechtsverkehr
convēnī	→ convenīre
convenīre, -veniō, -vēnī, -ventum 9	»zusammenkommen«: 1. jmdn. Treffen 2. sich einigen
conventum	→ convenīre
conversum	→ convertere

convertere, -vertō, -vertī, -versum 15	umwenden
cōpia, ae *f.* 5	1. die Menge; der Vorrat 2. die Möglichkeit; 3. *Pl.:* die Truppen
corpus, corporis *n.* 4	der Körper
cottīdiē 22	täglich
creāre	1. (er)schaffen 2. zeugen; gebären 3. wählen
creber, crebra, crebrum	zahlreich; häufig
crēdere, crēdō, crēdidī, crēditum 11	glauben
crēdidī	→ crēdere
crēditum	→ crēdere
cremāre 21	verbrennen
crēscere, crēscō, crēvī, crētum 18	wachsen
crētum	→ crēscere
crēvī	→ crēscere
crīmen, minis *n.*	der Vorwurf; das Verbrechen
crūdelis, is, e	grausam
crūdēlitās, ātis *f.* 7	die Grausamkeit
cruor, ōris *m.*	das Blut
cucurrī	→ currere
culpa, ae *f.* 13	die Schuld
cum *b. Abl. d. Begleitung* 2	mit
cum *(als Nebensatzeinleitung)* 2	1. wenn *(zeitl.)* 2. als; nachdem; weil; obwohl
cūnctus, a, um 1	ganz *(Pl.:* alle)
cupere, cupiō, cupīvī, cupītum 16	wünschen; wollen
cupiditās, ātis *f.* 13	die Begierde; die Leidenschaft
cupītum	→ cupere
cupīvī	→ cupere
cūr? 4	warum?
cūra, ae *f.* 2	die Sorge
cūrāre	sich kümmern; (be)sorgen
currere, currō, cucurrī, cursum 4	laufen; eilen
cursum	→ currere
cursus, ūs *m.* 6	der Kurs
cūstōdīre	bewachen

D

damnāre	verurteilen
dare, dō, dedī, datum 3	geben
datum	→ dare
dē *b. Abl. d. Trennung* 2	von *etw.* herab; von *etw.* weg; über *etw.*
dea, ae *f.*	die Götting
dēbēre 1	1. müssen 2. schulden 3. verdanken
dē-cēdere, -cēdō, -cessī, -cessum 12	weg-gehen; weichen
dēcessī	→ dēcēdere
dēcessum	→ dēcēdere
decet 17	es gehört sich
decimus, a, um	der zehnte
dedī	→ dare
dē-esse, dē-sum, dē-fuī *(+ Dat.)* 6	fehlen; nicht da sein; *(jdn.)* im Stich lassen
dēfendere, -fendō, -fendī, -fēnsum	1. verteidigen 2. abwehren
dēfendī	→ dēfendere
dēfēnsum	→ dēfendere
dēferre, -ferō, -tulī, -lātum 24	1. wegtragen → 2. überbringen → 3. melden
dēfuī	→ dēesse
dēicere, -iciō, -iēcī, -iectum 16	(herab)werfen
deinde 19	dann; darauf
dēlātum	→ dēferre
dēlectāre	erfreuen
dēlīrāre 24	spinnen
dēnique	schließlich; endlich
dēns, dentis *m.*	der Zahn
dēpōnere, -pōnō, -posuī, -positum 9	ab-/weglegen
dēscendere, -scendō, -scendī, -scēnsum	hinabsteigen
dēserere, dḙsero, dēseruī, dēsertum 10	verlassen
dēseruī	→ dēserere
dēsertum	→ dēserere
dēsīderāre	ersehnen; vermissen
dēsīgnāre	1. bezeichnen 2. benennen; ernennen 3. anordnen
dēsiī	→ dēsinere
dēsinere, dēsinō, dēsiī, dēsitum 12	aufhören
dēsistere, -sistō, -stitī, -stitum	aufhören; ablassen
dēsitum	→ dēsinere
dēspērāre	verzweifeln
dēstitī	→ dēsistere
dēstitum	→ dēsistere
dēsum	→ dēesse
dētulī	→ dēferre
deus, ī *m.* 5	der Gott
dēvōtiō, ōnis *f.*	1. das Versprechen 2. der Fluch; die Verwünschung 3. die Frömmigkeit; die Verehrung; die Andacht; das Gebet
dexter, dextra, dextrum 9	rechts; glücklich
dextra, ae *f.* 9	die rechte Hand
dīcere, dīcō, dīxī, dictum 1	sagen; sprechen

dictum	→ dīcere
diēs, diēī *m.* 22	der Tag
digitus, ī *m.* 17	der Finger
dīligēns, entis	sorgfältig; genau
dīligentia, ae *f.* 8	die Sorgfalt
disciplīna, ae *f.*	die Lehre; die Disziplin
disserere 15	erörtern
diū 1	lange
dīvīnus, a, um 11	göttlich
dīxī	→ dīcere
dō	→ dare
docēre	lehren
dolēre	schmerzen
dolor, ōris *m.* 20	der Schmerz
dolus, ī *m.* 19	die List
domina, ae *f.* 23	die Herrin
dominus 1	der/ein (Haus)Herr
domum	nach Hause
domus, ūs *f.* 19	das Haus
dōnum, ī *n.* 11	das Geschenk
dormīre 14	schlafen
dracō, ōnis *m.* 22	die Schlange; der Drache
dubitāre 5	1. zögern 2. (be-)zweifeln
dūcere, dūcō, dūxī, ductum 8	1. führen 2. meinen; für *etw.* halten
ductum	→ dūcere
dum 1	während; solange
duo 3	zwei
dux, ducis *m.* 10	der Anführer
dūxī	→ dūcere

E

ē, ex *b. Abl. d. Trennung* 5	aus *etw.* heraus; von *etw.* her
ebur, eboris *n.*	das Elfenbein
ecce 0	schau (mal)!
echīnus, ī *m.*	der Seeigel
ēdictum, ī *n.*	die Bekanntmachung; die Verordnung
effēcī	→ efficere
effectum	→ efficere
efficere, -ficiō, -fēcī, -fectum 16	hervorbringen; bewirken
effugere, effugiō, effūgī + *Akk.* 4	fliehen (vor)
effūgī	→ effugere
egēre + *Abl.*	nicht haben
ēgī	→ agere
ego 1	ich
ēlēctum	→ ēligere
ēlēgī	→ ēligere
ēligere, ēlēgī, ēlēctum	auswählen; aussuchen
emere, emō, ēmī, ēmptum 3	kaufen
ēmī	→ emere
ēmptum	→ emere
enim 16	denn; nämlich
ēnsis, is *m.*	das Schwert
eō	→ īre
eques, equitis *m.* 6	der Reiter
equus, ī *m.* 5	das Pferd
ergō 21	also
errāre	umherirren; sich verirren
esse, sum, fuī	sein
est (Pl. sunt) 1	er/sie/es ist (Pl.: sie sind)
ēsurīre	essen wollen; Hunger haben
et 1	1. und 2. auch
etiam 2	auch
etiamsī 20	auch wenn
excēpī	→ excipere
exceptum	→ excipere
excipere, -cipiō, -cēpī, ceptum	aufnehmen; ausnehmen
exemplum, ī *n.* 16	das Beispiel; das Vorbild
exeō	→ exīre
exercēre 3	üben; trainieren
exercitus, ūs *m.*	das Heer
exiī	→ exīre
exīre, -eō, -iī, -itum	herausgehen; hinausgehen
exitum	→ exīre
explicāre 15	erörtern; erklären
exspectāre 1	(er)warten

F

facere, faciō, fēcī, factum 1	tun; machen
facilis, is, e 10	leicht
facinus, facinoris *n.* 8	die Tat; das Verbrechen
factum	→ facere
factus sum	→ fierī
fallere, fallō, fefellī 12	täuschen
falsus, a, um 24	falsch
fāma, ae *f.* 13	der (gute/schlechte) Ruf; das Gerücht
familia 1	die/eine Familie (= alle im Haus lebenden Personen, inklusive Sklaven)
fassus sum	→ fatērī
fatērī, fateor, fassus sum 19	bekennen; gestehen
fātum, ī *n.* 12	der Göttерspruch; das Schicksal
favēre, faveō, fāvī, fautum + *Dat.*	gewogen sein; begünstigen
fautum	→ favēre
fāvī	→ favēre
fēcī	→ facere
fefellī	→ fallere
fēlīx, īcis	glücklich

fēmina, ae *f.* 3	die Frau
ferē 20	fast; etwa; ungefähr
ferre, ferō, tulī, lātum 5	1. tragen 2. ertragen 3. berichten
ferrum, ī *n.* 4	das Eisen → die Waffe; das Schwert
fessus, a, um	müde; erschöpft
fictum	→ fingere
fidēs, eī *f.*	das Vertrauen; die Treue
fierī, fīō, factus sum	werden; gemacht werden
fīgere, fīgō, fīxī, fīxum 17	befestigen; durchbohren
fīlia, ae *f.* 3	die Tochter
fīlius, ī *m.* 3	der Sohn
fingere, fingō, finxī, fictum	gestalten; bilden; schaffen
fīnīre	begrenzen; beenden
fīnis, is *m.* 7	1. das Ende; die Grenze (*im Pl.* das Gebiet) 2. das Ziel
finxī	→ fingere
fīō	→ fierī
firmāre	1. stärken: a) kräftigen b) befestigen; sichern 2. ermutigen 3. bestätigen
fīxī	→ fīgere
fīxum	→ fīgere
flēre, fleō, flēvī, flētum 13	(be)weinen
flētum	→ flēre
flēvī	→ flēre
flūctus, ūs *m.* 5	die Welle
fluere, fluō, flūxī 13	fließen
flūmen, inis *n.*	der Fluss
fluvius, ī *m.*	der Fluss
flūxī	→ fluere
foedus, foederis *n.* 16	der Vertrag
forīs 24	draußen
fōrma, ae *f.* 14	die Form; die Gestalt; die Schönheit
forte 19	zufällig
fortis, is, e 9	stark; tapfer
fortitūdō, dinis *f.*	die Stärke; die Tapferkeit
fortūna, ae *f.* 2	das Schicksal; das Glück
forum, ī *n.* 7	das Forum *(zentraler Platz);* der Markt
frāctum	→ frangere
frangere, frangō, frēgī, frāctum 20	zerbrechen (= *etw.* kaputt machen)
frāter, frātris *m.* 13	der Bruder
frēgī	→ frangere
frigidus, a, um	kalt
fruī, fruor, frūctus sum + *Abl.*	1. genießen 2. gebrauchen; benutzen
frūmentum, ī *n.* 19	das Getreide
frūstrā 8	vergeblich
fūdī	→ fundere
fuga, ae *f.* 6	die Flucht
fugere, fugiō, fūgī + *Akk.* 4	fliehen (vor)
fūgī	→ fugere
fuī	→ esse
fundere, fundō, fūdī, fūsum	zerstreuen; vertreiben; gießen
furere, furō, --	rasen; toben
fūsum	→ fundere

G

gaudēre *(mit Abl. d. Mittels → Grundes)* 9	sich (über *etw.*) freuen
gaudium, ī *n.*	die Freude
genus, generis *n.* 15	die Abstammung; → die Art; das Geschlecht
gerere, gerō, gessī, gestum 24	tragen; führen; ausführen
gessī	→ gerere
gestum	→ gerere
gladius, ī *m.* 2	das Schwert
glōria, ae *f.* 17	der Ruhm; die Ehre
gradī, gradior, gressus sum 19	gehen
gradus, ūs *m.*	1. der Schritt 2. die Stufe 3. der Grad; der Rang; die Stellung
grātia, ae *f.* 8	*Positives Verhältnis zwischen Menschen:* 1. die Ausstrahlung 2. die Beliebtheit; die Sympathie 3. die Gefälligkeit 4. der Dank
grātiās agere 8	danken
gravis, is, e 5	schwer; → gewichtig; ernst
gressus sum	→ gradī

H

habēre 1	haben; halten
habitāre 23	(be)wohnen
haud 14	nicht
herba, ae *f.* 9	das Gras
hercle! 23	beim Herkules!
hic, haec, hoc 18	dieser, diese, dieses
hīc 21	hier
histriō, ōnis *m.*	der Schauspieler
hodiē 1	heute
homō, hominis *m.* 4	der Mensch; der Mann
honestus, a, um 13	ehrenhaft; angesehen
hōra, ae *f.* 2	die Stunde
hospitium, ī *n.* 24	die Gastfreundschaft
hostis, is *m.* 5	der Feind
hūc 22	hierhin
hūmānus, a, um 4	menschlich; gebildet

I

iactāre 6	werfen
iam 1	schon
ibi 9	dort
ictus, ūs *m.* 20	der Schlag; der Stoß
īdem, eadem, idem 20	derselbe
ideō 18	deshalb
igitur 13	also; folglich
īgnis, is *m.* 9	das Feuer
īgnōrāre 10	nicht wissen; nicht kennen
īgnōtus, a, um 10	unbekannt
iī	→ īre
ille, illa, illud 18	jener, jene, jenes
illīc 23	dort
imāgō, inis *f.* 20	das Bild
imber, bris *m.*	der Regen
imminēre	1. emporragen; sich neigen über; überragen 2. (be-)drohen; bevorstehen
immortālis, is, e 7	unsterblich
imperāre 12	befehlen; herrschen (über)
imperātor, ōris *m.* 22	der Feldherr; → der Herrscher; → der Kaiser
imperium, ī *n.* 13	1. der Befehl → 2. die Herrschaft → 3. das Reich
impetus, ūs *m.* 6	der Angriff; der Schwung
in *b. Akk. d. Richtung* 2	in *etw.* hinein *(wohin?)* nach; gegen; zu
in *b. Abl. d. Ortes* 2	1. in *etw.* *(wo?)* 2. an; auf; bei
incendere, incendō, incendī, incēnsum 10	anzünden
incendium, ī *n.* 19	der Brand
incēnsum	→ incendere
incipere, incipiō, coepī, coeptum 5	anfangen
incitāre 5	1. erregen 2. antreiben
incola, ae *m./f.*	Einwohner(in); Bewohner(in)
incrēdibilis, is, e	unglaublich
inde 16	1. von dort → 2. seitdem; daraufhin → 3. daher; deshalb
indicium, ī *n.* 19	die Anzeige → das Kennzeichen
ineō	→ inīre
inesse 21	sich in *etw.* befinden; innewohnen
īnfēlīx 10	unglücklich
īnferus, a, um	unten gelegen; unterirdisch; der Unterwelt; *Subst.:* Götter der Unterwelt
infuī	→ inesse
ingenium, ī *n.* 16	1. die Begabung 2. der Charakter
ingēns, ingentis 4	riesig
iniī	→ inīre
in-īre, -eō, -iī, -itum 8	hineingehen; anfangen
initium, ī *n.* 16	der Eingang; der Anfang
initum	→ inīre
iniūria, ae *f.* 7	das Unrecht
iniūstus, a, um 15	ungerecht
inquit 9	sagt(e) er, sie, es
īnsānīre 23	spinnen
īnsānus, a, um 23	unvernünftig; verrückt
īnsidiae, ārum *f. Pl.*	der Hinterhalt
īnstrūmentum, ī *n.*	das Werkzeug
īnsula, ae *f.* 6	die Insel
insum	→ inesse
intendere in + *Akk.*	richten auf; lenken auf
inter *b. Akk. d. Richtung* 9	zwischen; unter; während
interfēcī	→ interficere
interfectum	→ interficere
interficere, -ficiō, -fēcī, -fectum 13	töten
in-territus, a, um 20	un-erschrocken
interrogāre 14	fragen
intrāre 24	eintreten; betreten
intrō 24	hinein
intuērī, intueor, intuitus sum 18	betrachten
intuitus sum	→ intuērī
invādere, invādō, invāsī, invāsum 11	eindringen
invāsī	→ invādere
invāsum	→ invādere
invenīre, -veniō, -vēnī, -ventum 13	(er)finden
inventum	→ invenīre
invidēre, -videō, -vīdī, -vīsum + *Dat.*	beneiden
invīdī	→ invidēre
invīsum	→ invidēre
invītāre 1	einladen
ipse, ipsa, ipsum (*Gen.* ipsīus) 14	1. selbst 2. *betonend:* persönlich; eben; genau; gerade
īra, ae *f.* 12	der Zorn
īrātus, a, um 8	zornig
īre, eō, iī, itum 8	gehen
is, ea, id 8	der; dieser; er
iste, ista, istud (*Gen.* istīus) 21	dieser (da)
ita 7	so
itaque 2	deshalb
iter, itineris *n.* 8	der Weg; der Marsch; die Reise

iterum 21	wiederum; noch einmal
iterum atque iterum 21	immer wieder
itum	→ īre
iubēre, iubeō, iussī, iussum 5	befehlen
iūdex, iūdicis *m.* 8	der Richter
iudicāre 22	(be-/ver-)urteilen
iūnctum	→ iungere
iungere, iungō, iūnxī, iūnctum	1. verbinden; zusammenführen; *reflexiv:* sich vermählen; Geschlechtsverkehr haben 2. zustande bringen 3. spannen (z. B. eine Brücke)
iūnxī	→ iungere
iūs, iūris *n.* 16	das Recht
iussī	→ iubēre
iussum	→ iubēre
iūstus, a, um 15	gerecht
iūtum	→ iuvāre
iuvāre, iuvō, iūvī, iūtum 11	1. unterstützen; helfen 2. erfreuen
iuvenis, is *m./f.* 4	jung *Subst.:* der junge Mann/ die junge Frau
iūvī	→ iuvāre

L

labōrāre 2	1. sich bemühen; arbeiten 2. in Schwierigkeiten sein; leiden
lacrima, ae *f.* 12	die Träne
lacus, ūs *m.*	der See
laedere, laedō, laesī, laesum 17	verletzen; beleidigen
laesī	→ laedere
laesum	→ laedere
latēre 17	versteckt sein
lātum	→ ferre
latus, lateris *n.* 5	1. die Seite 2. die Flanke
laudāre 8	loben
lavāre, lavō, lāvī, lautum	waschen
lēgātus, ī *m.* 6	der Gesandte; der Offizier
lēctum	→ legere
legere, legō, lēgī, lēctum	lesen, sammeln
lēgī	→ legere
leō, ōnis *m.*	der Löwe
lēx, lēgis *f.* 15	das Gesetz
libenter *Adv.*	gerne
līberāre	befreien
līberī, ōrum *m.* 2	die Kinder
lībertās, ātis *f.* 8	die Freiheit
libet, libuit	es beliebt; es gefällt
libīdō, inis *f.* 14	die Lust; die Begierde
licet, licuit 10	es ist erlaubt
līctor, ōris *m.*	der Liktor
līgneus, a, um	hölzern
littera, ae *f.*	der Buchstabe; *Pl.:* die Schrift; die Wissenschaft; der Brief
lītus, lītoris *n.* 6	die Küste; der Strand
locus, ī *m.* 13	der Ort
locūtus sum	→ loquī
longus, a, um 10	lang
loquī, loquor, locūtus sum 18	sprechen; sagen
lūdere, lūdō, lūsī, lūsum 2	spielen
lūdus, ī *m.*	1. das Spiel; *Pl.:* öffentliche Spiele 2. die Kleinigkeit 3. der Spaß, die Unterhaltung 4. die Schule
lūmen, inis *n.* 12	1. das Licht 2. das Auge
lūsī	→ lūdere
lūsum	→ lūdere
lūx, lūcis *f.* 8	das Licht

M

maestus, a, um 14	traurig
magistrātus, ūs *m.* 8	der Beamte
māgnificus, a, um	großartig; prächtig
magnus, a, um 3	groß
mālle, mālō, māluī	lieber wollen
malus, a, um 2	schlecht
manēre, maneō, mānsī, – 12	bleiben
mānsī	→ manēre
manus, ūs *f.* 9	1. die Hand 2. die Gruppe
mare, maris *n.* 5	das Meer
marītus, ī *m.* 14	der Ehemann
māter, mātris *f.* 20	die Mutter
mātrōna, ae *f.*	die Dame; die Gattin
maximus, a, um 13	1. der größte 2. sehr groß; sehr bedeutend
mē	mich
mēcum	mit mir
medius, a, um 8	der mittlere
melior, melior, melius 17	besser
meminisse, meminī	sich erinnern
memor, oris + *Gen.*	sich erinnernd; denkend an
memoria, ae *f.* 12	das Gedächtnis; die Erinnerung
mēns, mentis *f.* 7	der Sinn; der Verstand
mēnsis, is *m.*	der Monat
metuere, metuō, metuī 2	fürchten
meus, a, um 2	mein
migrāre	wandern
mihī	mir
mīles, mīlitis *m.* 5	der Soldat
minimē 24	keinesfalls
minimus, a, um 10	der kleinste; sehr klein

ministrāre	bedienen
minor, minor, minus 17	kleiner; geringer
mīrus, a, um 16	1. merkwürdig; erstaunlich 2. wunderbar
miscēre, misceō, miscuī, mixtum 9	mischen
miscuī	→ miscēre
miser, era, erum 8	bedauernswert; unglücklich
misericordia, ae *f.* 21	das Mitleid; die Barmherzigkeit
mīsī	→ mittere
missum	→ mittere
mittere, mittō, mīsī, missum 5	schicken
mixtum	→ miscēre
modestus, a, um	maßvoll; bescheiden
modo 9	1. nur 2. gerade eben (noch)
modo … modo 9	bald … bald; mal … mal
modus, ī *m.*	1. das Maß; die Beschränkung; die Grenze 2. die Größe; die Menge 3. die Art und Weise 4. die Melodie
moenia, moenium *n. Pl.* 11	die Mauer
molestia, ae *f.*	die Beschwerlichkeit; die Last
mollēscere, mollēscō, --	weich werden
mollis, is, e 10	weich
monachus, ī *m.*	der Mönch
monastērium, ī *n.*	das Kloster
monēre 10	(er-)mahnen
mōns, montis *m.* 9	der Berg
mōnstrāre 21	zeigen
mora, ae *f.* 4	der Aufschub; die Verzögerung
morārī 24	sich aufhalten
morī, morior, mortuus sum 18	sterben
mors, mortis *f.* 4	der Tod
mortuus, a, um 4	tot
mōtum	→ movēre
movēre, moveō, mōvī, mōtum 4	1. bewegen 2. beeindrucken
mōvī	→ movēre
mox 14	bald
mulier, eris *f.* 14	die Frau
multī, ae, a 2	viele
multitūdō, inis *f.* 19	die Menge
murmur, uris *n.*	das Gemurmel; das Getöse
mūrus, ī *m.* 13	die Mauer
muttīre	1. halblaut reden 2. aufbegehren; rebellieren

N

nactus sum	→ nancīscī
nam 2	denn
nancīscī, nancīscor, nactus sum 24	1. erreichen 2. bekommen
nārrāre 7	erzählen
nāscī, nāscor, nātus sum 24	geboren werden; entstehen
natāre	schwimmen
nātūra, ae *f.* 15	die Natur; die Beschaffenheit
nātus sum	→ nāscī
nāvis, nāvis *f.* 5	das Schiff
-ne 12	*Fragepartikel*
nē 11	dass nicht; damit nicht
necāre	töten
necessārius, a, um 3	1. notwendig 2. nahestehend; verwandt
necesse est 7	es ist nötig; man muss
negāre 7	sagen, dass … nicht; verneinen
negōtium, ī *n.*	1. die Arbeit; die Aufgabe; der Handel; der Staatsdienst 2. die Mühe; die Schwierigkeit 3. die Angelegenheit
nēmō, nēminis 14	niemand
neque/nec 1	und nicht
neque … neque 1	weder … noch
nē … quidem 12	nicht einmal
nescioquis 24	irgendjemand
nescīre, nesciō 18	nicht wissen
neu/nēve	und nicht; oder nicht
nex, necis *f.*	1. der gewaltsame Tod 2. die Ermordung 3. das Verderben
nīl nisī	nichts anderes; nichts außer
nimbus, ī *m.*	die Wolke
nimis 18	zu sehr; zu *(+ Adj.)*
nimius, a, um 15	sehr/zu groß
nisī 5	wenn nicht; außer
nōbīs 5	uns
nōlle, nōlō, nōluī	nicht wollen
nōmen, nōminis *n.* 4	der Name
nōmināre	(be)nennen
nōn 1	nicht
nōn iam 4	nicht mehr
nōnnūllus, a, um	mancher; *Pl.:* einige, manche
nōs (*Akk.:* nōs) 1	wir (*Akk.:* uns)
nōscere, nōscō, nōvī, nōtum 23	kennenlernen
noster, tra, trum 5	unser; *Subst.:* der Unsrige
nōtitia, ae *f.*	die Kenntnis; das Wissen; die Vorstellung; der Begriff; die Bekanntschaft
nōtum	→ nōscere
nōtus, a, um 13	bekannt
nōvī	→ nōscere

nōvisse 23	kennen
novus, a, um 10	neu
nox, noctis *f.* 11	die Nacht
nūdus, a, um 7	nackt
nūllus, a, um 8	kein; keiner
numerus, ī *m.* 13	die Zahl
numquam 3	nie
nunc	jetzt
nūntiāre 20	melden
nūntius, ī *m.* 14	der Bote; die Nachricht
nūptiae, ārum *f. Pl.*	die Hochzeit

O

obīre, -eō, -iī, -itum	1. hingehen 2. erreichen 3. ausführen; vollziehen; sich unterziehen; *in festen Wendungen:* mortem obire: sterben
obstāre, -stō, -stitī 17	entgegenstehen; hindern
obstitī	→ obstāre
obtemperāre	gehorchen
occāsum	→ occĭdere
occĭdere, occidō, occidī, occāsum 4	sterben
occīdere, occīdō, occīdī, occīsum 2	töten
occīsum	→ occīdere
occupāre 18	besetzen; überfallen; belagern
oculus, ī *m.* 4	das Auge
ōdisse 12	hassen
odium, ī *n.* 19	der Hass
officium, ī *n.*	1. die Pflicht; der Gehorsam; das Pflichtgefühl 2. die Aufgabe; das Amt
oleum, ī *n.*	das Öl
omnēs 4	alle
omnis, is, e 4	jeder; ganz
opera, ae *f.*	die Mühe; die Arbeit
oportet 7	es gehört sich
oppidum, ī *n.* 7	die (befestigte) Siedlung; die Stadt
oppressī	→ opprimere
oppressum	→ opprimere
opprimere, -primō, -pressī, -pressum	1. niederdrücken; bedrohen 2. überfallen
ops, opis *f.* 13	die Kraft; die Hilfe *Pl.:* die Macht; die Streitkräfte; der Reichtum
optimus, a, um 3	der beste; sehr gut
opus, operis *n.* 10	die Arbeit; das Werk
ōra, ae *f.* 23	die Küste
ōrāre 14	bitten
ōrātiō, ōnis *f.* 16	die Rede
orbis, is *m.* 9	der Kreis
orbis terrārum 9	der Erdkreis
ōrdō, ōrdinis *m.* 6	die Reihe → die Ordnung → der (soziale) Stand
orīgō, orīginis *f.* 13	der Ursprung
orīrī, orior, ortus sum 19	entstehen
ortus sum	→ orīrī
ōs, ōris *n.* 22	der Mund; das Maul; das Gesicht
ōsculum, ī *n.*	der Kuss

P

paene 22	beinahe; fast
pānis, is *m.* 22	das Brot
parāre 1	vorbereiten
parātus 1	vorbereitet
pars, partis *f.* 16	der Teil; die Seite
parum 23	(zu) wenig
parvus, a, um	klein
passus sum	→ patī
pater, patris *m.* 9	der Vater
patī, patior, passus sum 21	(er)leiden; ertragen
patientia, ae *f.*	die Geduld; die Ausdauer
patria, ae *f.* 12	die Heimat
paucī, ae, a 6	wenige
pāx, pācis *f.* 6	der Frieden
pectus, pectoris *n.* 17	1. die Brust → 2. das Herz → 3. die Seele
pecūnia, ae *f.* 23	das Geld
pellere, pellō, pepulī, pulsum 4	1. stoßen; schlagen 2. vertreiben
penna, ae *f.*	die Feder; der Flügel
pepulī	→ pellere
per *b. Akk. d. Richtung* 11	1. durch; über (… hinaus) 2. während 3. mittels; mithilfe von
perdere, perdō, perdidī, perditum 18	vernichten; verschwenden
perdidī	→ perdere
perditum	→ perdere
pereō	→ perīre
perīculum, ī *n.* 2	die Gefahr
periī	→ perīre
perīre, -eō, -iī, -itum 15	zugrunde gehen; untergehen
peritum	→ perīre
permīsī	→ permittere
permissum	→ permittere
permittere, -mittō, -mīsī, -missum 7	erlauben
perniciēs, ēī *f.*	das Verderben; der Untergang
perpetuus, a, um 17	ununterbrochen; beständig

persevērāre	verharren; fortsetzen
pēs, pedis *m.* 9	der Fuß
petere, petō, petīvī, petītum 2	[»anpeilen«]: 1. aufsuchen; sich begeben 2. verlangen; (er-)bitten 3. angreifen
petītum	→ petere
petīvī	→ petere
philosophus, ī *m.* 3	der Philosoph
pila, ae *f.*	der Ball
pius, a, um 12	»respektvoll«: fromm; pflichtbewusst
placēre 3	gefallen
plēbs, plēbis *f.* 16	das Volk; der Pöbel
plēnus, a, um + *Gen.* 21	voll (von *etw.*); erfüllt
plūrimī, ae, a 18	die meisten; sehr viele
plūs 22	mehr
poena, ae *f.* 7	die Strafe
poēta, ae *m.*	der Dichter
pōnere, pōnō, posuī, positum 9	stellen; legen
pōns, pontis *m.* 21	die Brücke
poposcī	→ poscere
populārī 19	verwüsten
populus, ī *m.* 4	das Volk
porta, ae *f.* 11	das Tor
portus, ūs *m.*	der Hafen
poscere, poscō, poposcī, – 11	fordern
positum	→ ponere
posse, possum, potuī 4	können
possidēre, -sideō, -sēdī, -sessum	besitzen
post *b. Akk. d. Richtung* 10	nach
posterus, a, um	nachfolgend; kommend
postquam 10	nachdem
postrēmō 20	zuletzt
postrīdiē	am folgenden Tag
posuī	→ ponere
potīrī, potior, potītus sum + *Abl.*	sich *einer Sache* bemächtigen
potuī	→ posse
prae + *Abl.* 5	vor
praeceps, cipitis 7	kopfüber; steil
praeceptum, ī *n.* 20	die Vorschrift; → die Lehre
praeclārus, a, um	berühmt; herrlich
praeda, ae *f.* 18	die Beute
praeesse, -sum, -fuī + *Dat.*	1. an der Spitze stehen; leiten; kommandieren; verwalten 2. schützen
praeferre, -ferō, -tulī, -lātum 16	vorziehen
praelātum	→ praeferre
praemium, ī *n.*	die Belohnung
praeparāre	vorbereiten
praesidium, ī *n.*	der Schutz; das Bollwerk
praestāre, -stō, -stitī, -stitum 14	1. *mit Dat. (und Abl. des Mittels): jdm.* voranstehen → *jdn.* übertreffen (an) 2. *mit Akk.: etw.* geben; *etw.* leisten
praestitī	→ praestāre
praestitum	→ praestāre
praetulī	→ praeferre
prātum, ī *n.*	die Wiese
precārī 18	bitten
premere, premō, pressī, pressum 14	drücken, drängen, »pressen«
pressī	→ premere
pressum	→ premere
pretium, ī *n.* 19	der Preis
prex, precis *f.* 14	die Bitte; das Gebet
prīmum 19	zuerst; zum ersten Mal
prīmus, a, um 11	der erste; der wichtigste
prīnceps, cipis *m.* 15	der erste; der vornehmste *Subst.*: der Anführer, → der Kaiser
prīncipium, ī *n.* 13	der Anfang; die Grundlage
prō *b. Abl. d. Trennung* 11	für
probāre 15	1. prüfen → 2. gut finden; billigen → 3. beweisen
proelium, ī *n.* 6	die Schlacht
profectus sum	→ proficīscī
proficīscī, -ficīscor, -fectus sum	aufbrechen
prohibēre 7	abhalten; hindern
prōmīsī	→ prōmittere
prōmissum	→ prōmittere
prōmittere, prō-mittō, -mīsī, -missum 7	versprechen
prope *b. Akk. d. Richtung* 8	in der Nähe (von); *(scheinbar: wo?)*
proprium, ī *n.*	das Eigentum
propter *b. Akk. d. Richtung* 12	wegen
proscaenium, ī *n.*	die Vorbühne
proximus, a, um 19	der nächste
prūdentia, ae *f.*	die Klugheit
pūblicus, a, um 15	öffentlich; staatlich
pudēre + *Gen.*	sich *einer Sache* schämen
pudor, ōris *m.* 12	die Scham; das Ehrgefühl
puella, ae *f.* 9	das Mädchen
puer, i *m.* 2	der Junge
pūgna, ae *f.* 4	der Kampf; die Schlacht
pūgnāre 5	kämpfen
pulcher, ra, rum 3	schön
pulsum	→ pellere

putāre 2	glauben; meinen 2. für *etw.* halten

Q

quaerere, quaerō, quaesīvī, quaesītum 18	suchen
quaerere ex 18	→ *jdn.* fragen
quaesītum	→ quaerere
quaesīvī	→ quaerere
quālis, is, e 15	wie; von welcher Art
quam + *Komp.* 10	als; wie
quandō?	wann?
quantus, a, um 12	wie groß; wie viel
quasi 8	gleichsam; wie wenn
-que *(angehängt)* 6	und
quī, quae, quod 9	der, die, das/welche, welcher, welches
quī? 24	welcher?
quia 10	weil
quīcumque 21	wer auch immer; jeder, der
quīdam, quaedam, quoddam 19	jemand; ein gewisser (*Pl.*: manche)
quidem 23	allerdings
quīn 19	dass (nicht)
quis? quid? 1	wer? was?
quisquis 23	wer auch immer; jeder, der
quōcumque 21	wohin auch immer
quod 6	weil
quoniam 18	weil
quoque *(nachgestellt)* 17	auch
quot	wie viele?; so viele wie

R

rapere, rapiō, rapuī, raptum 24	rauben; (weg)reißen
raptum	→ rapere
rapuī	→ rapere
ratiō, ōnis *f.* 14	die Überlegung: → 1. die Vernunft → 2. die Methode; die Art und Weise → 3. der Grund
ratus sum	→ rērī
recēpī	→ recipere
receptum	→ recipere
recipere, -cipiō, -cēpī, -ceptum 14	zurücknehmen; empfangen
sē re-cipere 6	sich zurückziehen
rēctum	→ regere
reddere, reddō, reddidī, redditum	zurückgeben
reddidī	→ reddere
redditum	→ reddere
redeō	→ redīre
rediī	→ redīre
red-īre, -eō,-iī, -itum 11	zurückgehen
reditum	→ redīre
re-ferre, referō, rettulī, relātum 8	1. (zurück)bringen 2. berichten
regere, regō, rēxī, rēctum 15	lenken; leiten; beherrschen
regredī, -gredior, -gressus sum 19	zurückgehen
regressus sum	→ regredī
relātum	→ referre
relictum	→ relinquere
religiō, ōnis *f.* 7	die (religiöse) Ehrfurcht
relinquere, relinquō, relīquī, relictum 7	zurücklassen; verlassen
relīquī	→ relinquere
reliquus, a, um 5	übrig
re-pellere, repellō, reppulī, repulsum 4	zurückstoßen
reperīre, reperiō, repperī, repertum	finden; erfinden
repperī	→ reperīre
reppulī	→ repellere
repūgnāre	sich widersetzen; Widerstand leisten
repulsum	→ repellere
requiēs, ētis *f.*	die Ruhe; die Erholung
rērī, reor, ratus sum	(be)rechnen; glauben
rēs, reī *f.* 15	1. die Sache; das Ding 2. die Angelegenheit
rēs pūblica, reī pūblicae *f.* 15	der Staat; die Politik
resistere, resistō, restitī, – 22	sich widersetzen; stehen bleiben
respectum	→ respicere
respexī	→ respicere
respicere, -spiciō, -spexī, -spectum 11	zurückschauen
respondēre, respondeō, respondī, respōnsum 7	antworten
respōnsum	→ respondēre
restitī	→ resistere
retractum	→ retrahere
re-trahere, -trahō, -trāxī, tractum 8	zurückziehen
retrāxī	→ retrahere
rettulī	→ referre
revenīre	zurückkehren; -kommen
reversum	→ revertī
revertī, revertor, revertī, reversum 23	zurückkehren
re-vīvere, -vīvō, –, -vīctūrus 8	wiederaufleben
rēx, rēgis *m.* 9	der König
rēxī	→ regere

rīdēre, rīdeō, rīsī, rīsum	lachen
rīpa, ae *f.*	das Ufer
rīsī	→ rīdēre
rīsum	→ rīdēre
rogāre 12	1. fragen 2. bitten
Rōmānus, a, um 3	Römisch; *Subst.*: der Römer
ruere, ruō, ruī, rutum	stürzen: 1. eilen 2. einstürzen
ruī	→ ruere
rutum	→ ruere

S

sacer, cra, crum	heilig
saepe 1	oft
saevus, a, um 20	schrecklich
salīre 3	springen
salūs, ūtis *f.* 18	1. das Wohlergehen 2. die Rettung
salvē 23	sei gegrüßt!
sanguis, inis *m.* 16	das Blut
sānus, a, um 22	gesund; → vernünftig
sapiēns, entis 11	weise
sapientia, ae *f.* 20	1. die Weisheit → 2. die Philosophie
satis 17	genug
scaena, ae *f.*	die Bühne
scelus, sceleris *n.* 12	das Verbrechen
scīlicet 24	selbstverständlich; natürlich
scīre, sciō, scīvī, scītum 18	wissen
scītum	→ scīre
scīvī	→ scīre
scortum, ī *n.*	die Hure; die Dirne
sē 3	sich *bzw.* er/sie *(im AcI, vgl. L 8)*
sēcum 22	mit sich
secūtus sum	→ sequī
sed 1	aber; sondern
sedēre, sedeō, sēdī, sessum 7	sitzen
semper 1	immer
senātus, ūs *m.* 7	der Senat
senex, senis *m.* 4	alt; *Subst.*: der alte Mann
sēnsī	→ sentīre
sēnsum	→ sentīre
sentīre, sentiō, sēnsī, sēnsum 12	1. fühlen; merken 2. meinen
sequī, sequor, secūtus sum *(+ Akk.)* 18	*jdm.* folgen
sermō, ōnis *m.*	1. das Gespräch; die Unterhaltung; der Vortrag; die Predigt 2. die Sprache; die Redeweise 3. das Gerede
serpēns, ntis *m./f.*	die Schlange; der Drache
servāre 6	retten; bewahren
servus, i *m.* 2	der Sklave
sessum	→ sedēre
sextus, a, um 23	der sechste
sī 1	wenn; falls
sīc 16	so
sīdus, sīderis *n.* 17	der Stern
sīgnum, ī *n.* 6	das Zeichen → das Feldzeichen → die Statue
silentium, ī *n.* 3	die Stille; das Schweigen
silva, ae *f.* 17	der Wald
similis, is, e 17	*jdm./einer Sache* ähnlich
simulac/simulatque 6	sobald
simulācrum, ī *n.*	Bild: Statue; Gemälde; Traumbild; Erscheinung
sine *b. Abl. d. Trennung* 2	ohne
singulus, a, um 6	einzeln
sitīre 13	Durst haben
sīve 13	oder
sīve … sīve 13	sei es dass … oder dass
socius, ī *m.* 11	Verbündete; der Kamerad
sōl, sōlis *m.* 10	die Sonne
solea, ae *f.*	die Sandale
sōlitūdō, dinis *f.*	die Einsamkeit
sōlum 2	nur
sōlus, a, um 13	allein; einzig
solūtum	→ solvere
solvere, solvō, solvī, solūtum 11	lösen; bezahlen
somnus, ī *m.* 11	der Schlaf
sors, sortis *f.* 17	das Schicksal; das Orakel
spectāre 4	betrachten; anschauen
spectātor, ōris *m.*	der Zuschauer
spēlunca, ae *f.*	die Höhle
spēs, speī *f.* 18	die Hoffnung
stāre, stō, stetī, statum 9	stehen
statim 6	auf der Stelle; sofort
statua, ae *f.* 7	die Statue
statuere, statuō, statuī, statūtum	1. aufstellen 2. feststellen; beschließen; meinen
statuī	→ statuere
statum	→ stāre
statūtum	→ statuere
stetī	→ stāre
strictum	→ stringere
strigilis, is *f.*	der Striegel; das Schabeisen
stringere, stringō, strīnxī, strictum	1. zücken; ziehen 2. streifen; leicht berühren; abstreifen
strīnxī	→ stringere
studēre + *Dat.* 14	sich bemühen *(um)*
studium, ī *m.* 3	der Eifer; das Interesse; die Beschäftigung

suādēre, suādeō, suāsī, suāsum 11	raten
suāsī	→ suādēre
suāsum	→ suādēre
sub 14	*1. b. Akk. d. Richtung:* unter *etw. (wohin?)* *2. b. Abl. d. Ortes:* unter *etw. (wo?)*
subitō 3	plötzlich
sum	→ esse
sūmere, sūmō, sūmpsī, sūmptum 18	nehmen
summa, ae *f.* 15	der Vorrang; → die Hauptsache; → die Gesamtheit
sūmpsī	→ sūmere
sūmptum	→ sūmere
superāre 17	besiegen; übertreffen
superbus, a, um 17	hochmütig; stolz
surgere, surgō, surrēxī, surrēctum	aufstehen; sich erheben
surrēctum	→ surgere
surreptum	→ surripere
surrēxī	→ surgere
surripere, -ripiō, -ripuī, -reptum 24	rauben
suscipere, -cipiō, -cēpī, -ceptum	aufnehmen; auf sich nehmen
sustinēre 18	aushalten
suus, a, um 6	sein; ihr

T

tacēre 3	schweigen
tāctum	→ tangere
tālis, is, e 15	so; solch ein
tālus, ī *m.*	1. der Knöchel 2. der Würfel
tamen 6	trotzdem
tandem 12	endlich
tangere, tangō, tetigī, tāctum 10	berühren
tantum 14	1. nur 2. so sehr; so viel
tantus, a, um 11	so groß; so viel
tē 1	dich
tēctum	→ tegere
tēcum	mit dir
tegere, tegō, tēxī, tēctum 4	bedecken; schützen
tēlum, ī *n.* 5	der Wurfspieß
temperāre 20	mäßigen
templum, ī *n.*	der Tempel
temptāre 12	betasten: 1. versuchen 2. angreifen
tempus, oris *n.* 19	1. die Zeit 2. die Zeitumstände; die Gelegenheit; die Gefahr
tempus, oris *n.*	die Schläfe; der Kopf
tenēre 3	halten; haben
tepidarium, i *n.*	»Wärmeraum«
tepidus, a, um	lauwarm
terra, ae *f.* 9	die Erde; das Land
terrēre 5	*(jdn.)* erschrecken
terror, ōris *m.* 14	der Schrecken
tetigī	→ tangere
tēxī	→ tegere
tibī 3	dir
timēre 4	fürchten
timor, ōris *m.* 18	die Furcht
tinnīre	klingeln; klimpern
toga, ae *f.* 3	die Toga
tot 20	so viel(e)
tōtus, a, um 4	ganz
tractum	→ trahere
trādere, trādō, trādidī, trāditum 5	1. übergeben 2. überliefern
trādidī	→ trādere
trāditum	→ trādere
trahere, trahō, trāxī, tractum 8	ziehen
trāns *b. Akk. d. Richtung* 13	über *etw.* hinüber → jenseits *einer Sache*
trānseō	→ trānsīre
trānsiī	→ trānsīre
trāns-īre, -eō, -iī, -itum 21	hinübergehen; überqueren
trānsitum	→ trānsīre
trāxī	→ trahere
trēs, trēs, tria 15	drei
trīstitia, ae *f.* 11	die Traurigkeit
tū 1	du
tuerī, tueor, tuitus sum	1. anschauen 2. beschützen
tulī	→ ferre
tum 5	dann; darauf
tunica, ae *f.*	die Tunika
turba, ae *f.*	die (Menschen)Menge; Unruhe; der Lärm
tūtus, a, um	geschützt; sicher
tuus, a, um 2	dein

U

ubī 0	wo → als
ubīque 12	überall
ūllus, a, um 15	irgendein
ultimus, a, um 10	der letzte
umbra, ae *f.*	1. der Schatten; der Geist (eines Verstorbenen); 2. die Dunkelheit 3. der Schein; der Vorwand 4. der Schutz 5. die Ruhe 6. der Begleiter
umquam 12	jemals

ūnā cum	zusammen mit
unda, ae *f.* 9	die Welle
unde 16	woher
undique 3	von allen Seiten; von überall her
ūnicus, a, um	einzig
ūnus, a, um 4	ein (einziger); allein
urbs, urbis *f.* 11	die Stadt *(oft: Rom)*
ūrere, ūrō, ussī, ustum 19	verbrennen
ūsque ad *b. Akk.* 22	bis zu
ussī	→ ūrere
ustum	→ ūrere
ūsus, ūs *m.* 5	der Gebrauch → der Nutzen → die Erfahrung
ūsus sum	→ ūtī
ut 11	1. wie → als 2. dass; damit; sodass
ūtī, ūtor, ūsus sum *+ Abl. d. Mittels* 19	*etw.* benutzen; *etw.* haben
ūva, ae *f.*	die Traube
uxor, ōris *f.* 11	die Ehefrau

V

vagārī	herumstreifen
valēre	stark sein; gesund sein
vallis, is *f.* 21	das Tal
varius, a, um 3	1. verschieden 2. bunt; vielfältig
vectum	→ vehere
vectus sum	→ vehī
vehemēns (*Gen.* vehementis)	1. heftig; leidenschaftlich 2. stark; bedeutend; sehr
vehere, vehō, vēxī, vectum 23	führen; *etw.* fahren
vehī, vehor, vectus sum 23	fahren *(intrans.)*
vel 17	oder
vēlāmen, minis *n.*	das Kleidungsstück; die Hülle; die Decke
vēlāre	verhüllen; bekleiden; bedecken
velle, volō, voluī – 21	wollen
venēnum, ī *n.* 20	das Gift
venīre, veniō, vēnī, ventum 1	kommen
ventum	→ venīre
ventus, ī *m.* 11	der Wind
verbum, ī *n.* 17	das Wort
vērō 6	aber
versum	→ vertere
vertere, vertō, vertī, versum 14	drehen; wenden
vērus, a, um 2	wahr
vestīgium, ī *n.* 14	die Spur
vestis, is *f.* 14	die Kleidung
vetāre, vetō, vetuī, vetitum	1. verbieten 2. (ver-)hindern; fernhalten
vetitum	→ vetāre
vetuī	→ vetāre
vetus *(Gen. veteris)* 19	alt
vēxī	→ vehere
via, ae *f.* 10	der Weg
vīcī	→ vincere
vīcīnia, ae *f.*	die Nachbarschaft
vīcīnus, a, um	benachbart; in der Nähe
victor, victōris *m.* 4	der Sieger
victum	→ vincere
vidēre, videō, vīdī, vīsum 0	ich sehe
vidērī, videor, vīsus sum 19	erscheinen → scheinen
villa, ae *f.*	die Villa
vincere, vincō, vīcī, victum 6	(be-)siegen
vincīre, vinciō, vinxī, vinctum 7	fesseln; binden
vinctum	→ vincīre
vīndēmia, ae *f.*	die Weinlese
vīnea, ae *f.*	der Weinberg; der Weinstock
vīnum, ī *n.* 1	der/ein Wein
vinxī	→ vincīre
vir, ī *m.* 3	der Mann
virgō, virginis *f.* 9	die (junge) Frau
virtūs, ūtis *f.* 14	*alles, was einen echten* vir *auszeichnet:* die Tapferkeit; die Tüchtigkeit; die Tugend; die Vortrefflichkeit
vīs (*Akk.* vim; *Abl.* vī; *Pl.* vīrēs) 14	1. die Kraft 2. die Gewalt; *Pl. auch:* Streitkräfte
vīsum	→ vidēre
vīsus sum	→ vidērī
vīta, ae *f.* 2	das Leben
vitium, ī *n.* 15	der Fehler; die schlechte Eigenschaft
vīvere, vīvō, vīxī 8	leben
vīvus, a, um 7	lebend; lebendig
vix 7	kaum
vīxī	→ vīvere
vōbīs 20	Euer
vocāre 5	rufen; nennen
volāre	fliegen
volitāre	(umher)fliegen
voluntārius, a, um	freiwillig
voluntās, ātis *f.* 15	der Wille
vōs (*Akk.:* vōs) 1	ihr (Akk.: euch)
vōx, vōcis *f.* 4	die Stimme
vōtum, ī *n.* 11	der Wunsch; das Gebet; das Gelübde;
vulnus, vulneris *n.* 4	die Wunde

Zeittafel

ca. 1200 v. Chr.	Zerstörung Trojas; Flucht des Aeneas (Mythos)
	Königszeit
753 v. Chr.	Gründung Roms durch Romulus (Mythos)
	Republik
ca. 500 v. Chr.	Vertreibung des letzten Königs Tarquinius Superbus; Entstehung der Republik
264–146 v. Chr.	Drei Punische Kriege; Rom wird Vormacht im Mittelmeerraum
133–31 v. Chr.	Jahrhundert der Bürgerkriege: Gracchen, Caesar, Cicero
	Kaiserzeit / Prinzipat
	1. Jahrhundert
27 v. Chr. – 14 n. Chr.	Alleinherrschaft des Augustus
9 n. Chr.	Schlacht im Teutoburger Wald; Niederlage des Varus gegen die Germanen
14–68 n. Chr.	Kaiser der julisch-claudischen Dynastie: Tiberius, Caligula, Claudius, Nero
69–96 n. Chr.	Kaiser der flavischen Dynastie: Vespasian, Titus, Domitian
79 n. Chr.	Ausbruch des Vesuvs
	2. Jahrhundert
98–117 n. Chr.	Trajan
117–138 n. Chr.	Hadrian
	3. und 4. Jahrhundert
	Beginn der Völkerwanderung; Teilung des Reichs in ein West- und ein Ostreich
284–305 n. Chr.	Diokletian
303–311 n. Chr.	große Christenverfolgung
306–337 n. Chr.	Konstantin
312 n. Chr.	Mailänder Toleranzedikt; freie Religionsausübung für Christen
380/81 n. Chr.	Kaiser Theodosius erklärt das Christentum zur Staatsreligion
476 n. Chr.	Ende des Weströmischen Reiches
	Mittelalter
800 n. Chr.	Kaiserkrönung Karls des Großen
1453 n. Chr.	Untergang des Oströmischen Reiches

Abbildungsverzeichnis

akg-images / Gilles Mermet: Coverabbildung, S. 23 (oben), S. 53 (Mitte), S. 62, S. 83; akg-images / Bildarchiv Monheim: S. 12; akg-images / Erich Lessing: S. 13, S. 31 (unten), S. 85, S. 101, S. 109, S. 121, S. 127; akg-images / André Held: S. 19; akg-images / Nimatallah: S. 22 (unten), S. 31 (oben), S. 33 (oben links), S. 53 (unten); akg / Bildarchiv Steffens: S. 25, S. 36, S. 65; akg-images / Cameraphoto: S. 28; akg-images / Fototeca Gilardi: S. 32, S. 56; S. 111; akg-images / De Agostini Picture Library: S. 112, S. 119; akg-images / De Agostini Picture Lib. / A. De Gregorio: S. 32; akg-images: S. 33 (oben rechts), S. 41, S. 59 (links), S. 67, S. 75, S. 81, S. 87; S. 91, S. 105, S. 115, S. 131; akg-images / Hervé Champollion: S. 33 (unten), akg-images / Peter Connolly: S. 35; akg-images / Richard Booth: S. 39; © John Goodinson: S. 45; akg-images / Schütze / Rodemann: S. 47, 49; akg-images / Werner Forman: S. 53 (oben); akg-images / Heritage Images / CM Dixon: S. 55; akg-images / Pirozzi: S. 63; akg-images / Mondadori Portfolio / 2004 / Electa: S. 69; akg-images / Rainer Hackenberg: S. 97; akg-images / Album / Oronoz: S. 71; S. 113, S. 117; akg-images / SPL / SHEILA TERRY: S. 72; bpk: S. 59 (rechts), S. 77; Marc Camelbeke: S. 95; Fotolia.com / Gresei; Fotolia.com / photocrew; Fotolia.com / andersphoto; Fotolia.com / Markus Mainka; Fotolia.com / Roxana; Fotolia.com / ExQuisine; Fotolia.com / Angel Simon; Fotolia.com / Jiri Hera: S. 16; Jennifer Hom: S. 57; Numismatica Ars Classica NAC AG, Auction 59, lot 658: S. 103 (oben); Scala Bildagentur: Startseite Rom (S. 10/11); Shutterstock / Marc van Vuren: S. 22 (oben); Shutterstock / JeniFoto: S. 23 (unten); Shutterstock / nikidel: S. 125; © Archäologische Staatssammlung München (Manfred Eberlein): S. 52; Shutterstock / Eric Isselee: S. 61; Shutterstock / Matteo Gabrieli: S. 82; Shutterstock / Julia Dolzhenko: S. 106; Carina Weigert: S. 123; Wikimedia Commons: S. 15, S. 42/43, S. 51 (Allie Caulfield), S. 73, S. 79, S. 89 (Jean-Baptiste Claude Eugene Guillaume), S. 92, S. 93, S. 99, S. 102 (Carlos Delgado), S. 103 (unten), S. 107, S. 110, S. 121, S. 122, S. 129.

Rondogramme: Theo Wirth, Christian Seidl, Christian Utzinger: Sprache und Allgemeinbildung © Lehrmittelverlag Zürich.

Text S. 42 aus: Robert Harris, Imperium, S. 214 f. © Wilhelm Heyne Verlag, München 2006; Wörterbucheintrag cingere S. 164 aus: Stowasser. Lateinisch-deutsches Schulwörterbuch, Oldenbourg-Verlag.

Mare Germanicum
Mare Suebicum
Britannia
Londinium
Albis
Visurgis
Vistula
Rhenus
Germania libera
Germania Inferior
Belgica
Augusta Treverorum
Lutetia
Lugudunensis
Gallia Transalpina
Germania Superior
Danuvius
Raetia
Noricum
Pannonia
Alesia
Augusta Raurica
Gallia
Aquitania
Mediolanum
Gallia Cisalpina
Genua
Narbonensis
Dalmatia
Numantia
Hispania
Massilia
Italia
Tiberis
Nursia
Corsica
Roma
Arpinum
Capua
Neapolis
Brundisium
Tarentum
Baleares
Sardinia
Corduba
Mare
Sicilia
Messana
Carthago
Agrigentum
Syracusae
Mauretania
Numidia
Africa Proconsularis
Das Römische Weltreich um 117 n.Chr.
Grenzen des Römischen Reiches
Grenzen der Provinzen
0
500km